Spallek
Große Hilfe für kleine Chaoten

Roswitha Spallek

Große Hilfe für kleine Chaoten

Ein Ratgeber bei Konzentrations- und Verhaltensstörungen

Walter Verlag

Die Deutsche Bibliothek – CIP-Einheitsaufnahme

Spallek, Roswitha:
Große Hilfe für kleine Chaoten:
ein Ratgeber bei kindlichen Aufmerksamkeitsstörungen/
Roswitha Spallek – Düsseldorf/Zürich: Walter, 2000
ISBN 3-530-30056-X

Walter Verlag, Düsseldorf und Zürich
3. Auflage 2001

Umschlaggestaltung: GrafikDesign Reckels & Schneider-Reckels, Wiesbaden
Umschlagmotiv: Anke Bramberg/Artville LLC
Satz: Typo Fröhlich, Düsseldorf
Druck und Bindung: Grafo S.A., E-Basauri
ISBN 3-530-30056-X

Inhaltsverzeichnis

Vorwort

Unproblematische Kinder gibt es nicht. Doch gibt es Kinder, deren Verhaltensauffälligkeiten und Schulprobleme weit über das normale Maß hinausgehen. Sie verbreiten Chaos – wo immer sie sich aufhalten. Eltern und Erzieher klagen über eine kaum zu ertragende Aktivität und Unruhe dieser Kinder, über aggressives, vorlautes, aufsässiges und impulsives Verhalten mit Wutausbrüchen. Oft sind sie auch extrem unordentlich, hören nicht zu und können keine Kritik vertragen. Häufig haben sie Sprachauffälligkeiten. Sie plappern vor sich hin und reden dazwischen. Manche Kinder wiederum fallen durch ihre übermäßige Ruhe und Verträumtheit, durch Ängstlichkeit, Weinerlichkeit und ein provokatives Trödelverhalten auf. Kommen dann noch Lern- und Leistungsstörungen in der Schule hinzu, so besteht der dringende Verdacht auf ein Aufmerksamkeits-Defizit-Syndrom (ADS). Sein bekanntestes Merkmal ist die Hyperaktivität, die dieser Störung früher den Namen Hyperaktivitäts-Syndrom eingebracht hat. Der neue Name ADS entstand erst in den letzten Jahren, nachdem bekannt wurde, daß es auch zahlreiche Betroffene gibt, die eher hypoaktiv, also ruhig und verträumt sind.

Kinder mit einem ADS haben Schwierigkeiten in allen Lebensbereichen. Schon im Kindergarten halten sie sich nicht an die Regeln, fallen durch lautes, aggressives und unbeherrschtes Verhalten auf, andere wiederum sitzen passiv herum, beteiligen sich nicht am Gruppengeschehen und träumen vor sich hin. Dies setzt sich in der Schule fort. Auch in der Familie, im Freundeskreis oder in der Öffentlichkeit fallen sie auf. Ermahnungen, Bitten, Drohungen oder Strafen beeinflussen ihre Verhaltensauffälligkeiten kaum. Viele Eltern ziehen sich schließlich aus allen Aktivitäten im weiteren Familien- und Freundeskreis zurück, weil sie sich mit ihren Kindern nicht ständig blamieren und auch nicht die zahlreichen Ratschläge von Verwandten und Freunden anhören wollen.

Ein solches Kind zu haben, bedeutet vor allem für die Mütter eine immense seelische Belastung. Sie müssen nicht nur das Verhalten ihrer Kinder ertragen, sondern auch noch die Vorwürfe seitens der Verwandten, Freunde, Erzieher und Lehrer verkraften, die ihnen unterstellen, sie seien zum Erziehen ihrer Kinder nicht fähig. So wird ihnen vorgeworfen, entweder zu nachsichtig oder zu streng zu sein, sich zu viel mit eigenen Problemen oder denen des Partners zu beschäftigen, ihr Kind wegen der eigenen Berufstätigkeit zu vernachlässigen oder es zum Ausgleich zu sehr zu verwöhnen. Man findet immer einen Grund, warum die Mutter bei der Erziehung versagt haben könnte. Sie wird für die Fehlentwicklung des Kindes verantwortlich gemacht, da sie die meiste Zeit mit dem Kind verbringt und die Hauptlast der Erziehung trägt. Sie selbst glaubt schließlich auch daran und entwickelt fast immer Schuldgefühle.

Das vorliegende Buch soll diese Mütter entlasten und ihnen alle Schuldgefühle nehmen, die völlig unbegründet sind, da das ADS angeboren ist. Das Buch soll Eltern und ihr Umfeld über das Aufmerksamkeits-Defizit-Syndrom aufklären. Es beruht auf jüngsten Erkenntnissen im Bereich der medizinischen Forschung und zeigt die wahren Ursachen dieser Störung auf.

Es zeigt, daß auch Erwachsene daran leiden und ebenfalls eine Fülle von Merkmalen aufweisen können. Unleugbar sind sie jedoch häufig die zündenden Funken in unserer Gesellschaft, diejenigen, die aufrütteln, etwas bewegen und umwälzende Veränderungen bewirken.

Das Buch zeigt vor allem auch, daß das ADS durch bestimmte Medikamente in seinen Auswirkungen positiv beeinflußt werden kann, indem die Symptome abgeschwächt oder völlig beseitigt werden. Es weist nach, daß das ADS schließlich sogar ausheilen kann. Weil diese medikamentöse Behandlung bei den Störungsursachen ansetzt, ermöglicht sie den Kindern, ihr Verhalten selbst zu bestimmen und zu kontrollieren. Damit können dann all die positiven und liebenswerten Eigenschaften, die in ihnen schlummern, zum Vorschein kommen. Sie können endlich ein Leben führen, das ihren kreativen, geistigen und zum Teil hohen intellektuellen Fähigkeiten gerecht wird.

Bad Wurzach, den 15. November 1999
Roswitha Spallek

I. Merkmale

Alle Merkmale, die bei ADS-Kindern nachweisbar sind, können auch bei Kindern ohne ADS vorkommen. Was beide Gruppen voneinander unterscheidet, sind die Intensität und schlechte Beeinflußbarkeit der Symptome. Während Kinder ohne ADS nach einer Ermahnung versprechen, ihr auffälliges Verhalten zu verändern, was ihnen zumindest zeitweise auch gelingt, schaffen dies Kinder mit einem ADS so gut wie nie, auch wenn sie sich noch so sehr bemühen. Die Fehlregulation in ihrem Gehirn macht sie derart ablenkbar und vergeßlich, daß sie an ein Versprechen schon im nächsten Augenblick nicht mehr denken.

Es gibt kein Kind, dessen Verhaltensauffälligkeiten identisch wären mit denen eines anderen. Jedes Kind hat sein eigenes Verhaltensmuster, das alle im folgenden dargestellten Merkmale aufweisen kann oder aber nur einige davon. Auch die Ausprägung der einzelnen Symptome variiert von Kind zu Kind.

1. Merkmale, die immer vorhanden sind

Aufmerksamkeitsstörung, mangelhafte Konzentration

ADS-Kinder haben eine nur kurze Aufmerksamkeitsspanne, können sich daher schlecht über längere Zeit auf eine Sache konzentrieren und lassen sich leicht ablenken. Sie bemühen sich, aufmerksam zu sein, weil sie die ihnen gestellten Aufgaben bewältigen wollen, was ihnen aber beim besten Willen nicht gelingt. Viele Unerfahrene erkennen dieses Wollen nicht, denn die Kinder tun bald so, als hätten sie keine Lust sich anzustrengen, weil sie trotz intensiver Bemühungen scheitern. Wegen ihrer

Ablenkbarkeit gelingt es ihnen kaum, bei einer Sache zu bleiben. Beim Essen am Familientisch zum Beispiel wird es schon schwierig, denn es fällt ihnen immer etwas Neues ein, das sie tun möchten. Oder aber sie lassen sich von den Aktivitäten der am Tisch Sitzenden ablenken. Sie schauen diesen zu, machen Kommentare und vergessen darüber das Essen. Auch ständige Ermahnungen nützen nichts, da vor allem bei den Mahlzeiten ständig Dinge zu beobachten sind, die das Kind wesentlich mehr interessieren als das Essen selbst.

Die Aufmerksamkeitsstörung und die mangelhafte Konzentration machen sich in fast allen Lebensbereichen bemerkbar. Schon der ältere Säugling kann das Gesicht der Mutter nicht über längere Zeit fixieren, wenn Bewegungen oder Geräusche ihn ablenken. Spiele mit dem Kleinkind gestalten sich äußerst mühsam, da es nicht bei der Sache bleiben kann: Sieht oder hört es etwas anderes, dann richtet es seine Aufmerksamkeit sofort auf die neue Situation. Es läuft weg, um sie zu untersuchen, ist dann aber schnell von einem neuen Geräusch, einer Bewegung oder einem Spielzeug so fasziniert, daß es seine Aufmerksamkeit nun wieder auf diese lenkt. Ein Beispiel: Manche hyperaktiven Kleinkinder rennen geradezu wie getrieben in meinem Untersuchungszimmer umher. Sie fassen ein Spielzeug an, werfen es wieder weg, rennen zur Waage, stellen sich auf sie, hüpfen herunter, hängen sich an die Babywaage, bis diese fast umkippt, laufen alsdann zur Liege, steigen hinauf und reißen die Kinderbilder von den Wänden, sehen dann ein neues Spielzeug, laufen hin und sind schon wieder an der Babywaage, auf der das Brüderchen gerade gewogen wird. An diesem Beispiel läßt sich erkennen, wie Aufmerksamkeitsstörung und Hyperaktivität sich vermischen. Beobachtet man diese Kinder genau, ist es mehr die Störung der Aufmerksamkeit, die sie von einem Ort zum anderen rennen läßt. Sie sehen immer wieder interessante Dinge, müssen sie unbedingt gleich untersuchen und fühlen sich Sekunden danach schon vom nächsten interessanten Gegenstand angelockt. Im Kindergarten und in der Schule kann man beobachten, wie Hyperaktive von ihrer Umgebung geradezu magisch angezogen werden. Sie müssen hin, das Erblickte anfassen, es untersuchen, aber auch nur so lange, bis etwas Neues einen neuen Einsatz erfordert. Sie können sich weder auf Spiele noch auf Handlungen konzentrieren, da neue Eindrücke sie ständig ablenken. Die Ablenkbarkeit und Aufmerksamkeitsstörung zeigt sich auch bei den Hausaufgaben und anderen Tätigkeiten, denen sie sich widmen sollten und darin, daß sie ständig etwas verlegen und verlieren, so daß sie immer auf der Suche nach etwas sind.

Bei den Hypoaktiven zeigt sich die Aufmerksamkeitsstörung nicht in der körperlichen Unrast, sondern in der geistigen. Diese Kinder verlieren sich in ihrer Traumwelt, die auch eine von Hyperaktivität geprägte sein kann. Sie bestehen dort allerlei Gefahren, kämpfen mit Drachen, stellen sich vor, sie wären Prinzen oder Prinzessinnen. Genauso wie die Hyperaktiven können sie sich nicht konzentrieren, werden abgelenkt, aber eben nicht nur durch äußere Dinge, sondern auch durch innere Bilder und Ereignisse.

Störung der Wahrnehmung

Beim ADS ist auch die Wahrnehmung gestört, denn alles was an Informationen aus der Umgebung auf- und wahrgenommen wird, hängt von der Aufmerksamkeit ab. Obwohl ADSler ständig ihre Umgebung beobachten, ihre Augen ununterbrochen in Bewegung sind und alle Veränderungen registrieren, bleibt die dabei erzielte Information oberflächlich und bruchstückhaft. Nach einem meiner Vorträge berichtete mir eine Zuhörerin, sie habe, als ich die rastlose Bewegung der Augen erwähnte, daran gedacht, wie sehr dies auch bei ihr der Fall sei. Beim Autofahren beobachte sie zum Beispiel die angrenzenden Wiesen, die sich auf ihnen bewegenden Tiere, die anderen Autos und deren Insassen, ebenso den Mittelstreifen wie auch die Ereignisse am Rand der Straße. Sie habe sich oft schon darüber gewundert, daß sie dennoch immer heil nach Hause gekommen sei. Ich konnte mich ihrer Verwunderung nur anschließen.

Vermutlich sind ADSler wegen der Störung ihrer Aufmerksamkeit und der Wahrnehmung tatsächlich besonders häufig an Autounfällen beteiligt. Bei Kindern mit einem ADS ist die Unfallhäufigkeit mit Sicherheit erhöht, wie mir dies von betroffenen Eltern immer wieder bestätigt wird. Sie übersehen zum Beispiel ein Auto, das sich ihnen nähert und laufen direkt hinein. Da sie aber offensichtlich besonders gute Schutzengel haben, bleibt es meist beim „Beinahe-Unfall". Ihre Wahrnehmungsstörung erstreckt sich auf alle ihre Aktivitäten. Sie nehmen oft nur einen Bruchteil dessen wahr, was möglich wäre. Dies führt schon in frühester Kindheit zu gefährlichen Situationen. Sie übersehen zum Beispiel Stufen und fallen die Treppe hinauf oder hinunter. Als Schulkinder übersehen sie bei Aufgaben Zahlen und Buchstaben, aber auch ganze Wörter, was sich auch in ihren Diktaten zeigt, die vor Fehlern strotzen. Bei ihnen scheint aber nicht nur die Einzel-, sondern auch die Gesamtwahrnehmung gestört zu sein. Ein junger Mann, den ich mit Methylphenidat behandelt hatte, rief mich zu Beginn der Behandlung an, um mir zu sagen, er könne zum erstenmal in seinem Leben dreidimensional sehen. Bisher habe er alles „plakativ" gesehen, so als stünde alles auf derselben Ebene. Aber nicht nur ihre visuelle Wahrnehmung ist gestört, sondern auch die akustische. Sie hören nicht, wenn man ihnen etwas sagt, weswegen die meisten Eltern schon das Gehör dieser Kinder überprüfen ließen. Um sie zu erreichen, muß man immer lauter werden, sie sogar anschreien, was sie dann zum Anlaß nehmen, beleidigt zu fragen, warum man sie denn angeschrien habe.

Störung der Gedächtnisbildung und der Informationsverarbeitung

Auch das Gedächtnis dieser Kinder ist äußerst mangelhaft, vor allem das Hörgedächtnis und die Verarbeitung von Gehörtem. Hat man sich schließlich durch Anheben der Stimme oder mehrfaches Wiederholen bei ihnen „Gehör verschafft", vergessen sie das Gesagte sofort. Auch wenn die Aufforderung, etwas zu erledigen, verstanden wurde und sogar guter Wille dazu besteht, haben sie diese vergessen, bevor sie sich in Bewegung setzen können, um das Gewünschte zu erledigen. Hören sie ausnahmsweise einmal zu, so verstehen sie das Gehörte häufig nicht, da sie es nur bruchstückhaft aufnehmen. Daher kommen sie Aufforderungen entweder überhaupt nicht nach oder tun das Falsche. Gespräche mit ihnen sind sehr frustrierend. Sie bleiben nicht am Inhalt, verlieren ständig den Faden und füllen die Lücken mit Berichten von Ereignissen und Erlebnissen, die mit dem Gespräch nicht das Geringste zu tun haben. Die Gedächtnisschwäche dieser Kinder ist in hohem Maße dadurch bedingt, daß sie gehörte Begriffe nicht in ein Bild umsetzen können. Das Umsetzen von gehörten Begriffen in ein Bild ist jedoch die Grundlage eines guten Gedächtnisses. Kinder ohne ADS lernen dies zwischen dem 3. und 5. Lebensjahr. Hören sie den Satz: „Eine Blume ist schön", stellen sie sich eine schöne Blume vor und speichern diese Information. Das Kind mit einem ADS hört den Satz, kann das Gehörte jedoch nicht in ein Bild umsetzen und vergißt daher diese Information gleich wieder. Dasselbe geschieht auch beim Lesen, weswegen sie es ungern tun. Folgerichtig berichten Eltern von ADS-Kindern, daß diese besonders gerne fernsehen, ja geradezu fernsehsüchtig sind und Comichefte verschlingen, weil bei beiden Tätigkeiten das Bild direkt gespeichert und damit wesentlich besser erinnert werden kann. Auch wenn das Sehgedächtnis bei ADS-Kindern meist besser als das Hörgedächtnis ist, läßt es doch oft zu wünschen übrig. Mütter berichten, daß ihr Kind, selbst nach stundenlangem Üben und Lernen, beim Diktat am nächsten Tag wieder vollkommen versagt habe. Auch haben sie große Mühe, Texte abzuschreiben, da sie sich den Text und die Schreibweise einfach nicht merken können. Dies führte bei einem Jungen in den oberen Klassen zu einem massiven Einbruch seiner Leistungen. Der Fachlehrer ließ die Schüler den Stoff von einer Tafel abschreiben, auf die er alles Wissenswerte projizierte. Der Junge hatte schon große Schwierigkeiten mit dem Schnellschreiben, da seine Feinmotorik ebenfalls zu wünschen übrig ließ. Der zusätzlich bestehende Zeitdruck machte es ihm dann unmöglich, den Stoff wenigstens einigermaßen leserlich in sein Heft zu übertragen. Damit konnte er ihn auch zu Hause nicht mehr nacharbeiten, zumal die Mitschüler, die er dann regelmäßig um ihre Texte bitten mußte, sich schließlich verweigerten.

Besonders schwierig wird es für sie, sich an Gespräche oder Situationen zu erinnern, die für sie langweilig oder bedeutungslos waren. Dies liegt vor allem daran, daß sich ihre Konzentration nur auf für sie interessante Dinge richtet. Ist ihre Aufmerksamkeit jedoch geweckt, können sie noch nach Jahren genaue Angaben machen – sind sie nicht interessiert, vergessen sie die Sache sofort.

Impulsivität

Die Impulsivität wird inzwischen auch als immer vorhandenes Symptom gewertet, bei ADS-Kindern mit wie auch bei solchen ohne Hyperaktivität. Sie sind impulsiv, das heißt, sie handeln auf den ersten Impuls hin, ohne vorher zu überlegen. Früher nannte man diese Kinder unbeherrscht. Sie zeigen ein unberechenbares, unvorhersehbares Verhalten, erkennen keine Gefahren, reden, ohne zu überlegen, rennen los, ohne zu schauen, handeln völlig unbedacht. Sie haben sich selbst nicht im Griff, platzen überall dazwischen, stören andere beim Spiel und bei Gesprächen und reden ständig dazwischen. ADS-Kinder werden von Sportvereinen nicht geduldet, weil sie sich nicht an die Regeln halten. Wenn sie z. B. beim Fußballspielen an den Ball kommen, denken sie nicht daran, ihn einem ihrer Mitspieler zuzukicken, sondern rennen mit dem Ball zum anderen Tor. Dabei verlieren sie ihn natürlich an die Spieler der gegnerischen Mannschaft, die ja nur auf eine solche Gelegenheit warten. Wenn sie den Ball treten, achten sie nicht darauf, ob das Schienbein oder der Fuß eines Mitspielers dazwischen ist. Gelingt ihnen etwas nicht, schreien sie wie Kleinkinder, schlagen um sich und werfen sich auf den Boden. Sie laufen auf die Straße, ohne auf den Verkehr zu achten und können auch auf die Idee kommen, einfach wegzulaufen, um die Umgebung zu erkunden. Sie können, um eine Tür zu öffnen, mit langem Anlauf in die Türe hinein springen und sich dabei schwer verletzen. Ein fünfjähriger Junge fuhr mit dem Fahrrad absichtlich auf eine Mauer zu, weil er sehen wollte, was passieren würde. Er landete im Krankenhaus. Sie springen ins tiefe Wasser, ohne schwimmen zu können. Ich habe einen Jungen erlebt, der mehrfach in ein leeres Schwimmbecken, und einen anderen, der aus dem zweiten Stock in den Garten sprang. Ein Geschwisterpaar machte sich stundenlang einen Spaß daraus, mit ihren Dreirädern frontal aufeinander zu zu fahren, und zwar so schnell, wie es eben ging. Immer wieder wurde eines der Kinder verletzt, was sie jedoch nicht davon abhielt, dieses „Spiel" fortzusetzen.

Ein Lehrer berichtete mir über einen seiner Schüler, der ihn vom Fenster des im zweiten Stock gelegenen Klassenzimmers aus auf dem Schulhof sah und sofort auf den Sims kletterte, um sich ihm von dort aus lautstark bemerkbar zu machen. Der Lehrer hatte große Mühe, den Schüler ins Klassenzimmer zurück zu schicken, was erst durch die Androhung einer Strafarbeit möglich wurde. Ein solches Verhalten wird von anderen Kindern als Mut gedeutet und daher bewundert. Diese Bewunderung führt oft dazu, daß ADS-Kinder ihre gefährlichen Aktivitäten wiederholen und sich dabei manchmal auch ernsthaft verletzen. Es handelt sich hier jedoch nicht um Mut, sondern um die mangelhafte Fähigkeit, Gefahren einzuschätzen. Menschen mit einem ADS fällen ihre Entscheidungen spontaner und impulsiver als solche ohne diese Störung. Dies führt dann oft zu Katastrophen. Mehrere erfahrene Psychiater in den USA schätzten, daß in den Gefängnissen dort bis zu 90 % ADSler einsitzen. Andererseits stellte Edna Copeland, eine bekannte ADS-Spezialistin aus den USA, fest, daß mehr als 50 % der amerikanischen Unternehmer im Test die ADS-Kriterien erfüllten.

2. Merkmale, die vorhanden sein können

Hyperaktivität

Ein großer Teil der Kinder mit einem ADS ist hyperaktiv, wobei vor allem Jungen von der hyperaktiven Form betroffen sein sollen. Die Mütter erzählen, daß diese Kinder schon im Mutterleib unruhig waren. Dies setzt sich auch in der Säuglingszeit fort: Sie bewegen ihre Arme und Beine schneller und kräftiger als andere Kinder. Sie stemmen ihren Körper schon in den ersten Wochen hoch, indem sie sich mit den Schultern und den Füßen abstützen, wodurch sie sich durch die Kraft ihrer Beine sogar fortbewegen können. Dadurch sind diese Kinder schon in der frühesten Säuglingszeit gefährdet, vom Wickeltisch zu fallen oder der Mutter durch ihre kräftigen Strampelbewegungen aus dem Arm zu gleiten. Von Anfang an sind sie „anders“ als Kinder ohne ADS. Sie sind ständig in Bewegung, sind schwierig zu füttern, schreien oft stundenlang und sind untröstlich. Nach meinen Erfahrungen haben jedoch diejenigen Kinder, die sich durch nichts beruhigen lassen, fast immer eine Lebensmittelallergie: nicht gestillte Kinder meist gegen Kuhmilch, gestillte Kinder auch gegen bestimmte in der Muttermilch enthaltene Nahrungsbestandteile. Daß es sich hierbei um Allergien handelt, beweist die Bioresonanztherapie, die Allergien beseitigen kann. Oft schon nach einer oder nur wenigen Behandlungen sind die Schreiattacken dieser Kinder wie weggeblasen.

Diese Kinder haben häufig auch Schlafprobleme, sei es, daß sie schlecht einschlafen, häufig aufwachen, viel weinen, morgens schon sehr früh munter sind oder selten einen so tiefen Schlaf haben, daß man sie kaum wecken kann. Nicht so selten zeigen sie auch stereotype Kopfbewegungen vor dem Einschlafen oder schlagen sogar mit ihrem Kopf rhythmisch gegen die Bettumrandung. Manche Kinder kennen keinen Schlafrhythmus. Ich erinnere mich an zwei meiner kleinen Patientinnen, die nie länger als eine oder zwei Stunden ohne Unterbrechung geschlafen haben. Kaum konnten sie laufen, rannten sie bei Tag und bei

Nacht, nach maximal ein bis zwei Stunden Schlaf, durch das Haus und schikanierten ihre Eltern und Geschwister. Die ganze Familie hatte sich tagsüber und auch nachts nach dem Schlaf- und Wachrhythmus dieser Kinder zu richten, die weder Eltern noch Geschwister in Ruhe ließen und sie zwangen, sich ständig mit ihnen zu beschäftigen. Man spielte also mit ihnen, trug sie umher, fütterte sie, ging mit ihnen auf den Spielplatz, denn andernfalls gebärdeten sie sich ganz fürchterlich. Sie zeigten durch ihr durchdringendes Geschrei, ihr Gehopse, Quengeln und Lamentieren, wer Herr im Hause war, und es gelang keinem der Familienangehörigen, sich gegen diese Kinder durchzusetzen.

Hyperaktive Kinder machen den Eltern und der ganzen Familie vor allem wegen ihrer zum Teil extremen Bewegungsunruhe das Leben schwer. Kaum können sie laufen, hopsen sie wie Tennisbälle durch die Gegend – nichts ist vor ihnen sicher. Sie fassen alles an, öffnen Schubladen und Schränke, holen Töpfe, Geschirr und Besteck heraus und haben häufig eine Vorliebe für Messer. Sie werfen Lampen und Vasen um, klettern auf Bänke, Stühle, Tische und Simse, und die Familie hat alle Hände voll zu tun, diese Kinder vor Schaden und ernsten Unfällen zu bewahren. Außerdem wollen sie alle Familienangehörigen dazu bringen, sich mit ihnen zu beschäftigen. Zum Beispiel quengeln sie so lange, bis man sie auf den Hochstuhl setzt; aber kaum oben wollen sie auch schon wieder herunter und auf einen Schrank oder Stuhl gesetzt werden. Sie wollen auch ständig spielen. Sie bevorzugen aber keineswegs ruhige Spiele, sondern wildes Fangspiel und Jagen. Sie fordern von Erwachsenen ständige Aufmerksamkeit. Dies möchten auch andere Kinder. Was jedoch diesen Wunsch bei hyperaktiven Kindern so besonders macht, ist ihre „Unersättlichkeit". Sie nörgeln, jammern, weinen, fragen, machen durch Berührungen und komische Laute auf sich aufmerksam, hängen sich an die Eltern und tun immer etwas Nervendes.

Durch die Unersättlichkeit ihrer Aktivitäten und Wünsche gehen sie ihren Eltern auf die Nerven, auch wenn diese äußerst liebevoll und geduldig sind. Überall wo diese Kinder auftauchen, verbreiten sie Gereiztheit und Unruhe. Bei Marcel war dies ebenso. Die Eltern stellten mir das Kind vor, weil es in der Schule große Schwierigkeiten hatte. Die Mutter schrieb:

Marcel war schon im Mutterleib sehr unruhig. Auch bei den Ultraschalluntersuchungen bewegte er sich rasend schnell. Weil die Herztöne schlechter wurden, kam er durch Kaiserschnitt zur Welt. Nach der Geburt hat er stundenlang geschrien und sich nicht beruhigen lassen. Die Hebamme meinte, etwas dergleichen habe sie noch nie erlebt. Die Fütterung von Marcel gestaltete sich sehr schwierig. Ich konnte nicht stillen, und die Flaschennahrung schmeckte ihm nicht. Schließlich bekam er auch noch die Dreimonatskoliken und schrie dabei noch mehr als sonst. Mit sechs Monaten begann er zu krabbeln und kam gleichzeitig zum Stehen. Kaum konnte er stehen, begann er zu laufen, wenn er sich dabei irgendwo festhalten konnte. Geschlafen hat er sehr wenig, meist nur für ein paar Stunden. Bis er einschlief, dauerte es aber oft auch Stunden. Ich mußte mich neben ihn legen. Wenn er wach war, wollte er immerzu beschäftigt werden, andernfalls schrie er wie am Spieß. Er war pausenlos in Bewegung, kletterte überall hinauf, fiel herunter, sprach ununterbrochen und fragte ständig irgend etwas. Ich war schließlich so am Ende, daß ich ihn, als er zweieinhalb Jahre alt war, in der Universität vorstellte. Dort sagte man mir, Marcel sei zwar überaktiv, jedoch nicht hyperaktiv. Sie schickten mich zu einem Kinderpsychologen, der mir das gleiche erzählte wie schon meine Kinderärztin: Das Umfeld sei schuld, vor allem ich, da ich als ältere Mutter dem Kind nicht genügend Grenzen setzen würde. Mit dreieinhalb Jahren äußerte Marcel, daß er sich umbringen wolle. Ich ging darauf wieder zu einem Kinderpsychologen, der ihn auf Video aufnahm und ebenfalls feststellte, daß er nicht hyperaktiv sei. Im Kindergarten war er schlimm. Er hielt sich an keine Regeln, war unruhig, aggressiv, laut, rannte ständig umher, und die Erzieherin empfahl mir, ihn frühzeitig einzuschulen. Ich war mir sicher, daß sie ihn nur loswerden wollte. Die Schule testete ihn und meinte, er sei intelligent, aber Ausdauer und Konzentration fehlten. Daraufhin wurde er in die Diagnoseklasse gesteckt. Seine

Leistungen waren dort recht gut, auch sein Verhalten, wahrscheinlich weil es nur wenige Schüler gab. Jede größere Menschenansammlung war für Marcel ein solcher Horror, daß er sofort anfing, auf- und meist auch durchzudrehen. Als er dann in die zweite Klasse Grundschule kam, in der 26 Kinder waren, begannen die Probleme. Er war sehr unruhig, vorlaut, hielt sich auch dort an keine Regeln, war zeitweise recht aggressiv, spielte den Klassenkasper und ließ sich von jeder Kleinigkeit ablenken. Seine Schulleistungen wurden immer schlechter, und man hatte oft den Eindruck, er habe über sich und seinen Körper keine Gewalt. Sein Zimmer und sein Schulranzen waren ein einziges Chaos. Er selbst wurde immer unzufriedener, wurde von vielen abgelehnt und mochte sich schließlich selbst nicht mehr. Die Hausaufgaben waren ein täglicher Kampf. Ich mußte immer neben ihm sitzen. Wenn ich aber mit ihm übte, leistete er massiven Widerstand, fing an zu schreien, zu toben, zu weinen und rannte weg. Erklärungen von mir akzeptierte er nicht, noch weniger Kritik, die gleich dazu führte, daß er Türen zuschmiß, zu schreien anfing oder mit Gegenständen um sich warf. Obwohl er immer tat, als wäre er der Größte, sich immer in den Mittelpunkt spielte, war er dennoch sehr sensibel und ängstlich. Er konnte sich auf meinen Schoß setzen und wegen einer rührenden Szene im Fernsehen zu weinen anfangen. Er war in solchen Situationen auch sehr liebebedürftig, ließ sich von mir streicheln wie ein Kätzchen und kroch fast in mich hinein.

Auf Empfehlung der Klassenlehrerin der dritten Klasse kamen wir schließlich zu Ihnen. Dank Methylphenidat änderte sich alles. Marcel wurde vernünftig, anhänglich, ruhig, und bis auf einige wenige Male hat er sich nicht mehr danebenbenommen.

Kinder mit einem hyperaktiven ADS sind oft sehr abstandslos. Sie krabbeln auf den Schoß Fremder, fassen sie an und stoßen oder schlagen nach ihnen. Häufig berichten die Eltern, daß ihr Kind, auch unaufgefordert, mit jedem Fremden mitgehen würde. Im Schulalter macht sich diese Abstandslosigkeit dadurch bemerkbar, daß sie andere einfach ansprechen, sie anfassen, deren

Kleidung untersuchen oder grundlos andere stoßen, anrempeln oder sogar schlagen.

Hyperaktive Kinder müssen jedoch nicht von Anfang an auffällig sein, wie folgender Bericht einer Mutter zeigt:

Anna war trotz großen Startschwierigkeiten (geboren mit einer massiven Schilddrüsenunterfunktion, anfänglicher Überdosierung von Schildddrüsenhormon sowie einem angeborenen Schiefhals) ein sehr liebes und freundliches Baby, das mal mehr, mal weniger schlief, gut gegessen und getrunken hat. Die Ein- und Durchschlafprobleme begannen im November 1997 mit 16 Monaten. Zum Einschlafen brauchte Anna ein bis drei Stunden, wobei ihre Arme und Beine zuckten und zappelten. Sie wälzte sich im Bett hin und her, schlief kurz ein, schreckte aus dem Schlaf auf, weinte, wurde wieder wach, und alles begann von neuem. Wenn sie schlief, war sie überaus unruhig, zuckte mit den Armen und Beinen und machte halbe Kopfstände im Bett. Seit April 1998 schlief sie, trotz aller Müdigkeit, auch tagsüber nicht mehr. Anna war den ganzen Tag müde, lustlos und zudem aggressiv. Sie zeigte kein Interesse mehr am Spiel, warf Gegenstände durch die Luft, riß alles herunter, machte vieles kaputt, auch Teller, Tassen und Gläser, die auf dem Tisch standen. Ihr Zimmer sah chaotisch aus. Beim Ausfahren versuchte sie ständig, aus dem Buggy auszusteigen. Wenn man sie schließlich herausnahm, setzte oder legte sie sich mitten auf den Weg. Auch das Einkaufen wurde zum Desaster. Sie riß alles aus den Regalen und warf es auf den Fußboden. Mit ihr zusammen Verwandte oder Freunde zu besuchen, wurde unmöglich, denn sie ließ keine Unterhaltung zu, da sie ständig dazwischenschrie. Mir persönlich kam meine Tochter so vor, als wenn sie gar nicht mehr sie selbst wäre, sondern irgend etwas in ihr die Herrschaft übernommen hätte.

Mein Mann und ich waren mit den Nerven völlig am Ende. Keine Nacht mehr konnten wir durchschlafen. Wir trauten uns schon überhaupt nicht mehr, zu Bett zu gehen, da Anna uns ja ohnehin gleich wieder wecken würde. Wir hatten keinen Abend mehr zu zweit und auch keine Gelegenheit, wichtige Dinge zu besprechen. Völlig übermüdet und überreizt begannen wir den Tag. Ich konnte den Alltag wegen der starken nervlichen Anspannung nicht mehr bewältigen. Trotz aller Hilfe und großer Geduld meines Mannes fing unsere Ehe an zu kriseln. Es bauten sich auch innere Aggressionen gegen das eigene Kind auf, das, wie ich heute weiß, ja auch nichts dafür konnte. Schließlich wandten wir uns an Sie, die eine medikamentöse Behandlung einleitete. Ab der vierten Woche, als unser Kind 10 mg Methylphenidat pro Tag erhielt, merkten wir den Erfolg. Unsere Anna begann durchzuschlafen, und zwar gleich 12 bis 14 Stunden ohne Unterbrechung. Was für ein Erfolg. Anna wurde auch tagsüber ausgeglichener, ruhiger und aufmerksamer. Sie spielte mit sehr viel Interesse und Geduld, versuchte, viel nachzuahmen und hat im Sprechen enorm aufgeholt. Nach vier Monaten Behandlung mit Methylphenidat traten die Schlafprobleme erneut auf. Sie rieten uns, das Medikament abzusetzen, da Sie meinten, unser Kind sei geheilt und brauche keine Therapie mehr. Sie hatten recht. Unser Tochter verhielt sich auch ohne medikamentöse Behandlung völlig unauffällig. Sie ging viel munterer durch den Tag und konnte ihre Umwelt ganz anders entdecken. Spaziergänge mit ihr machten wieder Spaß. Sie konnte sich auch mal kurze Zeit allein beschäftigen, was früher undenkbar war. Inzwischen ist unsere Anna auch ohne medikamentöse Behandlung ein sehr liebes, lebensfrohes und aufmerksames Kind, auf das wir stolz sind und das uns viel Freude macht. Unsere Ehe hat sich entspannt und wir können wieder ein glückliches Familienleben führen.

Dieser Bericht verdeutlicht, daß Kinder mit einem hyperaktiven ADS nicht von Anfang an auffallend sein müssen. Sie können sogar über Jahre eher ruhig und phlegmatisch sein und erst im Kindergartenalter unruhig und hyperaktiv werden.

Eine andere Mutter berichtete mir, daß sie ihr Kind bis zu seinem dritten Geburtstag hinsetzen und hinstellen konnte, wo immer sie wollte. Gleichgültig wie lange sie wegblieb, auch über Stunden, sie fand das Kind vor, wie sie es verlassen hatte. Ziemlich genau mit dem dritten Geburtstag änderte sich dieses Verhalten. Das Kind wurde während der Geburtstagsparty zum ersten Mal sehr lebhaft und drehte fast durch. Die Mutter freute sich nach den bis dahin gemachten Erfahrungen über diese Lebhaftigkeit. Die Freude verging ihr aber sehr rasch, denn nun blieb das Kind so lebhaft und unruhig und wurde im Kindergarten rasch untragbar, weswegen mich die Mutter konsultierte. Auch umgekehrte Verläufe, daß die Kinder in den ersten Lebensjahren wie aufgezogen waren und ab dem Kindergartenalter schüchtern und ruhig wurden, sind mir berichtet worden.

Im folgenden schildert die Mutter von Rolf die Entwicklung ihres hyperaktiven Kindes:

Rolf kam an einem Freitag zur Welt. Die Geburt war problemlos. Nach zwei Stunden massiver Wehen war er da und schaute mich mit offenen Augen an, als wollte er sagen. „Hey, mir gehört die Welt, was ist mit dir?" Ich mußte lachen, war unsagbar stolz, aber gleichzeitig kam mir der Gedanke: Wirst du immer so sein? Schon in der Schwangerschaft war stets er derjenige, der bestimmte. Von dem Zeitpunkt an, als er sich im Bauch bewegte, ließ er mich keine Nacht schlafen. Ich hatte das Gefühl, er spielte immer Fußball. Dann war dieses Bündel von Energie da und bekam auch sofort die Brust. Er schmatzte fest drauf los, sie gehörte ja ihm für die nächsten zweieinhalb Jahre. Rolf fand nie einen Rhythmus zum Schlafen und Trinken. Nachts schrie er meistens und schien überhaupt keinen Schlaf zu brauchen. Er kam nur zur Ruhe, wenn er in meinem Bett lag, oder ich ihn stundenlang im Schaukelstuhl hin und her schaukelte, wobei er auf meiner Schulter lag. Er hatte so viel Energie, daß ich manchmal dachte, er hätte einen Motor in sich, der ständig auf Hochtouren läuft und den man nicht abstellen kann. Mit neuneinhalb Monaten stellte er sich einfach hin und lief. Rolf krabbelte vorher nicht, er robbte nur durch die Gegend. Vom Laufen war er so begeistert, daß er immerzu laufen wollte, wie ein Rad, das man anstößt und das nicht mehr aufhört zu rollen. Es mußten auch immer lange Strecken sein. Schon früh war mir aufgefallen, daß man ihn nicht durch Worte überzeugen konnte. Wenn ich ihm zum Beispiel erklärte, daß er an einer bestimmten

Stelle nicht ins Schwimmbecken springen dürfte, weil es zu tief war, tat er es trotzdem. Ich ließ sein Gehör überprüfen, weil ich glaubte, er hörte nicht gut. Am Atlantischen Ozean rannte er in die Wellen, die für ein so kleines Kind viel zu hoch waren und vor denen alle anderen Kinder wegrannten. Rolf mußte auch an den heißen Backofen fassen und das mehrfach, da er mir nicht glauben wollte, daß er heiß war, obwohl er die Erfahrung jeweils selbst machen konnte.

Als wir einmal mit dem Flugzeug verreisen mußten, ließ ich mir für Rolf ein Beruhigungsmittel geben, weil ich befürchtete, er würde sonst den Flieger „auseinandernehmen". Dieses Mittel bewirkte bei ihm genau das Gegenteil, er drehte noch mehr auf. Auch bei Operationen war es so: Rolf schlief nach der Beruhigungsspritze nicht ein, sondern wurde erst recht munter und begann zu toben.

Rolf war dreieinhalb Jahre alt, als wir vom Ausland zurück nach Deutschland kamen. Mit dieser neuen Situation wurde er überhaupt nicht fertig. Immer wieder hatte er einen Unfall: Sein Fuß geriet in die Radspeichen, er schlug sich einen Zahn aus, fiel von Leitern, verletzte sich an Messern. Er wurde äußerst aggressiv. Wenn wir beide uns am Morgen sahen und anschauten, weinten wir erst einmal, denn wir wußten, daß es wieder ein schrecklicher Tag werden würde. Als er in den Kindergarten kam, sprach er dort kein Wort und war lammfromm. Aber kaum war er zu Hause, machte er nur Terror. Plötzlich fing er auch noch an, „Steno" zu reden: Er gab nur noch einzelne Wörter von sich wie ein 18 Monate altes Kind und weigerte sich, in ganzen Sätzen zu sprechen. Die Logopädin meinte, er habe einen Dysgrammatismus, das heißt, er sei nicht in der Lage, die Sprache nach den Regeln der Grammatik zu gebrauchen. Sie begann eine intensive Therapie, die nichts brachte.

Mit sechseinhalb Jahren wurde Rolf eingeschult. Von da an war jeden Tag die Hölle los. In der Schule schien er sich anständig zu benehmen, kam dann aber voller Aggressionen nach Hause und terrorisierte mich. Er meinte, er müsse auch nichts lernen, da er alles schon wüßte, obwohl er große Probleme mit dem Lesenlernen hatte. Ich übte mit ihm stundenlang – diese Zeiten waren einfach grauenhaft. Wir waren abends beide so fertig, daß ich meine pädagogischen Fähigkeiten in Frage stellte. Mit Zahlen tat er sich leichter. So ging es bis zum Anfang der vierten Klasse, in der er eine Lehrerin bekam, die sich wie ein Feldwebel benahm. Sie schrie und machte Druck, damit die Kinder die erforderlichen Notendurchschnitte für die weiterführenden Schulen erreichten. Von da an war für Rolf alles aus. Nichts ging mehr. Wenn ich aber von ihm erklärt bekam, wie etwas funktioniert, oder er aus einem Zusammenhang eine logische Schlußfolgerung zog, dachte ich mir immer wieder: So dumm kann er doch gar nicht sein. Plötzlich erklärte er mir, daß er Albert Einstein verehre. Als ich ihn fragte, ob er wisse, wer das war, konnte er mir alles Wissenswerte über ihn aufzählen. Ich dachte mir: Das gibt es doch nicht! Andererseits blieb er nie beim Thema. Wenn wir über etwas redeten, konnte er mit einer ganz anderen Geschichte beginnen, obwohl das erste Thema noch nicht abgeschlossen war. Dann begann die Zeit, in der er fast nur noch vom Tod sprach und daß er nicht früher sterben wollte als ich. Dabei war er gerade mal neuneinhalb Jahre alt. Ich weiß, daß alle Kinder dieses Thema ansprechen, aber Rolf konnte damit gar nicht mehr aufhören. Er weinte dann stundenlang und war nicht zu trösten. Von seinen Freunden zog er sich ganz zurück, da er nun selbst merkte, daß er nicht richtig sprechen konnte und jeder ihn aufforderte: „Sprich doch deutlicher, damit wir verstehen können, was du meinst." Auch konnte er seine Gefühle nicht ausdrücken. Mit Rolf wurde es immer schlimmer. Entweder war er so aufgedreht, daß man ihn nicht ertragen konnte, oder er war so depressiv, daß man es mit der Angst zu tun bekam.

Dann landeten wir bei Ihnen. Als ich den Fragebogen für das ADS ausfüllte, sah ich auf jedem Blatt meinen Sohn, die ganze Beschreibung paßte auf ihn. Nach vier Wochen medikamentöser Behandlung war bei uns Weihnachten, Ostern, Neujahr und Geburtstag in einem! Auch begann er, seine Gefühle zu zeigen. Er umarmte mich und sagte: „Mama, ich liebe dich!". Rolf begann, ganze Sätze zu sprechen, er begann zu lachen, seine Schrift wurde wunderschön und er brachte seinen ersten „Einser" von der Schule heim. Er stritt mit mir, aber über die Sache, ohne Tränen und Terror. Er schlief nun nachts ganz durch. Er fing an, seine Meinung zu sagen, und wußte auch, was er anziehen wollte und was nicht. Auf einmal war bei uns zu Hause Frieden eingekehrt.

Anfänglich hatte ich jedoch große Mühe, ihm Vertrauen zu schenken. Mich daran zu gewöhnen, daß das, was Rolf jetzt tat, auch okay war, fiel mir zunächst richtig schwer. Er hatte endlich Freunde. In der Schule geschah Unglaubliches. Er beendete die fünfte Klasse Hauptschule mit einem Notendurchschnitt von 1,7 und geht jetzt aufs Gymnasium. Er kommt jeden Tag froh gestimmt heim. Die medikamentöse Behandlung war etwa ein Jahr notwendig. Danach begann Rolf wieder die alten Symptome zu entwickeln, zum Teil noch schlimmer als zuvor. Sie meinten, Rolf könnte schon ausgeheilt sein und empfahlen uns eine kleinere Dosis. Zwei Monate später hörten wir ganz damit auf und mußten nach zwei Wochen feststellen, da es zu früh war. Für zwei weitere Monate nahm er noch 5 mal 1/8 Tablette Methylphenidat, nachdem er zuvor 5 mal 1 Tablette benötigt hatte. Dann meinte er selbst, daß er keine Medikamente mehr bräuchte. Heute ist Rolf ein selbstbewußter Junge von 11 1/2 Jahren, der höflich, lieb, hilfsbereit und auch schon mal frech ist. Er ist für sein Alter recht reif und merkt, wenn andere in Not sind.

Die oben genannten Beispiele zeigen, wie schwierig Hyperaktive sein können. Aber nicht alle verhalten sich so. Ich kenne viele, vor allem Einzelkinder, die in der ruhigen häuslichen Umgebung kaum aufgefallen sind. Die Eltern solcher Kinder erzählen, daß sie ihr Kind für lebhaft, aber keineswegs für hyperaktiv halten. Sie haben mit ihm stundenlang in Ruhe spielen können, und es sei nur auffallend unruhig, aggressiv und zum Teil zerstörerisch geworden, wenn andere Kinder im Hause waren. Dies liegt daran, daß die Unruhe dieser Kinder um so größer wird, je stärker die Außenreize sind. Gelingt es einer Mutter, die häusliche Atmosphäre sehr ruhig zu gestalten und das Kind mit Spielzeug zu versorgen, an dem es sehr interessiert ist, wird es nur selten hyperaktives Verhalten zeigen. Selbst in einer eher unruhigen

Umgebung können sich Hyperaktive ruhig verhalten, sobald sie an einer Sache sehr interessiert sind. Dies macht die Diagnose manchmal auch so schwer, wenn man von den Eltern hyperaktives Verhalten geschildert bekommt, dann aber ein Kind erlebt, das sich eine Stunde lang in völliger Ruhe mit einem Spielzeug beschäftigt oder aber ein Comicheft liest.

Da es im Kindergarten naturgemäß immer unruhig ist, werden Hyperaktive spätestens dort auffällig. Sie stören die Gruppenarbeit und können diese geradezu sabotieren. Sie halten sich an keine Regeln, laufen umher, streiten sich ständig, sind oft aggressiv, zerstören Spielsachen und hören nicht auf das was ihnen gesagt wird. Viele Erzieherinnen resignieren und berichten den Eltern nur dann über ihre Kinder, wenn es ganz schlimm kommt. Deshalb werden viele Eltern erst in der Schulzeit auf die Störung aufmerksam gemacht, wenn nämlich die Lehrerin oder der Lehrer ihnen mitteilt, das Kind füge sich nicht ein und mache ihnen das Unterrichten unmöglich.

Diese Kinder sind auch in den feineren Körperbewegungen hyperaktiv. Sie beknabbern ihre Fingernägel, gelegentlich auch die Zehennägel und können an kleinen Pickeln oder Hautunebenheiten so lange herumzupfen, bis daraus regelrechte Wunden geworden sind. Sie beißen Löcher in die Ärmel ihrer Hemden und Pullover, kauen auf ihren Bleistiften herum, bis nur noch faserige zerfranste Holzenden übrig bleiben und bemalen und beschmieren ihre Hefte und Bücher. Ich erkannte bei einer Bekannten das ADS, als ich ihre völlig vermalten Schreibtischunterlagen, ihre angenagten Kugelschreiber und zerfransten Bleistifte sah. Gelegentlich zeigen die Kinder auch eine Tic-Symptomatik. Es handelt sich dabei um unwillkürliche Muskelzuckungen vor allem im Kopf-Halsbereich. Dabei können sie das Gesicht verziehen, die Augen zukneifen, den Hals verdrehen, gelegentlich auch Geräusche von sich geben oder auch mit dem Oberkörper zuckende Bewegungen ausführen. Häufig verschwinden diese Tics unter der medikamentösen Behandlung.

Kinder mit einem hyperaktiven ADS neigen dazu, die Ursachen aller Probleme, die sie haben, bei anderen zu suchen. Sie selbst sind, nach ihrer Überzeugung, so gut wie nie schuld. Auch wenn sie es waren, die eine Rauferei angefangen hatten, können sie dies nicht erkennen, sondern erzählen, sie hätten einfach so dagestanden, und plötzlich seien die anderen über sie hergefallen, so daß sie sich halt wehren mußten. Wenn man sie beschuldigt, etwas getan zu haben, können sie endlos darüber diskutieren, daß es ganz anders war. Sie sind sehr rechthaberisch, wissen alles besser und haben immer das letzte Wort. Sie denken auch immer, sie kämen zu kurz. Beim Mittagessen versuchen sie, sich die besten und größten Stücke auf ihren Teller zu holen, selbst wenn sie diese dann gar nicht essen. Auch sonst sind sie der Meinung, ihre Geschwister würden bevorzugt.

Die Eltern denken, sie seien schuld am Verhalten ihrer Kinder, was ihnen auch von anderen suggeriert wird. Sie wissen jedoch nicht, wie sie es ändern könnten. Auch die guten Ratschläge der anderen, mal hart durchzugreifen und dem Kind mal ordentlich den Hintern zu versohlen, helfen nicht, da die meisten Eltern dies in ihrer Verzweiflung schon versucht haben. Es kommt auch zu Schuldzuweisungen in der Familie und zu gegenseitigen Vorwürfen der Eltern, ihr Kind nicht richtig erzogen zu haben. Um aber wenigstens nach außen zu demonstrieren, daß sie ihren Kindern nicht alles erlauben, tadeln, ermahnen und bestrafen die Eltern ihre Kinder ständig, obwohl sie aus Erfahrung wissen, daß dies wenig bewirkt.

In Anbetracht der geschilderten Verhaltensweisen und Reaktionen darf es niemand wundern, daß man in der Umgebung hyperaktiver ADS-Kinder entnervte und gereizte Menschen findet, von denen diese Störenfriede mehr oder minder bewußt abgelehnt werden.

Hypoaktivität

Von der hypoaktiven Form des ADS sollen, wie bisher angenommen, vorwiegend Mädchen betroffen sein. In letzter Zeit werden mir jedoch immer öfter hypoaktive Jungen mit einem ADS vorgestellt. Ich nehme an, es erscheinen nur deshalb so wenige Jungen in der Statistik, weil nicht bekannt ist, daß auch sie an einem ADS ohne Hyperaktivität leiden können.

Insgesamt werden hypoaktive Kinder noch seltener als die hyperaktiven erkannt und erhalten daher noch seltener eine medikamentöse Behandlung, da sie in ihrem Verhalten weniger auffallen. Man stellt deshalb Fachleuten solche Kinder erst vor, wenn die Schulleistungen massiv abfallen, was häufig erst in den oberen Klassen geschieht. Aber auch dann wird die Störungsursache nur selten festgestellt, denn das hypoaktive ADS ist in Deutschland noch weitgehend unbekannt.

Die Kinder mit einem ADS ohne Hyperaktivität sind meistens ruhig, beteiligen sich nicht am Gruppengeschehen, wirken verträumt, abwesend, inaktiv, ermüden schnell, können noch besser trödeln als die Hyperaktiven und werden manchmal als phlegmatisch bezeichnet. Obwohl sie in den groben Körperbewegungen eher ruhig sind, zeigt sich ihre innere Unruhe in feinen Körperbewegungen. Sie können wie die Hyperaktiven ihre Nägel abbeißen, in ihre Kleidungsstücke Löcher nagen, oft stundenlang mit ihren Haaren spielen, und ebenso neigen sie dazu, an kleinen Hautunebenheiten zu zupfen. Sie können beim kleinsten Anlaß in Tränen ausbrechen und sind meist noch ängstlicher als die Hyperaktiven. Sobald etwas nicht so läuft, wie sie es erwarten, geben sie auf, resignieren und finden, daß sie zu dumm seien. Bei ängstigenden Situationen, z. B. einer Blutentnahme, verstecken sie sich irgendwo im Zimmer, hinter dem Stuhl oder Rücken der Eltern oder suchen auf deren Schoß Zuflucht – das alles auch noch im beginnenden Pubertätsalter. Werden sie aufgefordert, in unbekannter Umgebung etwas zu tun, verweigern sie sich. Sie sind z. B. nicht in der Lage, ein Eis zu kaufen, dem Ober eine Bestellung zu übermitteln oder auch nur bei der Begrüßung die Hand zu geben.

Sie gelten als schüchtern. Erleben sie dramatische Ereignisse, wie z. B. den Tod der Großmutter, so belastet sie dies über viele Monate, sie grübeln darüber nach, stellen Fragen, sind in der Schule noch weniger konzentriert und haben häufig ausgeprägte Einschlafstörungen. Im Gegensatz zu hyperaktiven Kindern, die alle anderen für ihre Fehler verantwortlich machen, neigen sie dazu, eigene Fehler überzubewerten, was eine weitere Verschlechterung ihres Selbstwertgefühls zur Folge hat. Sie können auch sehr kritisch gegenüber ihren eigenen Leistungen sein und versuchen alles perfekt zu machen, was aber oft nicht gelingt, weswegen sie wieder an sich selbst zweifeln. Auch Kritik geht bei diesen Kindern, vor allem bei älteren viel tiefer, macht sie noch unsicherer und führt häufig zu depressiven Verstimmungen. Andererseits können jüngere Kinder, die noch nicht so viele Enttäuschungen und Frustrationserlebnisse zu verkraften hatten, im Freundes-, Bekannten- und Familienkreis oft recht unbeschwert, charmant, fröhlich und heiter sein.

Im folgenden der Bericht eines hypoaktiven 18jährigen Gymnasiasten, der unter der medikamentösen Therapie eine ganze Reihe von sehr positiven Entwicklungen, vor allem in seinem Selbstwertgefühl, gezeigt hat:

Ich bin von mir selbst ziemlich enttäuscht, weil ich nicht fähig war, meine Erfahrungen und Gedanken für Sie aufzuschreiben. Es ist für mich wieder ein Zeichen dafür gewesen, daß ich meine Gedanken immer noch nicht genügend sortieren kann und mich im Schriftlichen immer noch nicht zufriedenstellend ausdrücken kann. Ich glaube aber, daß es noch mehr an meiner Angst lag zu versagen, es wieder nicht richtig zu machen. Aber da ich es Ihnen fest versprochen habe, schicke ich Ihnen zumindest die Bruchstücke, die ich zu Papier gebracht habe. Durch den Versuch, perfekt zu sein oder etwas perfekt zu machen, ist alles, was ich anfange, zum Scheitern verurteilt. Für mich ist keine meiner Leistungen gut und daher für mich unbefriedigend, da es immer noch besser gemacht werden könnte. Ich weiß, daß es falsch ist, so über sich und seine Leistungen zu denken, aber ich kann einfach nichts dagegen machen. Ich merke jetzt auch langsam, daß ich mich immer falsch beurteilt hatte. Ich glaubte immer, daß man mich vor allem im schulischen Bereich ungerecht bewertet habe, merke aber jetzt unter Behandlung, daß meine eigene Einschätzung verschoben war. Ich versuche nun langsam, meine eigene Wertung zurechtzurücken und auch zu verbessern, wofür Methylphenidat eine große Hilfe ist. Es hat mir auch geholfen, meine frühere Geilheit, das heißt, mit jedem „willigen" Mädchen sofort eine Beziehung eingehen zu müssen, abzubauen. Momentan scheint die frühere Dauersuche nach Beziehungen ausgestanden zu sein. Auch das Gefühl, kriminelle Dinge begehen zu müssen, schwindet immer mehr. Gott sei Dank. Ich war zwar noch nie ein Dieb oder Kleptomane, hatte aber immer das Gefühl, dumm zu sein, wenn ich etwas liegen lassen würde, das man ganz einfach mitnehmen könnte. Eines meiner größten Probleme ist, daß ich alles sehr persönlich nehme. Bei Diskussionen und Auseinandersetzungen beziehe ich alles auf mich. Verstärkt wird diese Tendenz noch dadurch, daß ich „Everybodys Darling" sein möchte. Ich kann nicht einfach diskutieren, ich möchte, daß meine Meinung akzeptiert wird. Wenn dies nicht der Fall ist, fühle ich mich verletzt und enttäuscht.

Im folgenden der Bericht einer Mutter über ihr hypoaktives Kind:

Zuerst einmal möchte ich mich nochmals bei Ihnen bedanken, denn ohne Ihre Hilfe hätte ich immer noch ein unglückliches Kind. Ich hoffe, daß die Schilderung der Leidensgeschichte meines Sohnes etwas zum besseren Verständnis des hypoaktiven ADS beitragen kann. Weil Magnus hypoaktiv ist, wurde das ADS bei ihm erst sehr spät, im Alter von 13 Jahren, erkannt. Da Magnus als Säugling und Kleinkind sehr häufig krank war, wurde seine Entwicklungsverzögerung damit begründet. Therapien wie Logopädie, Ergotherapie und Krankengymnastik folgten. Leider nur mit mäßigem Erfolg. Magnus war immer ein liebes und angenehmes Kind. Zwar aufgeweckt, jedoch nie aggressiv oder zornig, immer lustig. Als Magnus drei oder vier Jahr alt war, merkte ich zum ersten Mal, daß er sich anders als andere Kinder entwickelte. Von Fremden und Bekannten hörte ich: „Das kommt schon noch", denn alle hatten ihren Spaß mit ihm. Ach, es war ja auch so lustig, wie Magnus zu schaukeln versuchte. Er strampelte dabei nur mit den Beinen, ohne den Körper zu bewegen. Und wie haben sie gelacht, wenn Magnus auf eine Frage Antworten gab, die nichts mit der Frage zu tun hatten! Er konnte stundenlang erzählen, ohne daß man verstand, um was es ging. Solche Situationen gab es noch viele. Das Schlimme für ihn war jedoch, daß die Leute, je älter er wurde, immer weniger über ihn lachten, sondern nur noch den Kopf schüttelten. Wenn er die Erwachsenen beim Gespräch einfach unterbrach, weil er etwas „Wichtiges" sagen mußte, wurde er getadelt. Auf einmal war es nicht mehr lustig, sondern dumm und lästig. Ständig wurde er ermahnt, erst zu überlegen, was er sagen wollte und sich deutlicher auszudrücken. Als Magnus in die Schule kam, wurde es noch schwieriger, da Leistung gefordert wurde. Die Schrift ließ zu wünschen übrig, und er konnte sich sehr schlecht konzentrieren. Aber dieses Problem hatten ja viele, also warum sich Sorgen machen. Diese und viele andere „kleinen Probleme" hatte ich noch gut im Griff. Nicht im Griff hatte ich seinen Umgang mit Gleichaltrigen. Diese grenzten Magnus zunehmend aus, da er zum Klassenclown geworden war und in ihren Augen nur dummes Zeug redete. Er wurde ständig gehänselt, weil er so komische Verrenkungen mit dem Hals machte, dabei auch noch den Unterkiefer nach vorne schob und blinzelte. Seine Mitschüler stempelten ihn als Idioten ab. Seine Schwester schämte sich für ihren doofen Bruder. Sein Vater meinte, er müßte zur Verhaltenstherapie, da er einen seelischen Knacks wegen unserer Trennung habe. Bekannte meinten, er schaue zuviel Fernsehen. Magnus wurde immer trauriger und unglücklicher. Er schloß sich in sein Zimmer ein und lebte zunehmend in einer Traumwelt. Er las zwei Jahre lang immer die gleichen Bücher. Das wichtigste Buch für ihn war „Fünf Freunde" von Enid Blyton. Magnus sehnte sich nach Freunden, doch wurde er immer mehr zum Außenseiter. Zum Schluß gab er sich nur noch mit Erwachsenen und Kleinkindern ab. Die einzige Vertrauensperson für ihn war ich. Für mich als Mutter war es am schlimmsten, ansehen zu müssen, wie mein Kind immer unglücklicher wurde und ihm nicht helfen zu können. Schließlich wandte ich mich an Sie als Psychotherapeutin. Als Sie den Verdacht auf ein ADS äußerten, wußte ich damit nichts anzufangen. Erst als ich den Fragebogen ausfüllte, wurden mir die Zusammenhänge klar. Alle Symptome von Magnus fand ich auf dem Fragebogen wieder und ich konnte zum ersten Mal verstehen, warum Magnus so war. Allein dieses Verstehen half mir sehr.

Wie dieser Bericht einer betroffenen Mutter zeigt, haben es Kinder mit einem hypoaktiven ADS noch schwerer als hyperaktive Kinder, Hilfe zu erhalten. Niemand denkt bei solchen Kindern an ein ADS. Es wird den Eltern gesagt, ihr Kind sei eben entwicklungsverzögert und nicht altersentsprechend entwickelt, obwohl die Eltern genau wissen, daß ihr Kind nicht dumm ist. Da sie das Problem selbst nicht erkennen können, versuchen sie mit allen möglichen Methoden, das Kind in seiner Entwicklung zu fördern. Sie müssen aber scheitern, weil es sich beim ADS nicht um eine Entwicklungsverzögerung handelt, sondern um eine Störung in der Reizaufnahme und der Reizverarbeitung.

In der Schule schauen sie zum Fenster hinaus und sind nicht bei der Sache. In den Zeugnissen dieser Kinder wird häufig die Frage gestellt, ob diese Kinder denn genug schlafen würden, da sie immer unausgeschlafen und abwesend wirken und vor sich hin träumen. Ein betroffener Junge teilte mir jedoch mit, daß er nur äußerlich ruhig und inaktiv sei. In Gedanken aber sei er äußerst aktiv. Er spiele zum Beispiel den „Krieg der Sterne" in allen Variationen durch. Er sei dabei ein großer Held, erobere andere Sterne und bestehe unglaubliche Gefahren. Er meinte: Was die Hyperaktiven äußerlich zeigen, leben die Hypoaktiven in ihrer Phantasiewelt.

Wenn hypoaktive Kinder in der Klasse aufgerufen werden, gibt es zwei Möglichkeiten der Reaktion. Die einen sind meilenweit vom Unterrichtsgeschehen entfernt und haben nicht die geringste Ahnung von den Vorgängen in der Klasse. Sehr begabte Kinder sind aber durchaus in der Lage, sich am roten Faden des Unterrichts zu orientieren und dann die richtige Antwort zu geben. Die meisten Hypoaktiven klinken sich jedoch völlig aus und leisten daher trotz häufig weit überdurchschnittlicher Begabung nur Unterdurchschnittliches.

Inzwischen bin ich auch mit jenen leichten Formen des hypoaktiven ADS vertraut, die oft erst nach der Schulzeit erkannt werden. Diese Kinder fielen zunächst nur durch ihre Verträumtheit, Stille und Zurückgezogenheit auf, bei insgesamt eher guten Schulleistungen. Erst bei wirklich großen Prüfungen, z.B. Gesellenprüfung, Vordiplom oder Physikum, zeigten sich ihre Konzentrationsschwäche und Aufmerksamkeitsstörung. Es gelang ihnen nicht, eine Prüfung von mehr als zwei bis drei Stunden Dauer durchzustehen. In der ersten Stunde war die Leistung noch gut, in der zweiten mäßig, und ab der dritten sackten die Leistungen so stark ab, daß diese gut bis sehr gut begabten Jugendlichen durchfielen. Mein Verdacht, sie hätten nicht gelernt, konnte von den Eltern nicht bestätigt werden. Trotz intensivster Vorbereitung wurden die Prüfungen im zweiten oder sogar dritten Anlauf noch schlechter abgelegt als im ersten. Wegen der vermehrten Anspannung und Aufregung hätten sie noch mehr Botenstoffe benötigt, die nicht zur Verfügung standen. Die medikamentöse Behandlung dieser Jugendlichen zeigte in allen Fällen einen durchschlagenden Erfolg. Alle noch zeitig genug Behandelten gelang es, ihre Prüfungen problemlos zu bestehen. Bei leichten Formen des ADS scheint der Mangel an Botenstoffen nur unter massivem Streß zu einem Problem zu werden.

Bis auf die Hyperaktivität können Hypoaktive alle anderen Symptome des ADS ebenfalls aufweisen. Sie sind immer auch impulsiv, gelegentlich oppositionell, und sie können auch aggressiv reagieren, was bei ihnen besonders negativ auffällt, da man es nicht erwartet.

Vor kurzem wurde mir ein solches Kind vorgestellt. Es war schon ein Jahr in Psychotherapie, ohne daß sich am Hauptsymptom des Kindes, nämlich einer unerklärlichen Zerstörungswut und Aggression, etwas geändert hätte. Wenn das Kind irgendein Problem hatte, das es nicht spontan lösen konnte, begann es, wie wild um sich zu schlagen und zerschlug dabei auch Teller, Vasen und andere Gegenstände. Als ich das Kind fragte, warum es sich so verhalte, konnte es nur sagen: „Es kommt eben über mich.“ Ich vermutete bei dem insgesamt sehr ruhigen und freundlich wirkenden Kind ein ADS und begann eine medikamentöse Behandlung, die äußerst rasch ansprach. Seitdem hatte das Kind keinen einzigen Wutanfall mehr, und die Lehrer registrierten eine wesentliche Verbesserung der Schulleistungen.

Im Gegensatz zu hyperaktiven Kindern, sind hypoaktive Kinder zunächst meist bereit, Anforderungen zu erfüllen. Allerdings bleibt es fast immer bei dieser Bereitschaft, da auch sie sehr vergeßlich sind. Eltern berichten, daß diese Kinder bei der Aufforderung etwas zu tun, so gut wie immer recht freundlich zustimmen, daß dann aber nichts geschehe.

Im folgenden möchte ich das hypoaktive ADS aus der Sicht von Jan McEwan, einem englischen Schriftsteller, darstellen, der wohl nur deswegen eine so wunderbare Schilderung eines hypoaktiven Kindes zuwege brachte, weil er offensichtlich mit sich selbst diese Erfahrungen gemacht hat. In seinem Buch „Der Tagträumer“ beschreibt er Peter, von dem die Leute sagten, er sei ein schwieriges Kind, was Peter nicht verstehen konnte, da er sich selbst überhaupt nicht schwierig fand. Er benahm sich gesittet, aß bis auf Gemüse, Fisch, Eier und Käse alles, was auf den Tisch kam. Er war weder lauter und schmuddeliger noch dümmer als andere Kinder, die er kannte. Wie andere Kinder ging er jeden Tag zur Schule, war zu seiner Schwester nur so gemein wie sie zu ihm und fand sich selbst sehr pflegeleicht. Er konnte nicht verstehen, was an ihm so schwierig sein sollte. Erst viele Jahre später, als er längst erwachsen war, ging Peter endlich ein Licht auf. Man fand ihn schwierig, weil er so still war. Das machte den Leuten offenbar zu schaffen. Zudem war er gern allein, nicht immer, aber er zog sich gern für ein Stündchen in sein Zimmer oder in den Park zurück. Er wollte ungestört sein und seinen Gedanken nachhängen. Oft lag er an Sommernachmittagen auf dem Rücken, kaute an einem Grashalm und schaute zum Himmel hinauf. Die Erwachsenen ahnten wohl, daß ihm etwas im Kopf herumging. Vielleicht steckte er in Gedanken gerade seine Schule in Brand, warf seine Schwester einem Krokodil zum Fraße vor oder flüchtete in einem Heißluftballon. In der Schule war Peter oft nur äußerlich anwesend, während sein Geist auf Wanderschaft ging.

Auch zu Hause neigte er zum Tagträumen, womit er sich auch schon Ärger eingehandelt hatte. Peters Vater bat ihn einmal, in einem Sessel sitzen zu bleiben, damit er auf die Sessellehne steigen konnte, um an der Zimmerdecke einen Weihnachtsstern anzubringen. Peter war aber plötzlich in seinen Gedanken so vertieft, daß er diesen Sachverhalt völlig vergaß. Als er schließlich aufstand, tat es hinter ihm einen entsetzlichen Schlag, und der Vater fiel kopfüber in die Lücke zwischen Sessel und Wand. Als seine Schwester sieben Jahre alt war, sollte Peter sie zur Schule mitnehmen. Obwohl seine Eltern mit ihm jede Einzelheit der Fahrt durchgegangen waren, versank Peter wieder in seinen Phantasien. Er rettete seine Schwester vor angreifenden Wölfen, vergaß sie aber im Bus, als er ausstieg.

Wegen dieser Tagträumerei neigten die Lehrer dazu, ihn für dumm zu halten. Niemand konnte all die erstaunlichen Dinge sehen, die in seinem Kopf vor sich gingen. Ein Lehrer, der Peter aus dem Fenster oder auf ein leeres Blatt Papier starren sah, mochte denken, daß er sich langweilte oder um eine Antwort verlegen war. In Wirklichkeit aber erlebte Peter in seiner Phantasie die erstaunlichsten Dinge. Als er eine Klassenarbeit in Mathematik schreiben sollte, stellte er sich in Gedanken die immense Größe von Zahlen mit sehr vielen Nullen vor. Er begab sich auf eine mathematische Phantasiereise, die so anspruchsvoll war, daß seine Mitschüler überhaupt nicht mitgekommen wären. Aber die Reise war sehr zeitraubend, und die Schulglocke für die Klassenarbeit ertönte, bevor Peter überhaupt damit angefangen hatte. Schließlich ging es ihm, wie vielen anderen Kindern mit einem ADS: Er wurde in eine Gruppe von Lernbehinderten gesteckt, die große Schwierigkeiten damit hatten, selbst kleine Zahlen wie vier und sechs zusammenzuzählen. Dort langweilte sich Peter so, daß es ihm noch schwerer fiel, bei der Sache zu bleiben. Allmählich dachten die Lehrer, daß er im Rechnen selbst für diese Fördergruppe zu schlecht war. Was sollte man nur mit ihm anstellen? Als er älter wurde, begriff Peter, daß man den

Leuten, damit sie einen verstehen, erzählen sollte, was einem durch den Kopf geht. So fing er an, die Dinge, die in seinem Kopf vorgingen, aufzuschreiben. Als Erwachsener wurde er dann Erfinder und Geschichtenerzähler.

Die Geschichte von Peter ist sehr typisch für das Verhalten von hypoaktiven Kindern mit einem ADS. Sie sind in ihren Gedanken keineswegs träge und wenig aktiv. Ganz im Gegenteil: Sie sind darin äußerst aktiv, erleben die aufregendsten Abenteuer, bildern die tollsten Geschichten und sind sicherlich oft überdurchschnittlich begabt. Häufig aber landen sie, wie auch Peter, in einer Sonderschule, denn was soll man mit einem Kind anfangen, das ständig träumt, nie bei der Sache ist, nur schlechte Noten bekommt und deswegen das Klassenziel nicht erreicht.

Oft sind sich die Eltern in der Beurteilung der intellektuellen Leistungen dieser Kinder sehr unsicher. Bei der Frage nach dem Gedächtnis antworten die meisten Eltern, dieses sei gut. Da die schulischen Leistungen nicht damit übereinstimmen, lasse ich mir schildern, was sie unter „gut" verstehen. Sie berichten dann, daß die Kinder sich noch an Dinge erinnern könnten, seien es Gespräche oder belanglose Begebenheiten, die ihnen selbst schon lange entfallen seien. Auch hätten sie ein sehr gutes Ortsgedächtnis: Selbst wenn sie erst nach Jahren an einen früher schon aufgesuchten Ort zurückkämen, fänden sich ausgerechnet diese Kinder sofort wieder zurecht und seien dort sozusagen die „Pfadfinder" der Familie. Man muß annehmen, daß Nebensächlichkeiten ihr Interesse mehr erregen und daher von ihnen besser gespeichert werden können als Lerninhalte im schulischen Bereich, deren Speicherung in der Regel zu wünschen übrig läßt. Diese Nebensächlichkeiten werden oft auch dann gespeichert, wenn die Eltern meinen, das Kind höre überhaupt nicht zu oder das Gespräch sei zu schwierig. Allerdings geschieht es dann häufig, daß sie bei den unpassendsten Gelegenheiten erinnert und ausgeplaudert werden, was für Eltern sehr peinlich sein kann, sofern es sich um familieninterne Dinge handelt.

Zwanghafter Rededrang

Besonders hyperaktive Kinder mit einem ADS leiden unter einem nicht kontrollierbaren Rededrang, den auch Hypoaktive zeigen können, wenn auch seltener und vorwiegend im vertrauten Familienkreis. Schon die Kleinkinder plappern ununterbrochen vor sich hin. Sie begleiten jede ihrer Handlungen durch laute Kommentare. Beim Spiel machen sie oft die unmöglichsten Geräusche, oft so lautstark, daß es Erwachsenen nicht möglich ist, ein Gespräch zu führen, zumal diese Kinder auch noch ständig dazwischenreden. Auch andere Kleinkinder reden gerne beim Spiel vor sich hin. Ihre Stimme ist jedoch leiser, und sie können zwischendurch auch einmal still sein. Kinder mit einem ADS haben dagegen meist eine laute Stimme und bevorzugen Spielgeräte, die Lärm machen, so daß der Geräuschpegel unerträglich hoch werden kann. Die Bitte, wenigstens nur für kurze Zeit den Mund zu halten, ist in den Wind gesprochen. Wenn überhaupt, dann unterbrechen sie ihren Redefluß nur für Sekunden und erzählen dann um so lauter weiter. Sie können auch unglaublich penetrant fragen, manchmal mehrfach das Gleiche, so daß manche Eltern frustriert die Antwort verweigern oder zu schreien beginnen.

Bei den Mahlzeiten führen sie das Wort und vergessen zu essen. Beim Telefonieren der Eltern stehen diese Kinder daneben, wollen auch sprechen, machen dabei laute Geräusche, fangen an zu singen oder sogar zu schreien, womit jedes Telefonat unmöglich wird. Gibt man ihnen schließlich den Telefonhörer, so haben sie oft nichts zu sagen; nimmt man ihn wieder weg, dann beginnt das Spiel von neuem.

Im Kindergarten stören sie durch ihre Mitteilsamkeit den gesamten Kindergartenbetrieb. Ihr Redefluß hört auch nicht auf, wenn die Erzieherinnen Anweisungen geben oder gemeinsame Spiele gemacht werden. Selbst in Ruhephasen plappern sie weiter oder geben Kommentare von sich, die andere Kinder stören oder erheitern. Sie kommentieren ihre Spiele so gut wie immer und das auch noch weit bis ins Schulalter hinein.

Auch in der Schule können sie ihren Rededrang nicht kontrollieren. Sie sind vorlaut, reden dazwischen, geben ständig unerwünschte Kommentare von sich, unterhalten sich mit ihren Nachbarn und machen die unmöglichsten Geräusche: Sie gähnen, rülpsen, kichern, krächzen, pfeifen und kommentieren dann auch noch diese Geräusche. Spricht man sie darauf an, dann können sie recht freche Antworten geben. Im außerschulischen Bereich schalten sie sich in jedes Gespräch ein und wollen genau wissen, was besprochen wurde. Haben sie es nicht verstanden, fragen sie ständig nach. Sie beteiligen sich an anderen Unterhaltungen durch Kommentare oder durch Beiträge, die mit dem Thema oft nicht das Geringste zu tun haben. Allerdings haben sie oft einen erstaunlich großen Wortschatz und können ausgezeichnete Rhetoriker sein. Es gelingt ihnen so auch rasch, die Unterhaltung an sich zu reißen, was sie am Familientisch täglich demonstrieren, wobei sie Berichte anderer Familienangehörigen in oft unerträglicher Weise kommentieren. Sie haben auch die Tendenz und Fähigkeit, alles zu hinterfragen, und zwar in einer solch penetranten Art, daß selbst Wohlwollende dies nicht lange aushalten. Immer wieder werden Gesprächspartner von ihnen korrigiert, gleichgültig worüber diese berichten. Es gibt kaum eine Aussage, die akzeptiert wird. Dabei wirken sie keineswegs aggressiv oder böse, sondern machen manchmal einen sogar heiteren Eindruck, so als gehe sie das alles nichts an. Sie scheinen gefühlsmäßig gar nicht engagiert zu sein, sondern nur darum bemüht, ihren Rededrang zu befriedigen.

Im Pubertäts- und Jugendalter können sie mit ihren Eltern und Freunden stundenlang über viele Themen diskutieren, wobei es auch hier nicht so sehr um die Inhalte geht, sondern darum, ihren Rededrang zu befriedigen, und auch darum, Recht zu behalten. Gelegentlich können sie hervorragend argumentieren und andere überzeugen. Sie provozieren Gespräche zu Themen, die ihre Eltern weder verstehen noch interessieren. Sie diskutieren, um zu reden und sich in den Mittelpunkt zu stellen, wobei sie auch häufig den Faden verlieren, dann aber unbekümmert mit einem anderen Thema fortfahren. Ihr Rededrang ist zwanghaft.

Im Erwachsenenalter wird dieser zwanghafte Rededrang zu einer unerträglichen Belastung für die anderen, aber manchmal auch für die Betroffenen selbst. Die Schilderung einer Patientin im Kapitel „ADS bei Erwachsenen“ zeigt dies sehr eindrucksvoll. Auch ich konnte mich kürzlich von diesem Redezwang überzeugen. Ich wurde zu einer Feier eingeladen und saß an einem Tisch mit vier weiteren Gästen, die ich an ihrem Rededrang und an verschiedenen anderen Merkmalen sehr rasch als Personen mit einem ADS erkennen konnte. Es war faszinierend: Alle vier redeten unentwegt, und zwar jeder über sein eigenes Thema. Es schien sie nicht zu stören, daß ich für sie alle der einzige Zuhörer war und natürlich nicht allen gleichzeitig zuhören konnte. Ich versuchte aber mein Bestes. Nach zwei Stunden hielt ich es jedoch nicht mehr aus. Ich schützte Kopfschmerzen vor und ließ mich nach Hause fahren.

Aggressivität

Die Aggressivität ist ein Symptom, das besonders die hyperaktiven und, wenn auch seltener, die hypoaktiven Kinder zeigen. Gerät ein ADS-Kind in eine Streßsituation, bei welcher, um angepaßt reagieren zu können, sehr viele Botenstoffe produziert werden sollten, jedoch nicht produziert werden, kommt es zu einer totalen Blockade des Kindes. Es reagiert mit jähzornigem und aggressivem Verhalten und heftigen, unbeherrschten Wutausbrüchen.

Die Aggressivität dieser Kinder zeigt sich oft schon in der späten Säuglingszeit. Sie ziehen ihre Mütter an den Haaren, beißen sie in den Arm, schlagen ihnen ins Gesicht, ziehen sie an der Nase, greifen in die Nasenlöcher und in die Augen, beißen sie in die Brustwarzen und stoßen ihnen beim Gewickeltwerden ihre Beine in den Unterleib. Man wird diesen Kindern kaum unterstellen können, daß sie dies alles schon mit Absicht tun. Sie haben aber kein Gefühl für die Reaktion und den Schmerz der anderen. Schreit die Mutter wegen des Bisses in die Brustwarze schmerzvoll auf, so ist es für ein solches Kind ein Zeichen von

Zustimmung, und es will diese Reaktion gleich wieder provozieren. Auch wenn die Mutter in ihrem Schmerz dem Säugling einen Klaps als Warnsignal gibt, spürt er ihn entweder nicht oder kann ihn nicht interpretieren, da er wie alle diese Kinder emotional schlecht lernfähig ist. Er scheint ganz im Gegenteil vom Aufschrei der Mutter animiert zu werden, nochmals zuzubeißen. Auch andere Säuglinge können ein solches Verhalten zeigen, bei Kindern mit einem ADS ist es aber stärker ausgeprägt. Hier wird ein durchgehendes Prinzip schon im Säuglingsalter sichtbar. Alle Auffälligkeiten, die auch Kinder ohne ADS haben können, zeigen ADS-Kinder sehr viel intensiver und nachhaltiger.

Im Kleinkindesalter beißen, schlagen und treten sie andere Kinder, ohne zu begreifen, daß sie das nicht tun dürfen, weil es diesen wehtut. Aber gerade dieses Wehtun scheint sie zu faszinieren, da der Schmerz andere Kinder zum Weinen oder Schreien bringt, was ihnen offensichtlich gefällt. Sie wollen laute Reaktionen provozieren, möglicherweise um ihre eigenen Botenstoffe zu aktivieren, wodurch sie sich besser fühlen. Sie sind auch keineswegs einsichtig. Verbietet ihnen die Mutter ein derartiges Verhalten, scheint das Verbot wie eine Aufforderung zu wirken, es gleich wieder zu versuchen.

Wegen ihres aggressiven Verhaltens werden solche Kinder schon in der Kleinkinderzeit zu Außenseitern. Niemand mag sie und will mit ihnen spielen. Andere Kinder laufen sogar häufig weg, wenn sie auftauchen. Dies verstärkt noch ihr aggressives Verhalten, da sie durch die Reaktion der anderen Kinder ständig frustriert werden. Der Frust führt zu noch mehr Aggressionen, die ihnen außerdem eine gewisse Beachtung einbringen. Denn sobald sie ein anderes Kind erneut beißen, kratzen, bespucken, an den Haaren ziehen, treten oder schlagen, werden sie zum Mittelpunkt des Geschehens. Da sie ohnehin selten wegen ihrer guten Eigenschaften Mittelpunkt werden, genießen sie es, dies wenigstens durch ihr schlechtes Verhalten zu erreichen.

Im Schulalter spitzt sich das Problem zu, da nun von Kindern erwartet wird, daß sie ihre Aggressivität besser kontrollieren können. Dies jedoch ist Kindern mit einem ADS nicht möglich.

Sie zeigen weiterhin viele aggressive Handlungen, sei es, daß sie andere Kinder zum Stolpern bringen, sie mit Bleistiftspitzen pieken, sie boxen, stoßen, kratzen, bespucken und gelegentlich auch die Treppe hinunterschubsen. Sie kommen auf immer neue Tricks, mit denen sich aufregende Situationen herstellen lassen, die ihnen Spaß bereiten. Sie begreifen nicht die Tragweite ihrer Aktivitäten und können offensichtlich nicht voraussehen, was passieren könnte, wenn sie einem Mitschüler das Bein stellen und er die Treppe hinunterfällt. Sie erfreuen sich an der Situation und finden sie komisch. Auch als Schulkinder sind sie offensichtlich nicht fähig, aus ihren Fehlern zu lernen. Selbst wenn man ihnen den Schulverweis androht, falls sie noch einmal ein Kind stoßen, tun sie es gleich wieder. Entweder sie vergessen die Drohung, oder der Reiz einer solchen Situation ist so groß, daß sie ihm einfach nicht widerstehen können.

Auch später als Jugendliche haben sie ihre Aggressionen nicht unter Kontrolle. Werden sie gereizt, schlagen sie häufig einfach zu. Intelligentere Heranwachsende können dagegen ihre Aggressionen auch verbal austragen, was natürlich auch für die meisten Erwachsenen gilt. Sie werden dann gemein, wodurch es ihnen oft viel besser gelingt, ihren Gegner zu verletzen. Sie haben ein feines Gespür für die Fehler und die besonderen Empfindlichkeiten ihrer Mitmenschen und scheuen sich nicht, gerade diese Schwachstellen zu treffen. So kann ein Jugendlicher mit einem ADS einem wenig attraktiven Mädchen, das er verletzen will, ins Gesicht sagen: „Wenn man so aussieht wie du, gehört man eingesperrt, damit anderen ein solcher Anblick erspart bleibt“, oder einem Jungen, der große Probleme mit Mädchen hat: „Vor einem solchen Idioten muß ja jedes Mädchen davonlaufen.“

Oppositionelles Verhalten

Die Anweisung oder Bitte, etwas zu tun, verweigern Kinder mit oppositionellem Verhalten, sie können darauf sogar mit heftigen Wutausbrüchen, ja Tobsuchtsanfällen, reagieren. Der Bericht einer Mutter soll die Situation verdeutlichen:

Nina hat auf die meisten Anweisungen und Befehle nicht reagiert. Auch auf wiederholte Bitten zeigte sie keinerlei Reaktion. Gehorsam war ihr fremd. Bitten, Schimpfen, Schlagen – nichts hat geholfen. Nina rannte immer weg. Sie hatte in großen Städten oder großen Menschenansammlungen keinerlei Verlangen nach mir als Mutter, da sie keinerlei Bewußtsein für Gefahren hat. Nina hat auch keine Regeln eingehalten. Ihr das, was sie tun sollte, vorzuleben oder ihr ständig zu sagen, brachte auch nichts. Es war unmöglich, ihr Dinge beizubringen, die zum täglichen Alltag gehören, wie das Aufstehen, Duschen, Frühstücken, aufs WC zu gehen und auch noch die Türen zu schließen. Sie hat sich einfach verweigert. Im Kindergarten war sie der wilde Feger. Auch dort hat sie sich so gut wie immer bei allen Aufforderungen verweigert. Das Abholen vom Kindergarten war für mich besonders belastend. Wenn ich kam, hat sie überhaupt nicht reagiert und verweigerte dann auch noch das Mitgehen. Ich mußte bitten und betteln, daß sie sich zumindest in Richtung Ausgang bewegte. Wenn ich telefonierte oder mich mit anderen unterhielt, war sie besonders unruhig und machte Gespräche fast unmöglich. Wenn ich mit ihr spielte, mußte das Spiel absolut nach ihren Vorstellungen und Regeln verlaufen. Da half auch kein Erklären, Betteln oder Schimpfen. Man mußte immer den untergeordneten Partner spielen, also immer das tun, was Nina wollte.

Bei größeren Kindern äußert sich das oppositionelle Verhalten oft sehr viel dramatischer. Sie verweigern nicht nur das Gewünschte, sondern zeigen auch in Gestik und Mimik, daß sie bereit sind, aggressiv zu werden, falls man etwas erzwingen möchte. Ich habe sehr oft in meiner Praxis oppositionelles Verhalten erlebt – es hat mich manchmal geängstigt. Wenn ich oppositionelle Jugendliche gebeten habe, sich auszuziehen, damit ich sie untersuchen könne, standen die jungen Männer und Frauen vor mir, schauten mir direkt in die Augen und erklärten, sie dächten gar nicht daran. Weder gutes Zureden noch Überzeugungsversuche halfen. Die Jugendlichen machten mir klar, daß sie mich notfalls mit Gewalt an der Untersuchung hindern würden. Ich erinnere mich an einen Jugendlichen, der sich verweigerte. Die Eltern, die zwei Stunden Anfahrtsweg hatten, um ihren Sohn wegen des dringenden Verdachts auf ein ADS untersuchen zu lassen, bestanden darauf, daß ich den Jungen untersuchte. Die Situation endete damit, daß der Junge wie wild um sich schlug und dabei auch Vater und Mutter traf. Als Kompromiß bot ich schließlich an, die Untersuchungen beim Hausarzt durchführen zu lassen.

Bei Kindern und Jugendlichen mit oppositionellem Verhalten steht man wie vor einer Wand. Man kann sie durch nichts überzeugen und zu nichts bewegen. Man ist einfach hilflos, da sie für keinerlei Argumente zugänglich sind.

Ängstlichkeit

Kinder mit einem ADS vermitteln den Eindruck, als hätten sie keine Angst. In Wirklichkeit aber sind sie sehr ängstlich. Sie können gefährliche Situationen weder erkennen noch einschätzen und überlegen auch nicht, bevor sie etwas tun. Daher erscheinen sie nur mutig. Das gleiche Kind, das in ein leeres Schwimmbecken sprang und sich dabei eine Platzwunde zuzog, schrie, tobte und schlug um sich, als ich ihm vor der Wundnaht eine Spritze zur Schmerzbetäubung geben wollte. Ein anderer Halbwüchsiger legte sich zur Blutentnahme hin, realisierte dann die drohende Gefahr, stand blitzschnell auf, schlug wie wild um sich, verletzte meine Helferinnen und mich und rannte, ohne ein Wort zu sagen, aus dem Raum, um sich auf dem Parkplatz hinter einem Auto zu verstecken. Diese Ängstlichkeit führt auch häufig zu Fehldiagnosen. Denn Menschen mit einer starken Ausstrahlung und Persönlichkeit können diese Kinder so beeinflussen, daß sie ihre Hyperaktivität überhaupt nicht mehr zeigen. Viele Mütter haben mir berichtet, daß ihr Kind im Kindergarten ausgesprochen fügsam sei, zu Hause aber den Eltern das Leben zur Hölle mache. Das änderte sich in den meisten Fällen, wenn die Kinder eine andere Erzieherin bekamen, die keine so starke Ausstrahlung hatte. Plötzlich wurden diese Kinder auch im Kindergarten hyperaktiv. Sie hielten sich an keine Regeln und tyrannisierten die Erzieherinnen sowie die anderen Kinder. Das gleiche haben mir Eltern von Schulkindern berichtet. Die Furcht vor einer starken Persönlichkeit führte hier ebenfalls zu einem sehr angepaßten Verhalten. Kaum waren die Kinder in eine andere Klasse mit einem „weicheren" Lehrer gekommen, da wurden sie in der Schule ebenso hyperaktiv und aggressiv wie zu Hause. Die Ängstlichkeit dieser Kinder zeigt sich auch in der Untersuchungssituation. Oft muß ich meine Patienten unter der Untersuchungsliege oder hinter dem Wickeltisch für Säuglinge aufstöbern und hervorholen.

Der Bericht einer Mutter zeigt die Ängstlichkeit des Kindes als ein sie besonders belastendes Symptom:

Besonders belastend am Verhalten meines Kindes war und ist für mich das „Klammern". Ich habe das Gefühl, keinen Freiraum und keine Luft zum Atmen zu haben. Obwohl meine Tochter schon als Kleinkind nirgends allein bleiben wollte (bei Oma, Opa, Tanten), begann unsere Leidenszeit mit dem Besuch des Kindergartens. Fast täglich war es ein Kampf zwischen Zuhausebleiben und Gehen, zwischen Bitten und Betteln, zwischen Tränen und Schreien. Oft genug ging ich, nachdem ich sie in den Kindergarten gebracht hatte, voller Ängste unter Tränen nach Hause. Ich zweifelte an meinem Kind und mir, verstand die Welt nicht mehr und war über mein Kind enttäuscht, jedoch oft auch voller Wut. Als sie in die Schule kam, schaffte sie es gerade noch, alleine nach Hause zu gehen. Ich mußte sie jedoch täglich in die Schule begleiten, wobei sie sich mindesten 20mal vergewisserte, ob ich auch wirklich zu Hause sei, nicht zum Einkaufen müsse oder sonst einen Termin habe.

Trödelverhalten

Ein sehr wichtiges und fast immer vorhandenes Symptom ist das Trödeln. Hyperaktive und hypoaktive Kinder beherrschen es in gleicher Perfektion, doch unterscheiden sie sich deutlich in der Art des Trödelns.

Zunächst möchte ich am Beispiel von Peter das Trödelverhalten eines hypoaktiven Kindes darstellen:

Schon am Morgen geht es los. Er will nicht aufstehen, räkelt sich in seinem Bett, beginnt mit dem Kuscheltier zu spielen, findet dann unter seinem Bett ein Spielzeug und spielt damit weiter. Wird die Mutter allmählich böse, erhebt er sich recht mißmutig, geht im Schneckentempo ins Bad. Dort spielt er erst einmal mit dem Wasser, spritzt es überall herum, beginnt nach mehrfachem Ermahnen mit dem Putzen der Zähne. Dabei fällt ihm etwas Zahnpasta ins Becken, die gleich zum Spielzeug umfunktioniert wird. Er taucht seinen Zeigefinger in die Zahnpasta und beginnt damit zu malen. Er spart nichts aus. Die Zahnpasta landet an der Wand, auf den verschiedenen Hautpflegedosen und -tuben der Mutter und schließlich auch auf seinem Schlafanzug. Nachdem die Mutter wieder mehrfach gemahnt hat, sich zu beeilen, steigt Peter endlich aus seinem Schlafanzug, läßt ihn fallen und bemerkt auf dem Boden eine Spinne. Er legt sich hin und beobachtet, was die Spinne macht. Sie läuft davon. Daraufhin versperrt ihr Peter alle Fluchtwege und ist in dieses Spiel so vertieft, daß er die Mutter erst bemerkt, als sie vor ihm steht. Sie schimpft, da Peter in zehn Minuten aus dem Haus gehen sollte. Peter beeilt sich, zieht rasch seine Unterhose, sein Unterhemd, die Socken und den Pulli an. Als er zum Stuhl geht, auf dem seine Hose liegt, sieht er dort ein Comicheft. Er setzt sich auf den Boden und liest ganz hingegeben. Erst als die Mutter wieder schimpfend auftaucht, legt er das Heft erschrocken hin und geht zum Frühstückstisch. Dort sieht er seine geliebte Nougatcreme, von der er einen Löffel nimmt, um sie auf ein Brötchen zu schmieren. Dabei tropft etwas Creme auf die Tischdecke. Er nimmt seinen Löffel, taucht ihn in die Nougatcreme auf dem Tisch und beginnt eine Zeichnung. Er zieht von dem Klecks aus nach allen Richtungen Bögen und Linien – schließlich hat er eine Sonne gezaubert, die auch noch lacht. Gegessen hat er noch nichts. Schließlich erscheint die Mutter wieder und ist äußerst gereizt. „Wenn du jetzt nicht sofort ißt, kannst du gleich zu Hause bleiben." Peter findet diese Alternative verlockend, weiß aber aus früheren Erfahrungen, daß die Mutter es so nicht meint. Sie möchte, daß er zur Schule geht. Da sein Schulbus jedoch bereits abgefahren ist, wird sie ihn, wie schon öfters, mit dem Auto zur Schule fahren. Peter findet das ohnehin viel besser, da er den Schulbus nicht mag. Aber wenn die Mutter ihn fährt, hat er ja noch Zeit. So trinkt er genüßlich seinen Kakao, ißt sein Nougatcremebrötchen, wobei er ab und zu auch seinen Zeigefinger in die Creme taucht, um die Sonne zu verbessern. Endlich sitzt er im Auto und wird zur Schule gefahren. Er genießt die Fahrt, auch wenn sie nur einige Minuten dauert. Er malt mit Spucke, die er hingebungsvoll an das Fenster schmiert, Männchen an die Scheibe. Schließlich stoppt die Mutter vor der Schule. Peter läuft zum Haupteingang. Dort sieht er auf der Treppenstufe eine rote Schnecke. Er setzt sich daneben und beobachtet sie fasziniert. Viele Schüler laufen an ihm vorbei, doch er hat nur Augen für die Schnecke, die sich äußerst langsam fortbewegt. Inzwischen hat der Unterricht schon begonnen. Plötzlich hört er seinen Namen und ist ganz erschrocken. Ein Mitschüler wurde geschickt, ihn zu holen. Er geht mit ihm ins Klassenzimmer, setzt sich auf seinen Stuhl, will sein Arbeitsmaterial auspacken, und schon ist er wieder mitten im Spiel. Er findet nämlich in seinem Schulranzen eine Spielmaus, die er gestern auf dem Jahrmarkt gekauft hat. Er nimmt sie aus dem Ranzen, setzt sie auf den Tisch und läßt sie laufen. Wegen des Geräuschs blicken alle Mitschüler zu ihm hin. Er genießt das. Die einzige, die offensichtlich keinen Spaß an der Sache hat, ist die Lehrerin. Sie kommt ziemlich erbost zu ihm, nimmt ihm die Spielmaus weg und fordert ihn auf, die Rechenaufgabe zu lösen. Bis er endlich alle Arbeitsmaterialien auf dem Tisch hat, ist die Zeit für die Rechenaufgabe abgelaufen. Peter stört das wenig, da er jetzt einen kleinen Käfer entdeckt hat, der über seinen Tisch läuft.

Diese Szene ist beispielhaft für das Verhalten von hypoaktiven Kindern. Diese leben nicht in der aktuellen Zeit mit aktuellen Anforderungen, sondern in der Welt ihrer Interessen. Dabei vergessen sie alles, was nicht dazu gehört und widmen sich nur noch dem Objekt ihres Interesses, von dem sie über Stunden gefesselt werden können. Das Trödelverhalten ist nicht ein Trödeln ohne Aktivität, es sieht nur wie Trödeln aus. In Wirklichkeit nimmt das Kind für sich selbst wichtige Aktivitäten wahr. Es ist von allem Neuen fasziniert und findet seine Aktivitäten spannend. Als Trödelverhalten empfindet es nur der Erwachsene.

Im folgenden das Trödelverhalten eines hyperaktiven Kindes, dargestellt am Beispiel von Christoph:

Der siebenjährige Christoph wird von der Mutter geweckt. Er rührt sich nicht. Die Mutter versucht mehrfach, ihn wach zu machen. Christoph dreht sich um und schläft weiter. Als die Mutter energisch wird, schlägt Christoph nach ihr, beginnt zu schreien und mit Legosteinen um sich zu werfen. Er reagiert nicht auf die Ermahnungen der Mutter, nun endlich ins Bad zu gehen, bis sie ihn schließlich mit sanfter Gewalt dorthin schiebt. Im Bad angekommen, nimmt Christoph das Handtuch, wirft es auf den Boden, setzt sich drauf und klopft mit seinen Füßen auf die Fliesen. Dann legt er sich auf den Bauch und klatscht mit seinen Händen auf den Boden, wobei er rhythmische Laute von sich gibt. Als die Mutter ihm energisch die Zahnbürste mit Zahnpasta in die Hand drückt, läßt er sie wie ein Flugzeug um sich rotieren, wobei die Zahnpasta auf den Boden fällt. Er fängt an, sie mit der Bürste auf dem Boden zu verteilen. Erst als die Mutter laut zu werden beginnt, steckt er sich die Bürste in den Mund und spuckt anschließend die Zahnpasta auf den Boden. Beim Anziehen kommt er nicht voran, da er sich mehrfach die Socken, die Hosen und das Hemd an- und auszieht und beim Versuch, die richtige Unterwäsche zu finden, fast den ganzen Schrankinhalt auf dem Boden verteilt. Schließlich zieht die Mutter ihn völlig entnervt an und bugsiert ihn an den Frühstückstisch. Der Kakao ist inzwischen kalt. Christoph probiert ihn, spuckt ihn über den ganzen Tisch und meint, der sei ja kalt. Die Mutter, an solche

Szenen gewöhnt, holt warmen Kakao und schmiert ihm ein Brot mit Nougatcreme. Er macht zwei Bissen, tunkt das Brot in die Lache von Kakao, den er zuvor ausgespuckt hatte, und zieht damit große Kreise auf dem Tisch. Die Mutter beginnt zu schreien, worauf Christoph das Brot umgekehrt auf den Tisch wirft und wegläuft. In seinem Zimmer angekommen, tritt Christoph gegen seine offene Schultasche, so daß sie umkippt. Die Mutter hebt alle herausgefallenen Sachen auf und legt sie in die Tasche zurück. Inzwischen ist der Schulbus abgefahren – Christophs Mutter muß den Sohn nun mit dem Auto in die Schule fahren. Dort angekommen, rempelt er gleich einen Kameraden an und verschwindet in der Toilette. Den Mechanismus der Spülung findet er so faszinierend, daß er ihn immer und immer wieder betätigen muß. Er vergißt den Unterricht und auch, daß heute einige Probearbeiten angesagt waren. Als ihm dies wieder einfällt, ist die Klasse schon mitten dabei. Er läuft zu seinem Tisch, zieht das Heft aus seiner Schultasche, wobei ihm der ganze Inhalt entgegenkommt und auf dem Boden landet. Nun krabbelt er unter dem Tisch herum und sucht seine Sachen. Bis Christoph schließlich alles auf seinem Tisch hat, sind die anderen Kinder mit den ersten drei Rechenaufgaben schon fertig. Der Lehrer mahnt ihn, nun endlich anzufangen. Zuvor entdeckt Christoph auf seinem Tisch einen kleinen Käfer und verkündet dieses Ereignis lautstark der ganzen Klasse.

Zwischen dem Trödelverhalten von Christoph und dem von Peter gibt es einen ganz wesentlichen Unterschied: Während der hypoaktive Peter im Spiel die Zeit vergißt, wird das Trödelverhalten vom hyperaktiven Christoph von seiner Unruhe geprägt und hat viele aggressive Momente. Bei ihm dient das Trödeln eher dem Abbau von Aggressionen und hyperaktiven Impulsen.

Mangelnde Organisation

ADS-Kinder und -Erwachsene sind meist chronisch unorganisiert. In ihren Zimmern und auf ihren Schreibtischen herrscht heilloses Durcheinander. Man könnte meinen, eine Bombe habe eingeschlagen. Solche Zimmer und Schreibtische findet man natürlich auch bei Kindern ohne ADS. Diese unterscheiden sich jedoch insofern von denen mit einem ADS, als sie in ihrem Chaos meist finden, was sie suchen. Dies ist bei Kindern mit einem ADS nicht der Fall. Sie sind ständig auf der Suche und finden dabei auch Dinge, von denen sie noch nicht einmal wissen, daß sie sie verloren haben.

Auch ihre Körperpflege können sie nicht organisieren. Sie läßt häufig sehr zu wünschen übrig. Würden die Mütter nicht dafür sorgen, daß ihre Kinder sich waschen sowie frische Kleidung anziehen, würden viele nicht nur in ihrer Unordnung, sondern auch in ihrem Schmutz versinken.

Ihre Schultaschen zeigen ein unglaubliches Chaos. Alles liegt kreuz und quer herum. Viele Dinge sind zerbrochen und zerfetzt, was ein Kind mit einem ADS jedoch kaum stört. Mein Mann, der Lehrer ist, hat mich auf ein wichtiges Erkennungsmerkmal von Kindern mit einem ADS hingewiesen: Die meisten von ihnen erkennt man am Umfang ihrer Schulranzen. Während die von Kindern ohne ADS lediglich das enthalten, was nur an dem entsprechenden Tag benötigt wird, sind die Schultaschen von Kindern mit einem ADS mit all den Dingen vollgepackt, die man an jedem Schultag brauchen könnte. Die Mütter dieser Kinder sind von den ständigen Ermahnungen der Lehrer, den Kindern doch das jeweils Erforderliche, aber Fehlende mitzugeben, so frustriert, daß sie ihnen schließlich alles, was sie an diesem Tag benötigen könnten, in die Schultasche packen. So findet man darin sämtliche Schulbücher und Hefte, die Zeichenblocks, die Sport- und die Schwimmbekleidung, die Sportschuhe und die Pausenverpflegung. Solche Schultaschen sind deshalb in der Regel doppelt so dick wie die der Kinder ohne ADS.

Die Kinder mit einem ADS können auch ihren Tagesablauf nicht organisieren. Sie können die vorgesehenen Aktivitäten nicht vorausplanen und in einen folgerichtigen Ablauf bringen. Ihre Aktivitäten sind deshalb planlos, die Kinder verzetteln sich und sind am Abend völlig erschöpft, obwohl sie kaum etwas Effektives zuwege gebracht haben.

Am Beispiel von Michael, einem zwölfjährigen Gymnasiasten, möchte ich aufzeigen, wie ein ganz gewöhnlicher Nachmittag bei einem Jugendlichen mit einem ADS verläuft:

Michael kommt von der Schule zurück. Er hat an diesem Nachmittag eine ganze Reihe von Dingen zu erledigen. Er muß seine Schulaufgaben machen, für die Schule verschiedene Arbeitsmaterialien einkaufen, hat seinem Freund versprochen, daß er ihm bei der Reparatur seines Fahrrads hilft, hat sich mit einem Schulkameraden für eine Stunde zum Tennisspielen verabredet und soll am Abend seinen Eltern noch bei der Apfelernte helfen. Könnte Michael seinen Tagesablauf auch nur einigermaßen organisieren, dann würde er in einer knappen Stunde seine Schulaufgaben erledigen, in 20 Minuten die Arbeitsmaterialien einkaufen, auf dem Weg dorthin oder zurück für etwa eine halbe Stunde bei der Reparatur des Fahrrads helfen und dann insgesamt anderthalb Stunden auf dem Tennisplatz verbringen. Rechnet man noch alle Wege ein, müßte Michael spätestens nach vier Stunden wieder zu Hause sein. Würde er also mit den Hausaufgaben um 13.30 Uhr beginnen, wäre er spätestens um 17.30 Uhr wieder zu Hause zur Apfelernte. Bei Michael läuft es jedoch ganz anders. Er macht seiner Mutter nach dem Mittagessen klar, daß er sofort die Arbeitsmaterialien für die Schule kaufen muß. So fährt er mit dem Fahrrad um 13.30 Uhr los und ist 10 Minuten später am Laden, der aber erst um 14.30 Uhr öffnet. Um sich bis dahin die Zeit zu vertreiben, schaut er sich beim nahe liegenden Spielwarenladen das Schaufenster an. Ein Schulkamerad kommt vorbei und lädt ihn ein, sich seinen neuen Computer anzusehen. Michael geht mit und ist von dem Computer so fasziniert, daß er mit seinem Kameraden ein Spiel beginnt. Als Michael auf die Uhr schaut, ist es schon 15.30 Uhr. Er verabschiedet sich hastig, kauft seine Arbeitsmaterialien ein und fährt nach Hause. Dort kommt er gegen 16.00 Uhr an. Seine Mutter erinnert ihn daran, daß er sich zur Fahrradreparatur verabredet habe. Er läßt alles stehen und liegen, schwingt sich auf sein Fahrrad und fährt zu seinem Freund. Dort angekommen, muß er allerdings feststellen, daß dieser sein Fahrrad inzwischen selbst repariert hat und zum Schwimmen gefahren ist, da sie sich schon um 14.30 Uhr verabredet hatten. Er fährt wieder nach Hause, wo ihn seine Mutter an die Hausaufgaben erinnert. Er fängt damit an, dann fällt ihm ein, daß er ja noch zum Tennisspielen verabredet war. Schnell packt er seine Tennissachen ein, fährt los, kommt am Tennisplatz um 17.30 Uhr an und findet seinen Tennispartner völlig erschöpft, eine Cola trinkend, vor. Nachdem dieser länger als eine Stunde auf ihn gewartet hatte, hat sich ein Erwachsener als Partner angeboten, der ihn ziemlich über das Feld gejagt hat. Der Freund ist verständlicherweise sauer, so daß Michael eine längere Zeit braucht, um ihn zu beruhigen. Schließlich radelt er wieder nach Hause und kommt dort gegen 18.30 Uhr an. Die Eltern sind mit der Apfelernte fast schon am Ende und ärgern sich sehr, da er ihnen fest zugesagt hatte, mitzuhelfen. Nach dem Abendessen gegen 20.00 Uhr erinnert ihn seine Mutter an die Hausaufgaben, mit denen er einige Stunden zuvor gerade angefangen hatte. Als er schließlich auch diese beendet hat, ist es 21.00 Uhr. Er macht sich fertig fürs Bett und muß diesen Tag, genauso wie die meisten anderen, als Fehlschlag abhaken. Er hatte zwei Freunde und die Eltern verärgert und selbst, bis auf die Stunde am Computer, nur Frust erlebt.

Störung der Koordination, des Körpergefühls, der Schmerz- und Temperaturempfindung

Die Störung im Botenstoffsystem des Gehirns führt bei Kindern mit einem ADS nicht nur zu Verhaltensauffälligkeiten, sondern häufig auch zu Störungen in ihrer Muskelkoordination und in ihrem Körpergefühl. Sie sind oft schusselig und ungeschickt, lassen Dinge fallen, gießen daneben und werfen ständig etwas um. Sie haben häufig plumpe, hölzern wirkende Bewegungsabläufe mit einer verkrampften Körperhaltung beim Sitzen und Stehen und einer verkrampften Stifthaltung beim Schreiben und Malen. Daher sind ihre Leistungen im Sport mäßig bis schlecht. Auch ihre Schrift läßt zu wünschen übrig. Falls sie doch schön schreiben, drücken sie so fest auf, daß man die Buchstaben auf der Rückseite des Papiers ertasten kann. Da ihnen die Feinkoordination

Mühe macht, malen sie nicht gern. Sie haben auch häufig eine schlechte Hand-Fuß-Augen-Koordination, das heißt, die Bewegungen von Händen und Füßen werden durch das Auge nicht genügend gesteuert. So können sie beim Tennis- oder auch beim Fußballspiel mit voller Kraft neben den Ball schlagen oder treten, und zwar so intensiv, da sie sich anschließend drehen, als hätten sie eine Pirouette zeigen wollen.

Allerdings findet man auch gute Sportler unter ihnen. Einige meiner Patienten sind sehr gute Ski- und Fahrradfahrer. Ihre sportlichen Erfolge in diesen Disziplinen rühren vor allem daher, daß sie sich der Gefahren nicht bewußt werden und daher zum Beispiel bei einer Skiabfahrt oder beim Mountainbiken ohne Hemmungen den Berg über „Stock und Stein" hinunterfahren. Nach einer medikamentösen Behandlung ändert sich dies schlagartig. Sie werden vorsichtiger, damit weniger schnell, aber auch weniger unfallgefährdet.

Bei Sportarten wie Tischtennis sind Kinder und Jugendliche mit einem ADS gelegentlich besonders erfolgreich. Ich habe vor einigen Jahren einen kleinen Landesmeister kennengelernt, der in seinem Verhalten und in seinen Schulleistungen ein typischer ADSler war, jedoch ausgesprochen gute Leistungen im Tischtennis erbrachte. Man muß sich vorstellen, daß beim Tischtennis das schnelle Erfassen von sich in Bruchteilen von Sekunden verändernden Situationen erforderlich ist, was Menschen mit einem ADS ganz besonders gut können. Wenn ihr Botenstoffsystem im motorischen Bereich nur wenig oder möglicherweise gar nicht gestört ist, sind sie für solche Sportarten besonders gut geeignet.

Ich kenne mehrere ADSler, die im Geräteturnen sehr erfolgreich waren. Auch hier muß man annehmen, daß bei diesen Kindern die Muskelkoordination nicht gestört ist und sie aufgrund ihrer Unfähigkeit, Gefahren einzuschätzen, ohne Hemmungen die gefährlichsten Übungen wiederholt ausführen können und sie schließlich so gut beherrschen, daß sie weit überdurchschnittliche Leistungen erbringen können.

Einzelne, vor allem hyperaktive Kinder mit einem ADS, können auch ausgesprochen geschickt bei handwerklichen Arbeiten sein. Häufig sind es Kinder, die in ihrer Kleinkinderzeit aus Neugier all ihre Spielsachen zunächst einmal völlig zerlegt hatten, um zu sehen, was dahinterstecke. Danach konnten sie diese meist nicht wieder zusammenbauen, weswegen die Eltern gefordert waren, auszuhelfen. Ihnen haben die Kinder zugeschaut und bei jeder dieser Aktionen erneut gelernt. Schließlich gelang es ihnen, ihre Spielsachen nicht nur zu zerlegen, sondern sie auch wieder zusammenzubauen, was bei manchen auch für ihren späteren Beruf bestimmend war. Ich kenne zahlreiche ADSler, die mit sehr gutem Erfolg Computerfachleute oder auch Radio- und Fernsehtechniker geworden sind. Man sieht an diesen Beispielen, daß die Symptome des ADS völlig uneinheitlich sind. Während die meisten Patienten mit einem ADS in ihrer Grob- und Feinmotorik gestört sind, gibt es einzelne, die überdurchschnittliche Leistungen im Sport und bei feinmotorischen Arbeiten erbringen können.

Das Körpergefühl von Kindern mit einem ADS ist sehr häufig gestört. Sie haben zum Beispiel Schwierigkeiten, ihre Körpermitte zu erfühlen. Bei der Eingangsuntersuchung lasse ich die Kinder stets auf dem Ende der Untersuchungsliege sitzen. Wenn ich sie dann bitte, sich hinzulegen, landet ihr Kopf fast immer auf dem an die Liege angrenzenden Instrumententisch. Würde ich den Kopf nicht mit der Hand auffangen, gäbe es häufig Verletzungen. Auch erwachsene Personen mit einem ADS haben dieses gestörte Körpergefühl. Einem meiner erwachsenen Patienten erzählte ich davon, wobei er mir ziemlich überheblich erwiderte, daß dies auf ihn nicht zutreffen würde, da er seinen Körper voll im Griff habe. Ich untersuchte ihn zunächst im Liegen, dann bat ich ihn, sich hinzusetzen, und zwar ebenfalls auf dem Ende der Liege. Als ich ihn dann aufforderte, sich nochmals kurz hinzulegen, landete sein Kopf auf dem angrenzenden Tisch – und er hätte sich sicherlich sehr weh getan, wenn ich seinen Kopf nicht mit meiner Hand aufgefangen hätte. Auch ihre mangelhafte Körper- und Mundhygiene ist durch ihr gestörtes Körpergefühl erklärbar.

Kinder mit einem ADS haben oft auch große Probleme, an

ihrem Körper zu zeigen, wo rechts und links oder die Körpermitte ist. Häufig ist bei ihnen auch die Temperaturempfindung gestört. Eltern klagen darüber, daß die Kinder im Sommer dicke Pullover und im Winter T-Shirts anziehen oder im Sommer mit Winterstiefeln und im Winter mit Sandalen herumlaufen wollen.

Die Schmerzempfindung von Kindern mit einem ADS ist ebenfalls häufig gestört. Eltern berichten, daß ihre Kinder bei Wutanfällen den Kopf gegen die Wand oder auf den Boden schlagen, ohne daß sie Schmerzen äußern. Auch stoßen sie sich ständig an. Ihre Schienbeine, ihre Oberschenkel und Arme sind häufig von blauen Flecken übersät, was ihnen jedoch nichts auszumachen scheint.

Teilleistungsschwächen

Fast alle Kinder mit einem ADS haben eine Teilleistungsschwäche. Darunter versteht man die Schwäche einer umschriebenen Hirnfunktion bei sonst normaler Intelligenz. Die bekannteste Teilleistungsschwäche ist die Lese-Rechtschreib-Schwäche, unter der sehr viele Kinder mit einem ADS leiden. Es können aber auch die Mathematik oder die Seh- und Hörverarbeitung betroffen sein. Dabei hört und sieht das Kind problemlos, gestört ist jedoch die Verarbeitung des Gehörten und des Gesehenen im Gehirn. Gibt man einem solchen Kind zum Beispiel eine Vorlage mit verschiedenen Figuren, so kann es diese Figuren nicht exakt abmalen: Statt eines Kreises entsteht ein Viereck oder eine Ellipse. Liest man ihm einen Text vor oder nennt ihm eine Zahlenfolge, so ist es nur begrenzt in der Lage, sie richtig wiederzugeben. Man nennt diese Teilleistungsschwächen auch sensomotorische Störungen, da die von einem Sinnesorgan aufgenommenen Eindrücke nicht zu einer exakten Wiedergabe durch die Motorik, also die Hand oder die Sprache, führen. Kinder können auch Störungen im Bereich der Wahrnehmungsgeschwindigkeit haben, das heißt, sie nehmen etwas richtig wahr, brauchen aber sehr lange, um es zu speichern und danach exakt wiederzugeben.

Man kann sich vorstellen, daß Kinder, die eine oder sogar mehrere Teilleistungsschwächen aufweisen, wie dies bei Kindern mit einem ADS fast immer der Fall ist, in ihrer Leistungsfähigkeit eingeschränkt sind. Ob die Teilleistungsschwäche unabhängig vom ADS vererbt wird oder sich im Rahmen des ADS entwickelt, läßt sich nicht exakt herausfinden. Ich halte sie bei den meisten ADS-Kindern für eine Folge des mangelhaften Seh- und Hörgedächtnisses bei zusätzlicher Aufmerksamkeits- und Wahrnehmungsstörung, die im Hirn falsche Eindrücke liefert und daher auch eine falsche Wiedergabe verursacht. Diese Annahme scheint mir gerechtfertigt, da Kinder mit einem ADS, die ich noch vor Beginn der Schulzeit medikamentös behandelt habe, kaum Teilleistungsschwächen und somit auch keine Probleme in der Schule aufweisen. Natürlich kann eine angeborene Teilleistungsschwäche mit einem ADS kombiniert sein und dann trotz medikamentöser Behandlung weiterbestehen.

Da Kinder mit Teilleistungsschwächen durchaus die Symptome eines ADS mit oder ohne Hyperaktivität zeigen können, auch wenn kein ADS dahintersteckt, möchte ich an einigen Beispielen zeigen, wie eine solche Entwicklung denkbar ist.

Eine Mutter stellte mir ihre fünfjährige Tochter vor, weil sie mit ihr nicht mehr zurechtkam. Sie meinte, das Kind sei überdurchschnittlich begabt, denn es könne schon verschiedene Buchstaben schreiben und einfache Rechenaufgaben lösen, könne auch gut sprechen und selbst schwierige Zusammenhänge begreifen. Sobald sie diesem Kind jedoch einen Auftrag erteile, verweigere es sich oder führe etwas völlig anderes aus. Sie habe schon das Gehör des Kindes überprüfen lassen, das aber völlig in Ordnung war. Diese Verweigerungshaltung frustriere sie sehr, denn sie betrachte sie als direkten Angriff auf ihre Autorität als Mutter. Sie reagiere dann aggressiv, was zur Folge habe, daß auch die Tochter aggressiv werde. Aufgrund der mütterlichen Schilderung vermutete ich, daß das Kind ein schlechtes Hörgedächtnis hatte, was sich in einem Test auch bestätigte: Während alle übrigen von mir getesteten Hirnfunktionen weit über dem Normwert lagen, war das Hörgedächtnis ausgesprochen schlecht.

Dies führte dazu, daß das überdurchschnittlich begabte Kind alle Aufträge der Mutter gleich wieder vergaß und somit auch nicht erledigen konnte. Da es sah, wie ärgerlich die Mutter darüber wurde, versuchte es, irgend etwas zu tun, in der Hoffnung, es sei das Richtige.

Betrachten wir einmal das Schicksal eines solchen Kindes, wenn die Ursache für sein Verhalten nicht entdeckt wird: Das Kind wird den Anordnungen und Aufforderungen der Eltern nicht nachkommen können, da es sie gleich wieder vergißt. Seine Eltern, die an vielen Dingen merken, daß sie ein intelligentes Kind haben, werden wütend und aggressiv, denn sie glauben, das Kind verweigere ihre Anordnungen mutwillig. Sie beschimpfen und bestrafen es dafür, ohne daß es den Grund dafür kennt. Auf die Dauer wird ein solches Kind verhaltensauffällig. Es kann aggressiv und auch hyperaktiv werden, sozusagen als Flucht nach vorn, oder aber auch in frühkindliche Verhaltensweisen zurückfallen, also die Flucht nach hinten antreten. Das Kind wird vielleicht wieder einnässen, schnullern oder am Daumen lutschen, sich innerlich zurückziehen und eher hypoaktiv werden, womit es sich allen Anforderungen entziehen kann. Mit dieser Regression signalisiert es den Eltern: „Ich bin ja noch so klein, da ich sogar einnässe und schnullere, daher kann ich eure Anforderungen nicht erfüllen."

Zwei Beispiele von Schulkindern sollen zeigen, wie sich eine Teilleistungsschwäche in der Schule auswirken kann. Zunächst wieder das Beispiel einer Hörgedächtnisschwäche. Anja besuchte die Realschule im ersten Jahr und begann plötzlich, die mündliche Mitarbeit zu verweigern. Sie saß in ihrer Bank, schaute in die Ferne und weigerte sich strikt, auf Fragen des Lehrers eine Antwort zu geben. Ihre schriftlichen Leistungen waren gut. Weder Eltern noch Lehrer konnten sich dieses Verhalten erklären, und so stellte mir die Mutter das Kind vor. Ich diagnostizierte eine massive Hörgedächtnisschwäche. Diese führte dazu, daß sich das Mädchen die Frage des Lehrers einfach nicht merken konnte. Daher waren auch die Antworten falsch, weswegen Anja mehrfach von ihren Mitschülern ausgelacht worden war.

Sie beschloß deshalb, künftig gar keine Antwort mehr zu geben, um sich nicht wieder zum Gespött der Klasse zu machen. Die Schulleistungen blieben gut, denn durch ihr gutes Sehgedächtnis konnte Anja den Stoff zu Hause aus Büchern problemlos nacharbeiten.

Nun ein Beispiel für ein schlechtes Sehgedächtnis: Heiko wurde mir vorgestellt, da er seit seiner Einschulung im Unterricht nichts als Faxen mache. Er beteilige sich nur durch dumme Bemerkungen, weigere sich, Schreiben und Lesen zu lernen, sitze auf seiner Bank und spiele mit den Unterrichtsmaterialien. Gelegentlich baue er Schiffchen aus seinen Heften und Arbeitsblättern, schieße auch mal mit einem Gummi Papiergeschosse durch den Unterrichtsraum, sei sehr unruhig, rutsche auf seiner Bank hin und her und störe die anderen Kinder. Als ich die Klagen der Mutter über Heiko hörte, dachte ich spontan an ein ADS. Die eingehend ermittelte Vorgeschichte ergab jedoch kaum einen einschlägigen Hinweis, und so führte ich einen Teilleistungsschwächentest durch. Das Ergebnis war ein kaum meßbares Sehgedächtnis bei sonst normalen Werten. Da der Unterrichtsstoff in der ersten Klasse vorwiegend über das Sehen angeboten wird – die Buchstaben werden an die Tafel geschrieben oder den Kindern auf Arbeitsblättern präsentiert – hatte Heiko wenig Chancen. Ihm wurde sehr rasch klar, daß er sich die Buchstaben nicht merken und sie daher auch nicht korrekt schreiben konnte, vor allem, wenn es mehrere Buchstaben oder ganze Wörter waren. Weil er oft etwas völlig anderes als das Gewünschte zu Papier brachte, manchmal nur Striche oder Kreise, wurde er ständig von der Lehrerin gerügt und er beschloß dann wohl, jeden Schreib- und Leseversuch einzustellen. Dadurch wurde ihm aber alles recht langweilig, denn in der ersten Klasse wird ja vorwiegend Lesen und Schreiben gelernt. Im Kopfrechnen war er gut, jedoch mit der Niederschrift der Zahlen hatte er die gleichen Probleme.

Nach der Diagnosestellung wurden beide Kinder von einem Ergotherapeuten behandelt, der innerhalb von kaum mehr als einem Jahr die Teilleistungsschwächen so dezimieren konnte, daß sie in der Schule nicht mehr zum Problem wurden. Anja begann langsam wieder mit ihrer mündlichen Mitarbeit, Heiko wurde von der Schule genommen, durfte für einige Monate noch einmal in den Kindergarten gehen und hat im Jahr darauf weitgehend problemlos Lesen und Schreiben gelernt.

Zum Abschluß möchte ich noch den Bericht einer Mutter wiedergeben, der zeigt, daß Teilleistungsschwächen als Teilsymptom des ADS auftreten können und sich dann auch lediglich durch Stimulanzientherapie, also ohne Ergotherapie, beheben lassen. Allerdings braucht das Kind in einem solchen Fall Zeit, um seine Defizite abzubauen.

Mein Sohn Alexander ist jetzt 10,7 Jahre alt und nimmt seit Februar 1999 Methylphenidat ein. Daß unser Sohn anders als andere Kinder war, bemerkte ich zuerst im Kindergarten. Er war besonders ängstlich beim Turnen und motorisch ungeschickt. Er störte die anderen und spielte öfter den „Clown". Da er zu diesem Zeitpunkt noch ein Einzelkind war, glaubten wir, er müsse sich erst an andere Kinder gewöhnen. Auffällig war außerdem, daß er bei Kindergeburtstagen, zu denen er eingeladen war, eher störte und sich gemeinsamen Spielen verweigerte. Unsere schwierigste Zeit begann mit der Einschulung. Er störte oft den Unterricht, hatte schnell Streit mit anderen Schülern, spielte den Klassenclown, geriet wegen jeder Kleinigkeit in Wut und hatte richtige Zornausbrüche. Schulische Arbeiten, vor allem Lesen und Schreiben, verweigerte er. Hausaufgaben waren ein Drama, und ich mußte oft stundenlang daneben sitzen. Alexander ging zweimal wöchentlich zu einer psychologischen Behandlung, ohne Erfolg. Bei einer Untersuchung im Sozialpädiatrischen Zentrum wurde festgestellt, daß er eine Aufmerksamkeitsstörung und eine Teilleistungsschwäche im Bereich der visuellen Wahrnehmung habe. Zusätzlich zur psychologischen Behandlung wurde eine Ergotherapie empfohlen. Trotz verschiedener Therapien stellte sich bei Alexander keine Besserung ein. Seine schulischen Leistungen wurden immer schlechter und sein Verhalten zunehmend aggressiv und unbeherrscht. Auch mir ging es immer schlechter, weil ich mit Alexander einfach nicht weiterkam. Als man mir von der Schule auch noch empfahl, mein Kind in eine Heimschule für schwererziehbare Kinder zu geben, war ich reif für eine eigene Therapie, da ich glaubte, total versagt zu haben. Zufälligerweise war zu dieser Zeit auch eine Lehrerin an unserer Schule, die Kinder mit Teilleistungsschwächen behandelte – natürlich war mein Sohn auch dabei. Sie sagte mir, daß sie den Eindruck habe, mein Kind habe nicht nur eine Lese-Rechtschreib-Schwäche, sondern auch ein ADS, und gab mir Ihre Adresse. Das war der Strohhalm, nach dem ich sofort griff. So landeten wir bei Ihnen. Ich weiß nicht, ob ich mich so schnell auf eine medikamentöse Behandlung meines Sohnes eingelassen hätte, wenn meine Not nicht so groß gewesen wäre, denn ich hatte schon große Bedenken, meinem Kind so viele Tabletten zu geben. Aber meine Bedenken wurden sehr bald weggewischt, als ich das Resultat sah. Nach anfänglichen Nebenwirkungen, wie Appetitlosigkeit und Einschlafstörungen, war mein Alexander ein anderes Kind. Er arbeitete in der Schule mit und las von sich aus Zeitungen und Bücher. Seine Verhaltensauffälligkeiten sind auf ein Minimum gesunken. Es gibt es in der Schule seitdem nur noch ganz selten Streitereien, in die er verwickelt ist. Für unsere familiäre Situation ist dies eine ungeheure Entlastung. Seine schulischen Leistungen haben sich verbessert, allerdings wird es noch eine Weile dauern, bis er seine Defizite aufgeholt hat.

Man macht sich die Teilleistungsschwäche in ihrer Auswirkung am besten klar, wenn man sie sich als eine Kette mit sehr dicken Kettengliedern vorstellt, von denen eines oder mehrere schwach sind: Die Kette kann nur so viel an Belastung ertragen, wie das schwächste Glied erlaubt.

Teilleistungsschwächen können kombiniert oder isoliert auftreten. So kann ein Kind ein schlechtes Hörgedächtnis, ein schlechtes Sehgedächtnis und eine verlangsamte Wahrnehmungsgeschwindigkeit haben, wodurch seine Leistungs- und Lernfähigkeit noch stärker eingeschränkt wird. An eine Teilleistungsschwäche oder an ein ADS sollte man immer dann denken, sobald der Ausspruch fällt: „Wenn dieses Kind nur wollte, könnte es gute Leistungen erbringen, aber es will nicht." Diese Aussage verwechselt jedoch Ursache und Wirkung. Die schlechten Leistungen sind nicht die Folge eines Nichtwollens, sondern eindeutig eines Nichtkönnens. Ein Kind, das sich anstrengt, sein Bestes gibt und dennoch wenig Erfolg hat, wird resignieren. Seine Beziehung zu den Eltern wird belastet, da diese sein Verhalten als Unfolgsamkeit oder Widerspenstigkeit deuten. Außerdem fühlt es selbst, daß etwas nicht stimmt. Es begreift alles, wird von seinen Eltern, Lehrern und Freunden als intelligent eingeschätzt und versagt dennoch. Es wird unzufrieden und unruhig und entwickelt schließlich die verschiedensten Verhaltensauffälligkeiten wie Hyperaktivität, Aggressivität und Impulsivität. Diese negativen Eigenschaften führen zumindest dazu, da das Kind beachtet wird.

Teilleistungsschwächen sind wesentlich häufiger, als wir annehmen. Sie können angeboren sein, im Rahmen des ADS auftreten, jedoch auch durch Hirnverletzungen, Sauerstoffmangel des Gehirns, Vergiftungen und, im Alter, als Folge von Durchblutungsstörungen entstehen. Da Teilleistungsschwächen beim ADS so gut wie immer auftreten, vermögen sie auch einen Hinweis auf ein ADS zu geben, das vor allem bei hypoaktiven Kindern in den ersten Schuljahren sonst nur selten erkannt wird.

Daher rate ich allen Eltern, ihr Kind schon mit fünf Jahren auf eine Teilleistungschwäche untersuchen zu lassen. Bei Auffälligkeiten kann rechtzeitig eine Ergotherapie eingeleitet werden. Handelt es sich um eine Teilleistungsschwäche im Rahmen des ADS, dann genügt hier meist eine Stimulanzientherapie, die in diesem frühen Alter auch eine gute Chance für eine rasche Ausheilung des ADS eröffnet (siehe den Abschnitt: „Es heilt doch aus"). Nur bei Kindern in höherem Schulalter ist so gut wie immer eine zusätzliche Ergotherapie erforderlich, um die schon entstandenen Defizite zu beheben. Eine frühzeitige Diagnostik führt zudem zur Entspannung der Eltern-Kind-Beziehungen, weil die Eltern begreifen, daß ihre Kinder sie nicht ärgern wollen, sondern an einer Funktionsstörung ihres Gehirns leiden.

Einnässen und Einkoten

Das Einnässen, ein bei ADS-Kindern häufig vorkommendes Symptom, hängt offensichtlich mit der Koordinationsstörung der Blasen- und Darmmuskulatur, verursacht durch die zugrunde liegende Funktionsstörung der Botenstoffe, zusammen. In sehr vielen Fällen nässen die Kinder tagsüber ein, bzw. verlieren ständig etwas Urin. Die Mutter von Petra, einem neunjährigen Mädchen mit einem hyperaktiven ADS, empfand von allen Auffälligkeiten ihrer Tochter dieses Einnässen als das schlimmste Übel. Sie erzählte mir, wie schrecklich dieses Einnässen für die gesamte Familie und auch für alle Freunde sei. Petra sei einfach nicht in der Lage, ihren Urin zu halten. Alle medizinischen Untersuchungen hätten keinen organischen Befund ergeben, das Kind habe schon verschiedene Medikamente eingenommen und eine Klingelhose getragen, die ständig geklingelt habe, ohne daß Petras Problem gelöst werden konnte. Sie habe ständig nasse Hosen und müsse sie bis zu 10mal am Tag wechseln. Dieses Problem sei lösbar, meinte die Mutter, nicht aber das der Verunreinigung der Polstermöbel. Auf ihnen allen hinterlasse Petra ihre Urinspuren, wodurch das ganze Haus schon nach Urin rieche, trotz regelmäßiger Schaumreinigung dieser Möbel. Petra habe schon ein eigenes Sitzpolster erhalten, das sie aber ständig vergesse. Das Schlimmste für die Familie sei jedoch, von Freunden und Bekannten aus diesem Grunde nicht mehr eingeladen zu werden. Ihre beste Freundin habe ihr gesagt, sie müsse doch einsehen, daß sie zu Einladungen Petra nicht mitnehmen könne, denn es wäre wohl keiner Familie zuzumuten, daß nach dem Besuch von Petra das ganze Haus mit ihrem Urin benetzt sei.

Da die Vorgeschichte und die erhobenen Befunde für ein ADS mit Hpyeraktivität sprachen, leitete ich eine medikamentöse Therapie mit Methylphenidat ein. Eine Woche später rief mich Petras Mutter begeistert an und dankte mir, weil Petra seit der Einnahme der ersten Dosis nicht ein einziges Mal mehr eingenässt habe. Sie habe aber immer noch einen Rückfall befürchtet und mich deshalb erst nach Ablauf einer Woche informiert. Ähnliches hörte ich inzwischen von Eltern, deren Kinder nur nachts einnässten. Bei diesen sogenannten Bettnässern waren ebenfalls alle möglichen Therapieversuche fehlgeschlagen, und erst die Stimulanzientherapie hatte den gewünschten Erfolg gebracht. Jedoch nicht alle nachts einnässenden Kinder sprechen auf diese Therapie an. Hier muß man annehmen, daß es sich um ein psychogenes Einnässen handelt, was in Anbetracht der vielen Frustrationserlebnisse dieser Kinder nicht verwunderlich ist. Bei ihnen leite ich dann neben der medikamentösen eine psychotherapeutische Behandlung ein, die meist auch notwendig ist, um weitere inzwischen entstandene psychische Probleme aufzuarbeiten.

Einige Eltern berichten vom Einkoten ihrer Kinder. Es tritt sehr unregelmäßig auf, so daß zwischen den einzelnen Vorkommnissen Tage oder aber Wochen liegen können. Dennoch ist diese Situation für die Eltern und besonders die Kinder äußerst belastend, auch weil das Einkoten oft ganz unvermittelt geschieht. Unter der Stimulanzientherapie sind die meisten Kinder dann in der Lage, ihre Darmfunktion zu kontrollieren. Das Einkoten beim ADS unterscheidet sich vom psychogenen Einkoten durch seine Unregelmäßigkeit und dadurch, daß es von psychogenen Belastungsfaktoren unabhängig ist. Das Einkoten bei chronischer Verstopfung wiederum unterscheidet sich durch die spezielle Vorgeschichte und den Befund eines übermäßig gefüllten und gedehnten Enddarms.

Störung der Sprachentwicklung

Wenn wir uns verdeutlichen, daß der Erwerb und Gebrauch der Sprache zahlreiche Wahrnehmungsfunktionen, wie Hören, Sehen und Fühlen, erfordern, ist es nicht verwunderlich, daß ADS-Kinder im Bereich der Sprachentwicklung Auffälligkeiten zeigen. Auch benötigt die Entwicklung der Sprache eine Fülle von Koordinationsleistungen der Muskulatur des Atmungsapparates, der Mund- und Gesichtsmuskulatur, die bei ADS-Kindern häufig gestört sind. Die Probleme bei ihnen reichen von zu spätem Sprechenlernen, über fehlerhafte Lautbildung und Grammatik, Stottern, Poltern, Schwierigkeiten bei der Wortfindung bis hin zu Schwierigkeiten, eine normale Sprache verständlich wiederzugeben. Ich habe viele ADS-Kinder kennengelernt, die eine völlig normale Sprache haben, jedoch kaum zu verstehen sind, weil sie „nuscheln". Man hat dabei den Eindruck, daß die Kinder jedes Wort im Mund „herumrühren", bis sie es endlich herauslassen, was dazu führt, daß man diese Sprache erst nach längerem „Sich-Einhören" versteht.

Die Stimme der ADS-Kinder ist häufig laut und hoch, meist sogar schrill. Oft können schon Säuglinge und Kleinkinder durch eine solche Stimme „nerven". Außerdem sprechen sie dauernd. Sie kommentieren ihre Tätigkeiten gewöhnlich sehr laut, erzählen sich selbst etwas oder singen vor sich hin. Ich habe auch einmal ein Kind erlebt, welches Schreie ausstieß, die täuschend an Eselsschreie erinnerten. Im Abstand von etwa 30 bis 60 Sekunden gab es diese merkwürdigen Laute von sich, von denen die Eltern ganz entzückt schienen. Sie wollten mir klarmachen, ihr Kind beweise durch seine ungewöhnlichen Lautäußerungen doch wohl unwiderlegbar, daß es sich aus dem Rahmen der üblichen Entwicklungen heraushebe, und deuteten dies als Zeichen einer besonderen Intelligenz. Daß der 18 Monate alte Junge zu dieser Zeit außer „Eselsschreien" und dem Wort „Mama" kein weiteres Wort beherrschte, schienen die Eltern nicht bemerkt zu haben.

Sind die Kinder erst älter geworden und haben sich ihre Sprachprobleme entweder spontan oder dank Sprachtherapie weitgehend verloren, bleiben sie beim Sprechen dennoch auffällig. Wegen ihrer Aufmerksamkeitsstörung ist es ihnen nicht möglich, über längere Zeit bei einem Thema zu bleiben. Sie springen während des Sprechens von einer Sache zur anderen, so daß der Zuhörer kaum folgen kann. Bei Erzählungen und Berichten fehlt meist das Wesentliche, und wenn sie es doch erwähnen, so verlieren sie rasch den Faden und sprechen plötzlich von etwas völlig anderem.

Sie machen manchmal auch Gedankensprünge, die man spontan kaum nachvollziehen kann: Die Familie sitzt am Mittagstisch, die Kinder erzählen von der Schule und den blöden Lehrern, die immer Klassenarbeiten schreiben lassen, ohne den entsprechenden Stoff vorbereitet zu haben. Sven, ein ADS-Kind, sagt plötzlich: „Luke Skywalker, die Macht sei mit dir." Die Eltern schauen ganz verdutzt, die beiden Geschwister nehmen den Faden auf, verstehen, daß Sven vom „Krieg der Sterne" spricht, und fragen: „Hat er sein Laserschwert dabei?" Darauf antwortet Sven: „Ich würde sie alle fertig machen." Nun verstehen die Geschwister nichts mehr; die Eltern, die noch nie etwas verstanden haben, tauschen bedeutungsvolle Blicke. Sven schaut irgendwie wild und zugleich abwesend seine Familienangehörigen an, und die Eltern fragen Sven, was denn mit ihm los sei. Er antwortet: „Nichts, alle Lehrer sind doof."

Niemand versteht, was im Kopf von Sven vor sich geht. Versucht man wenigstens, den Gang seiner Gedanken zu rekonstruieren, dann findet man schon einen Faden. Die Geschwister sprechen von den Lehrern. Sven, der wegen seines ADS ein gespanntes Verhältnis zu seinen Lehrern hat, denkt spontan an Luke Skywalker und möchte gerne genauso wie er, nämlich mutig, tapfer, erfolgreich sein und damit seinen Lehrern imponieren. Er möchte sich mit Luke Skywalker identifizieren und die „Macht" haben. Die Frage nach dem Laserschwert beantwortet er wahrheitsgemäß. Er möchte damit „alle fertig machen", vor allem die Lehrer, die ihn plagen und alle doof sind.

Eingeschränkte Frustrationstoleranz, Irritierbarkeit, Stimmungsschwankungen

ADS-Kinder sind leicht irritierbar, unterliegen starken Stimmungsschwankungen, sind rasch verunsichert, beleidigt, enttäuscht und weinen schnell. Sie haben eine eingeschränkte Frustrationstoleranz, sind zum Beispiel extrem empfindlich gegenüber Kritik, sind schlechte Verlierer, können schlecht warten und schlecht verzichten. Natürlich haben die meisten Menschen ohne ADS ebenfalls solche Gefühle. Sie können jedoch Frustrationen besser aushalten, Kritik mehr oder minder einsichtig akzeptieren und dann auch versuchen, es besser zu machen. Wie schon erwähnt, zeigen Kinder mit einem ADS bei Frustrationserlebnissen überschießende Reaktionen. Hier noch ein banales Beispiel aus dem täglichen Leben: Bei den Hausaufgaben soll Paul eine einfache Aufgabe lösen, die er gut beherrscht. Es hat sich jedoch ein kleiner Rechenfehler eingeschlichen, und die Mutter, welche die Hausaufgaben kontrolliert, weist ganz lieb darauf hin, daß 7 und 6 nicht 15 sind. Sie bittet Paul, die Rechnung zu überprüfen. Ein Kind ohne ADS würde das ohne weiteres tun. Paul jedoch beginnt, bevor er überhaupt geprüft hat, ob die Mutter im Recht ist, zu toben und zu schreien, wirft das Heft auf den Boden, tritt vielleicht noch drauf und läuft davon. Schließlich gelingt es der Mutter, ihn zu beruhigen und wieder an den Schreibtisch zu bringen. Er macht erneut einen banalen Fehler, und das gleiche Spiel wiederholt sich.

Bei Spielen wollen diese Kinder immer gewinnen. Da dies auf Dauer kaum möglich ist, gibt es auch hier heftigste Reaktionen. Zeichnet sich ab, daß sie verlieren, oder haben sie verloren, können sie das ganze Spiel hinwerfen, es zerreißen oder darauf herumtreten. Sie beginnen zu toben und beschuldigen alle Mitspieler, gemogelt zu haben. Bei Spielen wie Tennis oder Mannschaftsspielen wie Fußball, verhalten sie sich ähnlich: Sie werfen den Schläger weit von sich, können sich auf den Boden schmeißen, fangen an zu schreien und zu toben und bearbeiten den Boden mit den Fäusten. Verständlicherweise will deswegen kaum einer mit ihnen spielen.

Da ADS-Kinder auch banale Frustrationserlebnisse, wie zum Beispiel den Wunsch nach einem Marmeladenbrot, obwohl keine Marmelade im Haus ist, so überaus stark empfinden und bewerten, sind sie starken Stimmungsschwankungen unterworfen. Freuen sie sich auf etwas, so kann diese Freude ganz überschwenglich werden. Müssen sie auf etwas verzichten oder auf etwas oder jemanden warten, kann ihr Unmut überdeutlich sein. Daher sind diese Kinder oft himmelhoch jauchzend und wenige

Minuten später zu Tode betrübt – das in ununterbrochener Reihenfolge.

Unfähigkeit, aus Fehlern und Erfahrungen zu lernen

Kinder mit einem ADS können wegen der Störung ihrer Hirnfunktion weder aus Fehlern und Erfahrungen lernen noch aus negativen Reaktionen der Umwelt. Der Klaps, der Schrei oder sogar Schläge halten die Kinder nicht davon ab, das Verbotene erneut zu tun. Zum Beispiel haben Ein- bis Zweijährige oft den unwiderstehlichen Drang, in Steckdosen zu fassen oder sogar spitze Gegenstände in sie einzuführen. Die meist sehr erschrokkenen Mütter geben ihnen einen Klaps auf die Finger und verbieten es ihnen, was lediglich zur Folge hat, daß die nächste Steckdose aufgesucht wird und sich alles wiederholt. Die einzige Möglichkeit, ein solches Kind vor Schaden zu bewahren, ist das Anbringen von Steckdosensicherungen.

Auch bei anderen Gelegenheiten verhalten sich ADS-Kinder so. Man kann ihnen hundertmal sagen, daß man bestimmte Verhaltensweisen nicht akzeptieren wolle und sie dies oder jenes nicht mehr tun dürften. Jedes Wort ist bei einem ADS-Kind vergeudet, erst recht jeder Schrei und jede aggressive Handlung. Eltern werden oft so zornig, daß ihnen die Hand ausrutscht, sie manchmal sogar bewußt zuschlagen. Kinder mit einem ADS begreifen nicht, daß ihr Verhalten andere Menschen stört. Auch wenn man ihnen dies sagt, sind sie völlig ungerührt und machen dann gleich wieder das soeben Verbotene. Dadurch haben Eltern den Eindruck, ihre Kinder täten dies alles mit Absicht, und werden dann noch wütender.

Mangelnde Selbstkritik und mangelhafter Bezug zur Realität

Vor allem die hyperaktiven Kinder mit einem ADS sind ständig in Schwierigkeiten, die sie aber nicht erkennen, weil es ihnen an Selbstkritik mangelt und sie einen mangelhaften Realitätsbezug haben. Sie realisieren auch nicht, daß sie andere ständig

„nerven“, etwa durch ihren Wunsch, dauernd im Mittelpunkt zu stehen.

Fragt man sie, wie sie in der Schule sind, so erhält man mit schöner Regelmäßigkeit die Antwort „gut“, auch wenn die Noten kaum zur Versetzung reichen. Berichtet die Mutter über Probleme des Kindes, so fällt es ihr ständig ins Wort und korrigiert ihre Aussagen zu seinen Gunsten. Frage ich nach der Note in Deutsch, so gibt es mir eine Supernote an. Korrigiert dann die Mutter diese Note nach unten, entsteht eine lange Diskussion darüber, daß dies nicht stimme.

Kinder mit einem hyperaktiven ADS können auch ihre sportlichen Leistungen nicht realitätsgerecht bewerten. Haben sie einmal den Ball getroffen, können sie Tennis spielen; sind sie in der Lage, im Wasser herumzuhüpfen oder auf einem Fahrrad zu sitzen, können sie schwimmen und Fahrrad fahren.

Bei Streitereien ist das hyperaktive Kind aus seiner Sicht stets unschuldig. Immer waren es die anderen, die angefangen haben. Steffen, ein achtjähriger hochbegabter hyperaktiver Junge, soll in eine Schule für Verhaltensgestörte, da er so gut wie jeden Tag irgendeine Missetat begeht. Er stellt einem Mitschüler ein Bein, so daß dieser hinfällt, er sticht nach seinem Sitznachbarn mit der Zirkelspitze, er gießt Tinte über das Pult oder tritt ganz unvermittelt einem Mitschüler in die Wade. Ständig gibt es Ärger mit ihm, so daß die verzweifelten Eltern mir Steffen vorstellen. Er hat ein intelligentes Gesicht und steht mit einer Unschuldsmiene da. Während ich mich mit den Eltern unterhalte, versuche ich ihn zu beobachten. Plötzlich hebt er wie zufällig die Hand, ergreift blitzschnell die Haare seiner Schwester und zieht kräftig daran. Die Schwester schreit auf, dreht sich um, stößt ihn weg, beginnt zu weinen und schildert der Mutter, wie Steffen sie an den Haaren gezogen habe. Dieser steht seelenruhig daneben, nach wie vor mit dem unschuldigsten Gesicht der Welt, und beklagt sich, daß seine Schwester ihn geschubst habe. Die Mutter, die es nicht gesehen hat, ist ziemlich verunsichert. Ich greife in das Geschehen ein, indem ich Steffen sage, ich hätte gesehen, wie er seine Schwester an den Haaren gezogen hat. Als ich ihn frage, warum er es getan habe, versucht Steffen nicht mehr zu leugnen, verharmlost aber die Situation. Er sagt, sie habe ihn dauernd geärgert, daher habe er sich wehren müssen und sie ein bißchen an den Haaren gezogen. Da ich beide Kinder die ganze Zeit beobachtet hatte, antworte ich ihm, dies sei nicht der Fall gewesen. Darauf zuckt Steffen mit den Achseln und meint nur, so gehe es ihm immer, er würde zum Sündenbock gemacht. Diese Geschichte zeigt, daß der Mangel an Selbstkritik den Jungen nicht realisieren läßt, daß er mit dem Streit angefangen hat, und als er es eingestehen muß, sieht er sich dennoch als Opfer, da er sich habe wehren müssen.

Diese mangelnde Selbstkritik macht es auch so schwer, den Kindern ein Schuldbewußtsein oder zumindest eine Schuldeinsicht zu vermitteln. Ohne eine solche Einsicht ist eine Strafandrohung oder eine Strafe für das Kind ebenfalls nicht einsichtig und wird von ihm als Ungerechtigkeit empfunden, gegen die sich ADS-Kinder stets vehement wehren. Als ich Steffen fragte, warum er in der Schule denn so häßlich zu anderen Kindern sei, sagte er mir, die anderen würden ihn auch immer ärgern – dann müsse er sich halt wehren. In seinem Verständnis der Dinge eine gerechtfertigte Reaktion, was aber alle anderen nicht so sahen.

Obwohl Hyperaktive eine mangelhafte Selbstkritik haben, können sie andere Kinder sehr gut kritisch beurteilen. Sie sehen im Auge des anderen jedes Splitterchen, im eigenen Auge nicht einmal den Balken. Daher können sie anderen Kindern unverblümt peinliche Dinge sagen, wie zum Beispiel: „Du stinkst ja wie ein Affe", und nicht verstehen, warum so etwas als Beleidigung oder Unverschämtheit aufgefaßt wird. Stellt man sie deswegen zur Rede, so verteidigen sie sich damit, daß es doch stimme. Lehrer berichten auch, daß hyperaktive ADS-Kinder in der Schule häufig petzen. Sie haben ihre Augen überall, vor allem da, wo etwas läuft, das der Lehrer nicht sehen sollte. Daher erfahren die Lehrer von diesen Kindern alles, was sich in der Klasse hinter ihrem Rücken abspielt.

Mit der mangelnden Selbstkritik geht häufig auch ein gestörtes Realitätsbewußtsein einher, dies vor allem in Hinsicht auf die eigene Person. Alles, was das Kind selber tut, sieht es positiv, was die anderen tun, negativ. Ein zehnjähriger Junge wurde mir vorgestellt, weil er notorisch lüge, wobei der aktuelle Anlaß eine nach dem Empfinden der Mutter besonders ausgefallene Lüge war: Der Junge kam von der Schule nach Hause und berichtete, daß der Lehrer ihn heute gelobt habe. Da er noch nie gelobt worden war, rief die Mutter den Lehrer an, um zu erfahren, was im Verhalten des Jungen lobenswert gewesen sei. Der Lehrer reagierte etwas irritiert und erklärte der Mutter, er habe dem Jungen mit einem Schulverweis gedroht, wenn er so weitermache.

Um zu verstehen, was den Jungen zu dieser Aussage bewogen hat, muß man das ADS und dessen Symptome verstehen. Das Kind konnte sich aufgrund seines schlechten Gedächtnisses nur noch an eine gravierende Mitteilung des Lehrers erinnern, die es wegen seiner mangelhaften Selbstkritik und wohl auch eines fehlenden Realitätsbewußtseins einfach in ein Lob ummünzte. Diese Lüge führte dann glücklicherweise zur Vorstellung bei mir. Als ich als Ursache des Lügens ein ADS erkannte und dann auch behandelte, änderte sich das Verhalten des Jungen rasch.

Mangelnde Reife

Kinder mit einem ADS sehen jünger aus, als sie in Wirklichkeit sind. Auch ihre Reaktionen und ihr Verhalten sind kindlicher und nicht altersentsprechend. Kürzlich erlebte ich einen Zehnjährigen, dem die Mutter einen Schokoriegel verweigerte, weil es kurz vor dem Mittagessen war. Er begann, laut zu weinen, stampfte mit den Füßen auf, schrie, tobte, und als er merkte, daß die Mutter hart blieb, fing er an zu bitten und zu betteln. Er benahm sich so, wie ich es bei einem dreijährigen Kind noch hätte tolerieren können. Ich war völlig irritiert und konnte nur noch den Kopf schütteln. Ein neunjähriger Junge sollte mit einer meiner Helferinnen in einen separaten Raum zur Durchführung eines Teilleistungsschwächentests gehen. Er fing an zu weinen, klammerte sich an die Mutter, setzte sich auf ihren Schoß und weigerte sich hartnäckig mitzugehen. Schließlich erklärte er sich bereit, den Test zu machen, aber nur, wenn die Mutter bei ihm bleiben dürfte.

Paradoxe Reaktionen auf Beruhigungs- und Aufputschmittel

Alle Eltern von ADS-Kindern sollten wissen, daß ihre Kinder paradox auf Beruhigungsmittel reagieren, ebenso auf Aufputschmittel. So macht sie Coca-Cola eher ruhig und müde, ein Beruhigungsmittel hingegen aufgeregt und aggressiv. Diese paradoxe Wirkung läßt sich besonders gut beobachten, wenn ADS-Kinder zu einer Operation vorbereitet werden. Statt nach einer Beruhigungsspritze einzuschlafen, werden sie meist unruhig, schlagen um sich, schreien und lassen sich nicht beruhigen. Daher brauchen sie dann auch sehr viel mehr Narkosemittel als üblich, wodurch das Einschlafen erzwungen, die Aufwachphase nach der Operation allerdings stark verlängert wird. Wachen sie schließlich auf, so wirkt das meist noch nicht abgebaute Beruhigungsmittel erneut paradox, weswegen die Kinder wiederum toben, schreien und um sich schlagen.

Daher sollten Eltern dem Narkosearzt rechtzeitig sagen, daß ihr Kind an einem ADS leidet, damit er die Prämedikation, also die Beruhigungsspritze vor der Narkose, entweder wegläßt oder durch ein Medikament ersetzt, das diese Reaktion nicht bewirkt. Mit diesem Arzt sollten sie auch absprechen, wie sie mit der Verabreichung von Methylphenidat verfahren sollen. Am sinnvollsten wäre es, das Medikament etwa eineinhalb Stunden vor der Operation noch zu geben, damit das Kind und die betreuenden Ärzte nicht auch noch durch die ADS-Symptome beeinträchtigt werden.

Generell sollten Eltern allen Ärzten, die das Kind betreuen, sagen, daß es wegen eines ADS Methylphenidat erhält und auf Medikamente möglicherweise paradox reagiert.

Kombination mit anderen Störungen

Autismus

Einzelne Kinder, nach meinen Unterlagen weniger als ein halbes Prozent, zeigen neben den Symptomen eines ADS auch noch autistische Züge. Dabei handelt es sich um Kinder, die aufgrund von organischen oder psychischen Schäden in ihrer Kommunikation eingeschränkt sind. Da sie menschliche Wärme und Nähe nicht annehmen können, sind sie unfähig, Beziehungen aufzubauen (Kanner, 1943). Ihr Interesse gilt der gegenständlichen Welt. Dies wird auch an der Sprachentwicklung deutlich. Entweder erlernen sie das Sprechen gar nicht oder nur mit großer Verzögerung. Haben sie es erlernt, dann sprechen autistische Kinder nicht, um sich mit anderen Menschen zu verständigen, sondern um sich mit sich selbst zu unterhalten. Da sie sich hierbei ständig wiederholen, wirken diese Gespräche auf Außenstehende unsinnig, wozu auch die häufigen grammatikalischen Fehler beitragen, wie etwa das Vertauschen von persönlichen Fürwörtern („Du möchtest trinken“ anstatt „Ich möchte trinken“). Ihr Spiel ist stereotyp, es fehlt diesen Kindern an Kreativität. So können sie stundenlang mit einem Staubsauger spielen oder mit einem Auto, das sie in immer der gleichen Weise bewegen. Sie zeigen großen Widerstand gegen Veränderungen. Dank ihrem meist sehr guten Gedächtnis sind bei ihnen bemerkenswerte Leistungen im Auswendiglernen keine Seltenheit. Ihre körperliche Erscheinung ist unauffällig.

Für mich ist eines der wichtigsten Kriterien autistischen Verhaltens die Unfähigkeit dieser Kinder, anderen Menschen in die Augen zu sehen und mit ihnen Kontakt aufzunehmen. Selbst wenn sie anderen in die Augen sehen, nehmen sie ihr Gegenüber nicht wahr. Sie schauen durch andere „hindurch“.

Die Kombination von hyperaktivem ADS und Autismus führt zu einer noch stärkeren Einschränkung in den Fähigkeiten des Kindes. Drei meiner Patienten mit diesen Auffälligkeiten haben unter der Methylphenidatbehandlung erstaunliche Fortschritte in ihren intellektuellen Fähigkeiten gemacht. Den Durchbruch in der sprachlichen Entwicklung erzielte ich aber erst dank einer bis vor kurzem wenig bekannten medikamentösen Therapie mit „Sekretin“, einem Medikament zur Bauchspeicheldrüsendiagnostik. Dieses hatte vor einigen Jahren bei einem autistischen Kind als Nebeneffekt zu einer wundersamen Verbesserung seiner sprachlichen Fähigkeiten geführt. Seitdem wird es, mit zum Teil erstaunlichem Erfolg, weltweit bei autistischen Kindern eingesetzt.

Neuesten Forschungsergebnissen nach scheinen Kinder mit einer speziellen Variante des Autismus, nämlich dem Asperger-Syndrom, häufig als ADSler fehldiagnostiziert zu werden. Möglicherweise ist dieses Syndrom verbreiteter, als man glaubt und wird nur deswegen nicht erkannt, weil es bisher wenig bekannt ist. Kinder mit einem ADS und autistischen Zügen dürften in vielen Fällen dem Asperger-Syndrom zuzuordnen sein. Wenn man daran denkt, daß das hypoaktive ADS vor einigen Jahren noch völlig unbekannt war, jedoch einen beträchtlichen Anteil aller Kinder mit einem ADS ausmacht, wäre denkbar, daß sich eine solche Entwicklung auch beim Asperger-Syndrom ergibt. Daher möchte ich im folgenden einige seiner wichtigsten Erkennungsmerkmale darstellen: Kinder mit einem Asperger-Syndrom (AS) haben – im Gegensatz zum Autismus – keine allgemeine Enwicklungsverzögerung. Die meisten Patienten sind normal bis überdurchschnittlich intelligent, und trotzdem gibt es Schwierigkeiten in der Schule. Ihre Probleme liegen in einer mehr oder minder großen Aufmerksamkeitsstörung mit eingeschränkter Konzentrationsfähigkeit, und sie neigen dazu, sich darüber hinaus durch eigene Gedanken ablenken zu lassen. Auffallend sind ihre Rechenkünste, doch ihre Fähigkeit, mathematische Probleme zu lösen, bei denen auch das logische Verständnis gefordert wird, ist eher unterdurchschnittlich.

Obwohl die Kinder meist spät sprechen lernen, haben sie eine normale, eine grammatikalisch oft sogar besonders gute Sprache, die allerdings einen auffallenden Charakter hat, von melodisch bis roboterhaft. Sie neigen zu Selbstgesprächen und gehen auf ihr Gegenüber wenig ein. So ist ihre Kommunikation gestört. Sie nehmen alles wörtlich und verstehen nicht den tieferen Sinn. Auf die Frage: „Ist der Sitz frei?“ antworten sie mit: „Ja“, ohne daran zu denken, ihre darauf liegenden Kleidungsstücke wegzunehmen. Sie halten sich ungern an Regeln und reagieren auf Anforderungen oder Einschränkungen mit heftigen Wutausbrüchen. Sie versuchen rücksichtslos mit aller Kraft ihren Willen durchzusetzen und sind oft sehr impulsiv. Ihre Grob- und Feinmotorik ist gestört. Dadurch wirken sie auffallend ungeschickt. Ihre Körpersprache ist wenig ausgeprägt. Sie sind in ihren sozialen Kontakten eingeschränkt, vor allem, weil sie auf gefühlsmäßige Signale anderer nicht adäquat reagieren können. Sie nehmen sie gar nicht wahr. Auch in ihren Interessen sind sie eingeschränkt. Sie zeigen stereotype Verhaltensmuster. Gegen Veränderungen setzen sie sich entschieden zur Wehr. Betrachtet man die Symptome des AS, kann es nicht wundern, daß die Abgrenzung zum ADS schwerfällt.

Tourette-Syndrom

Das Tourette-Syndrom kann fälschlicherweise als ein ADS mit Hyperaktivität diagnostiziert werden, da es eine ganze Reihe von Symptomen aufweist, die auch ADS-Kinder mit Hyperaktivität aufweisen. Kinder mit einem Tourette-Syndrom sind hyperaktiv und haben eine Aufmerksamkeitsstörung, sind impulsiv mit jähzornigen Handlungen und aggressiver Wortwahl, sind oft aggressiv gegen sich selbst, indem sie sich selbst oder mit dem Kopf gegen die Wand schlagen. Sie können auch gegen andere sehr aggressiv sein, vor allem gegen nahe Familienangehörige. Sie haben häufig Ängste, sind oft depressiv und leiden unter Schlaf- und Sprachstörungen. Eine Fehldiagnose ist deshalb durchaus erklärbar. Das Tourette-Syndrom unterscheidet sich aber vom ADS mit Hyperaktivität durch Elemente des Zwanghaften, die bei ihm in Gestalt von Zwangsgedanken, Zwangshandlungen, multiplen Tics und Koprolalie auftreten. Diese Symptome sind im folgenden näher beschrieben.

Zwangsgedanken: Bestimmte Ideen müssen immer wieder gedacht werden, wobei die Konzentration sich nicht auf andere Denkinhalte lenken läßt.

Zwangshandlungen: Bestimmte Dinge müssen immer wieder getan werden, zum Beispiel in rasendem Tempo radeln, verbotenerweise auf Alarmknöpfe drücken und gesperrte Wege betreten.

Multiple Tics: Sie äußern sich zum Beispiel in Muskelzuckungen, etwa als Zuckungen der Gliedmassen und des Gesichts, als Drehbewegungen von Kopf und Hals, ferner im Blinzeln und Verdrehen der Augen, des Kopfes und des Halses. Unter Belastung und Spannung treten diese Tics verstärkt auf. Sie können generell auch unterdrückt werden, und zwar über mehrere Stunden hin (was nicht heißt, daß das Kind seine Symptomatik nur spielt. Für dieses Unterdrücken kann es so viel Kraft brauchen, daß es an nichts anderes mehr denken kann!).

Koprolalie: Darunter versteht man die zwanghafte Neigung, ständig obszöne Wörter oder Sätze zu sagen.

Eine Behandlung mit Stimulanzien kann die gesamte Symptomatik verstärken, weswegen bei hyperaktiven ADS-Kindern auch an ein Tourette-Syndrom gedacht werden sollte. Ich hatte vor Jahren einen Jungen fälschlicherweise mit Methylphenidat behandelt, weil alle mir von den Eltern geschilderten Symptome zum ADS mit Hyperaktivität paßten. Aus Scham verschwiegen sie mir aber, daß der Junge auch unter Zwangshandlungen, Zwangsgedanken und multiplen Tics litt sowie auch zwanghaft obszöne Wörter von sich gab. Als sie mich dann anriefen, um mir mitzuteilen, alles sei schlimmer geworden, dachte ich sofort an das Tourette-Syndrom, fragte ganz gezielt nach den Symptomen und habe daraufhin Methylphenidat sofort abgesetzt. Unter einer Behandlung mit anderen Medikamenten ist der Junge inzwischen weitgehend symptomfrei.

3. Folgeerscheinungen der beschriebenen Symptome des Aufmerksamkeits-Defizit-Syndroms

Nur wenige Freunde

Die meisten der zuvor genannten Symptome führen dazu, daß vom ADS Betroffene nur wenige Freunde haben. Wer möchte schon mit einem Kind befreundet sein, das nicht zuhören kann, alles vergißt, bei Gesprächen das Wort führt, hyperaktiv, impulsiv, aggressiv und ungeschickt ist sowie in gefährlichen Situationen vor lauter Angst davonläuft. Weil diese Kinder im Umgang mit anderen auch noch wenig einfühlsam sind, ihre Kameraden häufig verpetzen und ihnen unverblümt ihre Meinung sagen, kann man verstehen, daß der Freundeskreis nicht sehr groß sein kann.

Wenn sie dann doch einen Freund gefunden haben, sind sie ihn rasch wieder los. Nur wesentlich jüngere Kinder bleiben ihnen treu, da sie deren Impulsivität als Mut deuten und sie bewundern. Auch wesentlich ältere Freunde können das ADS-Kind ertragen, das den älteren Freund bewundert. Hat das ADS-Kind doch einen oder mehrere gleichaltrige Freunde, so handelt es sich bei ihnen fast immer ebenfalls um ADS-Kinder. Fragt man die Eltern, ob der Freund so sei wie ihr Kind oder aber anders, höre ich fast immer, er sei entweder genauso wie das Kind oder dessen genaues Gegenteil. ADS-Kinder scheinen einander zu suchen und zu finden. Dies wird auch von den Eltern toleriert, die lieber einen hyperaktiven Freund in Kauf nehmen, als zu sehen, wie ihr Kind vereinsamt. Ich glaube, daß ADS-Kinder miteinander so gut auskommen, weil ihre Symptome übereinstimmen und sie daher eine gewisse Vertrautheit miteinander haben, die anderen Kindern abgeht. Bei gegenseitigen Verletzungen, sowohl seelischer als auch körperlicher Art, wirken sich die verminderte Schmerzempfindlichkeit und das schlechte Gedächtnis positiv aus. Häufig sehe ich auch Freundschaften zwischen hyperaktiven und hypoaktiven Kindern. Hier kommt möglicherweise zusätzlich die bekannte Regel zum Tragen, daß sich Gegensätze anziehen.

Grundsätzlich sollte man immer an ein ADS denken, wenn Kinder keine oder nur sehr wenige Freunde haben. Durch dieses Symptom habe ich meinen ersten Fall eines hypoaktiven Kindes diagnostiziert: Die Mutter stellte mir das Mädchen wegen großer Schulschwierigkeiten vor. Kathrin war sitzengeblieben. Ich hatte Jahre zuvor schon eine Teilleistungsschwäche festgestellt und eine Ergotherapie empfohlen, die jedoch aus familiären Gründen nicht durchgeführt werden konnte. Im Hinausgehen sagte mir die Mutter, das Schlimmste für sie alle sei, daß Kathrin keine Freundin habe und immer allein herumsitze. Ich habe daraufhin zusammen mit der Mutter in der Vorgeschichte gezielt nach den Symptomen des ADS gesucht, die ich auch zum größten Teil fand. Die danach eingeleitete Therapie führte in kürzester Zeit zu sehr guten Schulleistungen auch ohne Ergotherapie und, als Krönung des wiederholten Schuljahres, zur Wahl als Klassensprecherin.

Mangelndes Selbstwertgefühl – Depressionen

Da Kinder mit einem ADS selten positive Erfahrungen machen, ist ihr Selbstwertgefühl schlecht. Sie werden von Freunden und Lehrern abgelehnt, und selbst die liebevollsten Eltern kommen nur zu häufig an ihre Grenzen und signalisieren damit ihrem Kind, daß sie es manchmal auch nicht mehr mögen. In einem meiner regelmäßig abgehaltenen Elternabende sagte eine Mutter, sie sei froh, ihr Kind nicht schon umgebracht zu haben. Ich war von diesem Geständnis erschüttert, noch erschütterter war ich, als alle anderen Eltern – es waren mehr als 20 – nickten und damit zugaben, daß auch sie schon ähnliche Gefühle erlebt hatten. Bei einer solchen Beziehungssituation darf es nicht verwundern, daß die depressive Verstimmung bei vielen ADS-Kindern, besonders bei Hypoaktiven ganz im Vordergrund steht. Da sie ständig ausgeschimpft werden und nichts richtig machen können, äußern sie häufig, sie wollten nicht mehr leben oder weglaufen. Bei den hyperaktiven Kindern wird infolge ihrer Rastlosigkeit diese depressive Verstimmung weniger sichtbar, denn mit „lebhaft“ wird fast immer auch „gut drauf“ verbunden. Mit der Therapie jedoch ändert sich dies oft schlagartig. Die Kinder zeigen innerhalb weniger Tage depressive Züge und ziehen sich zurück. Die Eltern meinen, daß dies auf die Nebenwirkungen der medikamentösen Behandlung zurückzuführen sei, und brechen diese ab, obwohl die Kinder eindeutig ein ADS haben. Daher beginne ich mit der Medikamentendosis sehr vorsichtig und steigere langsam über Wochen. Seitdem sind Therapieabbrüche wegen depressiver Verstimmungen äußerst selten geworden.

Störung des Sozialverhaltens

Lügen, Zündeln, Stehlen, Mißbrauch von Alkohol und Drogen

Das Sozialverhalten der Hyperaktiven ist fast immer gestört. Der Umgang mit anderen Kindern ist durch Streit, Aggressivität, Rempeleien und Schimpfworte gekennzeichnet. Sie finden weder den richtigen Umgangston noch das Verhalten, das in der jeweiligen Gemeinschaft üblich ist. Sie können deren Rahmenbedingungen nicht anerkennen und einhalten. Sie überschreiten die Grenzen, benehmen sich daneben und merken es nicht. So werden sie aus der Gemeinschaft ausgeschlossen, die den Störenfried nicht mehr dulden will. Das dissoziale Verhalten dieser Kinder wird, besonders von Gleichaltrigen, unnachsichtig bestraft. Sie lassen sie nicht mitspielen, lachen sie aus, laufen weg, wenn diese Kinder sich nähern, und sagen ihnen, daß sie dumm seien, obwohl der nachgewiesene Intelligenzquotient ausgesprochen hoch ist. Je mehr diese Kinder ins soziale Abseits geraten, desto mehr versuchen sie, die Anerkennung der Kameraden zu gewinnen. Sie beginnen, sich durch Clownerien in den Mittelpunkt zu stellen und gelegentlich auch zu stehlen, um ihre Freunde zu beschenken und sich deren Liebe zu erkaufen.

Die Schulzeit ist die Zeit, in der die Kinder sich den Gleichaltrigen zuwenden und zunehmend Wert darauf legen, von ihnen akzeptiert zu werden. Jetzt muß das Kind lernen, sich zu beherrschen und Spielregeln zu akzeptieren. Dieser Prozeß fällt ihnen schwer. In einer Zweierbeziehung kommen sie manchmal noch ganz gut zurecht, je größer aber die Gruppe wird, desto weniger gelingt es ihnen, sich einzuordnen. Dies gilt auch für den heimischen Bereich. Mit den Eltern alleine oder nur einem Geschwister kann es noch recht gut gehen. Sind mehrere da, dann kommt es zu Spannungen und zum Streit.

Häufig haben sie auch **dissoziale Verhaltensweisen**, d.h. sie lügen häufig, stehlen und zündeln. Im Jugendalter neigen sie zu Mißbrauch von Nikotin, Alkohol und Drogen, sind oft an Einbrüchen und Ladendiebstählen beteiligt, neigen zu Körperverletzungen und anderen Delikten.

Das **Lügen** ist oft dadurch bedingt, daß sie nicht mehr wissen, was geschehen ist, und daher einfach etwas behaupten. Ich denke, uns allen ginge es genauso. Stellen Sie sich vor, Ihr Ehepartner würde Sie fragen, was Sie den Nachmittag über gemacht haben, und Sie wüßten es nicht mehr. Ich glaube kaum, daß Sie dann erklären würden, es nicht mehr zu wissen. Sie würden sicherlich eine Notlüge erfinden und sagen, daß sie mit Ihrer Freundin Hanna oder mit Maria beim Einkaufen waren. Eine solche Behauptung bliebe so lange unwidersprochen, als weder Hanna noch Maria befragt werden können. Wäre dies möglich, so stünden Sie als Lügnerin da. Genauso geht es Ihrem Kind. Es möchte nicht zugeben, nicht mehr zu wissen, was es am Nachmittag oder am Abend gemacht hat, und erzählt deshalb einfach eine Geschichte, von der es selber nicht weiß, ob sie stimmt oder nicht. Solche Unwahrheiten werden bei Kindern oft schnell aufgedeckt, da die Mütter sich gegenseitig befragen, vor allem dann, wenn es sich um hyperaktive Kinder handelt und sie befürchten müssen, daß das Kind wieder etwas zerbrochen oder sonst etwas angestellt hat. Natürlich lügen ADS-Kinder angesichts ihrer fast endlosen Reihe von Fehlhandlungen auch, weil sie sich selbst schützen wollen, so wie es auch andere Kinder tun.

Zündeln: ADS-Kinder sind oft regelrechte Pyromanen. Kaum sehen sie offenes Feuer, müssen sie damit spielen. Sie tragen dann brennende Scheite oder Fackeln herum. Wenn sie Streichhölzer haben, versuchen sie, überall ein Feuerchen zu machen, sei es im Aschenbecher des Wohnzimmers oder in einer Scheune. Auf diese Art und Weise hat einer meiner Patienten eine Scheune abgebrannt. Er wollte irgendwo zündeln, versteckte sich dann in der Scheune, suchte sich trockenes Stroh und machte ein Feuerchen, das rasch um sich griff, da der junge Mann wegen seiner Aufmerksamkeitsstörung nicht registriert hatte, daß der ganze Boden mit Stroh bedeckt war. Als er merkte, was er angestellt hatte, rannte er einfach davon – und erst die aus dem Gebäude schlagenden Flammen führten zur Information der Feuerwehr, die nur noch die Reste der Scheuer löschen konnte. Der Schaden belief sich auf 500 000 DM. Der Bauer bekam ihn von der Gebäudefeuerversicherung ersetzt, die jedoch den Betrag von den Eltern zurückfordert, mit der Begründung, sie hätten ihre Aufsichtspflicht vernachlässigt.

Das Zündeln hängt mit dem Kick einer solchen Situation zusammen, der offensichtlich die Botenstoffe ansteigen läßt. Um solch einer Situation vorzubeugen, ist es sicherlich gut, rechtzeitig eine Haftpflichtversicherung abzuschließen.

Stehlen: Immer wieder berichten Eltern, daß ihre ADS-Kinder ihnen Geld entwenden. Dies hängt sicherlich ebenfalls mit dem Kick einer solchen Situation zusammen, aber auch damit, daß sie sich mit dem gestohlenen Geld Ansehen bei anderen Kindern verschaffen oder deren Zuneigung erkaufen wollen, indem sie ihnen Geschenke machen. Kinder mit einem ADS sind Außenseiter. Sie haben keine oder nur wenige Freunde, und sie sehnen sich nach Anerkennung und Freundschaft. Geld und Geschenke scheinen ihnen eine Möglichkeit zu sein, sich all das zu erkaufen.

Auch schon relativ junge ADS-Kinder neigen zu **Alkoholmißbrauch**, der ihre Probleme subjektiv als weniger schlimm erscheinen läßt. Dies kann auch für **Drogen** gelten. Allerdings ist bekannt, daß zahlreiche Drogen ebenfalls im Stoffwechsel der Botenstoffe wirksam werden und damit ähnliche Wirkungen wie Methylphenidat zeigen. Ingrid Just, eine Kinderärztin und Psychotherapeutin aus Wolfsburg, die in den letzten zwölf Jahren nur Patienten mit einem ADS behandelt hat, berichtete, daß es ihr mehrfach gelungen sei, Drogenabhängige mit Methylphenidat zu heilen. Auch ich konnte durch die Stimulanzienbehandlung das Drogenproblem mehrerer Jugendlicher dauerhaft beheben.

Probleme im Kindergarten und in der Schule

Allgemeine Ausführungen

Die meisten Probleme, die Kinder mit einem ADS im Kindergarten und in der Schule haben, sind weiter oben bereits geschildert, so daß ich mich in diesem Kapitel auf die Auffälligkeiten beschränke, die bisher noch nicht dargestellt wurden.

Hypo- und hyperaktive Kinder unterscheiden sich im Kindergarten und in der Schule besonders dadurch, daß Hypoaktive nicht direkt stören, während die Hyperaktiven den Erzieherinnen und den Lehrern das Leben zur Hölle machen können, da sie alle Anordnungen unterlaufen und damit auch die anderen Kinder zum Ungehorsam und zu eigenen Aktivitäten anstiften.

Während Erzieherinnen diesen Kindern gegenüber noch tolerant sein können, ist dies Lehrern nicht mehr möglich. Sie müssen im Interesse der nicht betroffenen Kinder dafür sorgen, daß ihr Unterricht nicht boykottiert wird. Daher ist es weder böser Wille noch Schikane, wenn Lehrer darauf bestehen, daß Kinder mit einem hyperaktiven ADS in Schulen für Verhaltensgestörte umgeschult werden sollen. Kinder mit leichteren Störungen werden meistens noch toleriert und können von informierten Lehrern so gut geführt werden, daß sie den Unterricht nur wenig stören (s. Kapitel „Empfehlungen für Lehrer im Umgang mit den Kindern“).

In der Schule stehen neben den Verhaltensauffälligkeiten an erster Stelle Rechtschreib- und Leseprobleme, seltener ist das Rechnen betroffen. Die meisten Kinder mit Lese-Rechtschreibschwächen dürften solche mit einem ADS sein. Häufig haben sie auch ein äußerst schlechtes Schriftbild. Sie schreiben zwischen die Linien, ihre Buchstaben tanzen auf und ab, ihre Punkte und

Kommas hängen irgendwo dazwischen. Wenn sie aber ausnahmsweise schön schreiben, drücken sie so fest auf, daß man die Buchstaben auf der Rückseite des Blattes abtasten kann. Sie machen übermäßig viele Leichtsinnsfehler, vor allem gegen Ende der Arbeit und lassen oft ganze Wörter oder gar Satzteile weg. Bittet man sie, den Satz zu lesen, so lesen sie auch die fehlenden Wörter vor. Sie scheinen den richtigen Satz in ihrem Hirn gespeichert zu haben, können ihn aber nicht richtig niederschreiben. Besonders typisch ist der Umstand, daß dasselbe Wort einmal korrekt, dann wieder fehlerhaft und zwar mit unterschiedlichen Fehlern geschrieben wird. Auch kann die Schrift des Kindes an einem Tag schön und am anderen Tag verheerend schlecht sein. Das verführt die Bezugspersonen zu der Annahme, das Kind könnte es schon leisten, wenn es nur wollte.

Im Gegensatz zu diesen schlechten Leistungen im Schriftlichen steht ihre oft sehr gewandte Aussprache, ihr großer Wortschatz und die Möglichkeit, ihre Sprache als Waffe zu benützen, um damit andere außer Gefecht zu setzen. Daher wundern sich die Lehrer häufig über die Fähigkeit, sich im Mündlichen sehr gut auszudrücken, und die schlechten schriftlichen Arbeiten.

Während die Leistungen in den ersten beiden Schuljahren noch einigermaßen zufriedenstellend sein können – allerdings haben diese Kinder meist große Probleme mit der Rechtschreibung –, werden sie mit fortschreitendem Alter des Kindes immer schlechter, da immer mehr Anforderungen an die Aufmerksamkeit und das Gedächtnis gestellt werden. Belastet wird die schulische und familiäre Situation von ADS-Kindern noch dadurch, daß sie von allen abgelehnt werden. Niemand mag sie, niemand möchte mit ihnen spielen, sie werden zunehmend isoliert.

Ihre Impulsivität läßt sie ständig dazwischenreden und Antworten geben, häufig noch bevor der Lehrer die Frage ganz formuliert hat. Die Antwort ist daher fast immer falsch. Die anderen Kinder der Klasse beginnen, darüber zu lachen, was dieses auffällige Verhalten noch verstärkt, da das ADS-Kind nun absichtlich dumme Antworten gibt oder Blödsinn macht. Der Lehrer erkennt natürlich auch, daß das Kind nun bewußt sein auffälliges Verhalten pflegt, ärgert sich darüber und bestraft das Kind. Mit der Zeit ärgern sich auch die Mitschüler über das Störverhalten des ADS-Kindes und lehnen es zunehmend ab, wodurch es noch mehr isoliert wird.

Auch die Kinder mit einem hypoaktiven ADS bekommen Probleme mit den Lehrern und den Mitschülern, da sie nur passiv am Unterricht teilnehmen und den Anschein erwecken, als würde sie das Ganze nicht interessieren. Aufgrund ihrer Passivität werden sie aus der Gruppe ausgeschlossen und haben oft auch keine Freunde unter den Mitschülern.

Deshalb möchten viele dieser Kinder gar nicht mehr in die Schule gehen. Anfänglich gehen sie nur ungern, dann gibt es jeden Morgen Tränen – schließlich weigern sie sich. Auch nach einer Stimulanzientherapie gelang es mir nicht in allen Fällen, solche Kinder wieder für die Schule zu motivieren. Gelegentlich half eine Rückstellung in den Kindergarten. Dann gab es im allgemeinen keine Probleme.

Im folgenden möchte ich einige Originalberichte von Lehrern und Eltern über die Leistungen und Auffälligkeiten von Kindern mit einem ADS vorstellen.

Hypoaktive Kinder

Zunächst der Bericht einer Mutter über ihr hypoaktives Kind:

Veronika hatte ab der ersten Woche ihrer Kindergartenzeit sehr große Schwierigkeiten mit den Erzieherinnen. Sie wollte überhaupt nicht in den Kindergarten gehen. Wenn sie sich schließlich von mir gelöst hatte, saß sie zwar unter den Kindern, verweigerte sich aber fast immer. Sie spielte irgendwo in einer Ecke, schien vor sich hinzuträumen und machte bei gemeinsamen Spielen nicht mit. Nach einem Wechsel der Erzieherin ging es dann deutlich besser, da diese sehr konsequent und dennoch einfühlsam mit Veronika umging. Als sie in die Schule kam, war ich zunächst ganz erleichtert, weil sie an ihr Spaß zu haben schien. Das änderte sich aber mit Beginn der zweiten Klasse, als sie kleine Aufgaben selbst rechnen und kleine Texte allein schreiben mußte. Ihre Stimmung wurde zunehmend gedrückter, sie wollte nicht mehr hingehen, und wenn sie ging, verweigerte sie die Mitarbeit. Sie gab keine Antworten auf Fragen, fing gleich an zu weinen, wenn sie etwas nicht konnte und machte im Lesen und Schreiben nur langsam Fortschritte. Die Diktate waren voller Fehler, die Rechentests zur Hälfte nicht gelöst. Sie bekam Kopf- und Bauchschmerzen. Die Hausaufgaben wurden zum Drama, sie fing ständig an zu weinen, begann zu schreien, wenn sie etwas nicht konnte, schmiß alles hin und rannte davon.

Im folgenden der gekürzte Schulbericht über Stefan, ein hypoaktives Kind:

Stefan fiel die Eingewöhnung in den Schulalltag recht schwer. Er vertrug sich wohl mit seinen Mitschülern, aber mehr dadurch, daß er ihren Aktivitäten zuschaute, sich nicht einmischte und gedankenverloren herumstand. Es fiel ihm schwer, dem Unterrichtsgeschehen zu folgen, da seine Konzentrationsfähigkeit rasch nachließ. Er träumte meist vor sich hin und beteiligte sich selten. Oft mußte man ihn mehrfach ansprechen, damit er überhaupt eine Reaktion zeigte. Dann jedoch konnte er oft recht gute, vor allem originelle Beiträge liefern. Diese standen im Gegensatz zu seinen schriftlichen Leistungen, die nur mit großer Mühe zustande kamen. Bei schwierigeren Aufgaben ließ er sich rasch entmutigen und verweigerte sich meist. Stefan erwarb sich Grundkenntnisse im Lesen, hatte aber oft Schwierigkeiten, den Texten den Sinn zu entnehmen. Im Zahlenbereich bis 20 konnte Stefan einfache Additions- und Subtraktionsaufgaben rechnen, auch der Zehnerübergang bereitete ihm nur wenig Schwierigkeiten, jedoch waren seine Niederschriften oft sehr fehlerhaft.

Schulbericht der Lehrerin über Greta, ein hyperaktives Kind. Da Schulberichte immer positiv formuliert sein sollten, kommt die Problematik von Greta nicht so recht heraus.

Auch in diesem Schulhalbjahr der 2. Klasse gab Greta sich Mühe, einen angemessenen Platz in der Klassengemeinschaft zu finden. Ihr impulsives Wesen machte sie aber weiterhin oftmals zur Außenseiterin. Sie beteiligte sich lebhaft am Unterricht, rief ihre Kommentare und Antworten jedoch meist ungefragt und oft auch unpassend mitten in das Unterrichtsgeschehen hinein. Sie konnte sich nur mit Mühe an vereinbarte Regeln halten und neigte dazu, eine führende Rolle einzunehmen, was nicht selten zu Mißstimmungen innerhalb der Klasse führte. Greta war in der Lage, eine eigene Meinung zu formulieren und zu vertreten, manchmal ließ sie aber die Toleranz anderen gegenüber vermissen. In persönlichen Gesprächen zeigte sich Greta stets einsichtig, konnte aber den Gesprächsinhalt nicht auf ihr Verhalten übertragen. Im Umgang mit ihren Lehrern erwies sie sich als sehr mitteilsam und ungezwungen. Arbeitsaufträge größeren Umfangs bereiteten Greta oftmals Mühe, da sie zu wenig Anstrengungsbereitschaft und Geduld aufbrachte.

Im folgenden stelle ich Maximilian vor, ein im hohen Grade hyperaktives Kind, dessen Mutter diesen Bericht geschrieben hat:

Seine Erziehung gestaltete sich schwierig (bis heute), da er immer versucht, seinen Kopf durchzusetzen. Seine Art zu spielen war und ist immer noch meist aggressiv, was im Kindergarten sofort zu Schwierigkeiten mit anderen Kindern und besonders deren Müttern führte. Obwohl er Tiere gern hat, ist er auch zu ihnen oft aggressiv. 1996 kam er in die Schule, in der die Probleme erst richtig begannen. Er war in einer Klasse mit 32 Schülern und hatte sofort raus, wie man den Unterricht am besten stört und was man machen muß, damit alle ihn beachteten. Er vergaß Bücher, Hefte etc. mit nach Hause zu nehmen; dies hat sich bis heute nicht geändert. Fast nie weiß er, was er als Hausaufgabe zu machen hat. Lesen konnte er sehr schnell und flüssig, die Rechtschreibung machte ihm aber Probleme, ebenso manchmal das Rechnen. Wenn er etwas nicht sofort kapierte, schaltete er auf stur, und dann ging gar nichts mehr.

Seine Freunde sind fast nur ältere Kinder, die ihn natürlich auch für ihren Unsinn benutzen, da er die Ideen liefert und sich auch bereithält, diese umzusetzen. In vielen Dingen ist er zu mutig, erkennt er aber eine Gefahr, ist er mit nichts zu bewegen, weiterzumachen. Schwierigkeiten gibt es z. B. auch beim Zahnarzt. Einmal bekam er eine Spritze, um einen Milchzahn zu ziehen, seitdem kann man ihn nicht mehr dazu bewegen, zum Zahnarzt zu gehen. Seit neuestem erwische ich ihn immer wieder mit einer Zigarette, die irgendwo versteckt ist und die er mit Sicherheit von einem größeren Schüler bekommen hat.

Weil Maximilian im Unterricht größte Schwierigkeiten machte, forderte seine Lehrerin einen Schulpsychologen an, der Maximilian eine Unterrichtsstunde hindurch beobachtete und dessen Bericht hier wiedergegeben wird:

Während der Pause sind Maximilian und Frank um den Zaun herumgeklettert und auf die Baustelle gegangen. Sie sind einer Katze gefolgt und versuchten, sie unter dem Baucontainer herauszulocken. Das Ende der Pause haben sie daher nicht mitbekommen. Ich holte die beiden ab. Als wir die Klasse gemeinsam betreten, arbeiten bereits alle anderen Schüler leise. Maximilian und Frank machen laut auf sich aufmerksam. Am Platz holt Maximilian statt des benötigten Rechenblocks die Trinkflasche aus der Schultasche und trinkt. Er holt einen Block heraus. Dabei fallen Blätter vom Tisch auf den Boden. Maximilian pendelt mit den Füßen. Als Frank vorne rülpst, kichert Maximilian hinten laut Beifall. Als Frank ermahnt wird, rennt Maximilian nach vorn und ruft: „Schreiben Sie mir auch was auf für Mama!" Antwort: „Nein." Reaktion:

„Ach Kacke!" Maximilian geht zurück auf den Platz, rülpst und macht Faxen. Maximilian ruft laut durch das Zimmer: „Benni, schreib mal 20!" (kichert).

Maximilian packt seine Brotzeit aus und steckt die Wurst in den Mund. Dann beißt er in die halbe Semmel und ruft mit vollem Mund „20 ist kleiner als 100." Maximilian schaukelt mit dem Stuhl. Ein Schüler gibt eine falsche Antwort. Maximilian lacht ihn schallend aus. Bei der Arbeit mit Arema-Streifen holt er die drei heraus und zählt laut auf Englisch. Er meldet sich und hüpft dabei auf und nieder. Maximilian packt seine Streifen ein und legt sich die Schachtel auf den Kopf. Maximilian kichert, als Frank etwas sagt. Er pfeift dazwischen. Er malt auf der Rückseite des Bildes und prustet dabei laut.

Maximilian stützt seinen Stift auf die Schachtel mit Arema und legt den Kopf darauf. Mit dem Gummi, der Schachtel und dem Stift spielt er Katapult. Er spannt den Gummi und schießt damit den Bleistift ab. Der Gummi fliegt mit weg. Maximilian springt auf und kriecht unter den Tisch, um ihn zu suchen. Er kniet auf dem Stuhl. Er läßt sich vornüber vom Stuhl fallen und stützt sich dabei mit den Händen ab. Schließlich krabbelt er am Boden.

Frau M. kommt, bittet ihn, auf den Platz zu gehen und will seinen Rechenblock sehen. Der Rechenblock ist weg. Frau M.: „Du solltest doch einen neuen Rechenblock kaufen, weil du den alten doch in den Abfall geworfen hast. Dann mach jetzt bitte dein Arbeitsblatt fertig." Sie legt ihm das unvollständige Arbeitsblatt bereit und den Stift dazu, geht weg. Maximilian rutscht zum Nachbartisch, lehnt sich an das Mädchen und stört sie beim Schreiben. „Bumm", ruft er ganz laut. Er beginnt, wild und fahrig auf den Malkarton zu kritzeln. Dann haut er aus ca. 30 cm Entfernung mit dem Stift auf das Papier und schreit: „Punkt, und 20 und 30 sind drei." Er schaut sich nach hinten um und prustet wieder. Als er sich meldet und drankommt, sagt er: „Drei plus 20 ist 100. Ha ha ha ha."

Maximilian malt auf dem Bild, zählt auf Englisch bis zehn, wiederholt das Zählen laut. Steckt unter der Bank seine Füße in die Schultasche und wurstelt darin herum. Alles fällt auf den Boden. Er entdeckt den Gummi. „Das ist ja mein geliebter Gummi", macht ihn um die Arema-Schachtel und spitzt den Bleistift. Ruft: „He, Martin, ich spitze meinen Bleistift." Er legt ihn auf die Schachtel und katapultiert ihn wieder weg. Er spitzt wieder. Seine Sachen liegen im Umkreis von zwei Metern um seinen Tisch zerstreut. Maximilian läuft nach vorn und leert den Spitzerabfall in den Papierkorb. Beim Zurückgehen pfeift er laut. „Jetzt habe ich viele Pfeile, die ich verschießen kann." Maximilian legt drei nebeneinander auf die Schachtel und schießt sie ab. Steckt einem Mädchen einen zerknüllten Zettel zu. Spitzt weiter Stifte und steckt sie in die Taschen.

Geht zu Martin und zeigt ihm, wie seine Schleuder funktioniert. Steckt sich die Kiste mit den Rechenstreifen hinter den Hals in den Pullover. Rechenstreifen fallen heraus. „Gong! Schon wieder die Pute." Läßt einen Furz. Er legt einen Stift auf die Schachtel und zielt auf mich, dreht sich aber wieder weg, als er merkt, daß ich hinsehe. Maximilian niest laut und wünscht sich selbst „Gesundheit". Er schaut zu den Mädchen und lacht. Er lehnt sich ganz auf den Tisch, holt wieder die Kiste und zielt auf das Gesäß von Frau M., als diese durch die Reihe geht, um Kindern zu helfen.

Man kann sich nach diesem Bericht gut vorstellen, daß Frau M., die Lehrerin, mit Maximilian keine große Freude hatte, da er ihren Unterricht regelrecht sabotierte.

Probleme mit den Hausaufgaben

Da die Kinder nicht nur in ihrem Verhalten schwierig sind, sondern vor allem auch Lernprobleme haben, versuchen die Mütter, mit ihnen zu Hause zu üben und die Hausaufgaben zu überwachen. Fast alle ADS-Kinder haben Schwierigkeiten damit. Die Hausaufgaben werden zum Alptraum der Mütter dieser Kinder. Zunächst dauert es sehr lange, bis das Kind mit den Hausaufgaben beginnt, wobei es alle möglichen Ausreden findet. Hat es dann endlich damit begonnen, muß es auf die Toilette, muß etwas zum Trinken holen, braucht den Tintenkiller, der nicht zu finden ist, rennt zu einem der Geschwister, um ihm etwas

Wichtiges zu sagen. Dann fällt ihm ein, daß der Hase noch nicht gefüttert ist und die Katze Wasser braucht. So geht es weiter, und eine normalerweise in 30 Minuten zu erledigende Hausaufgabe benötigt mehrere Stunden. Zudem lassen sie sich von der Mutter nichts sagen, bestehen aber dennoch darauf, daß sie immer neben ihnen sitzt. Korrigiert sie einen Fehler, kommt es zu unkontrollierten Gefühlsausbrüchen. Sie beginnen zu schreien, werfen alles hin, werden aggressiv oder laufen davon. Die Mütter sind genervt, fangen ebenfalls an zu schreien, die Kinder fangen an zu weinen, und so endet jeder Tag im Chaos. Da die Kinder häufig ihre Hefte und Arbeitsmaterialien in der Schule gelassen haben oder diese zerfetzt oder beschädigt sind, kommt es zu zusätzlichen Auseinandersetzungen. Wenn sie schließlich doch an die Arbeit gehen, machen sie einen Fehler nach dem andern, und dies scheint ihnen auch noch völlig gleichgültig zu sein.

Um die Hausaufgabensituation zu entspannen, haben sich folgende Regeln bewährt: Lassen Sie diese Arbeiten immer zur gleichen Zeit machen – sagen Sie deutlich, daß nun Schulaufgaben- und nicht Spielzeit ist. Es sollte immer der gleiche Raum sein, mit einem Arbeitsplatz, der keine Ablenkung zuläßt, keinen Blick auf die Straße oder einen Spielplatz zum Beispiel. Es dürfen keine weiteren Kinder im Zimmer sein, auch keine Haustiere. Radio und Fernsehen müssen ausgeschaltet bleiben. Die Anwesenheit der Mutter ist bei den meisten Kindern mit einem ADS unumgänglich. Wagt sie es wegzugehen, läuft meist gar nichts mehr. Aber das Danebensitzen allein reicht nicht, die erledigten Aufgaben müssen laufend kontrolliert werden, um zu verhindern, daß das Kind sich verzettelt oder etwas völlig anderes macht.

Kinder mit einem ADS brauchen nicht nur bei den Schulaufgaben, sondern auch sonst einen gewissen Druck. Wird der Druck aber zu groß, blockieren sie, und es geht gar nichts.

4. Dennoch sind sie liebenswert

Obwohl vor allem hyperaktive Kinder meine Praxiseinrichtung und meine Nerven manchmal in unglaublicher Weise strapazieren, habe ich eine große Sympathie für diese Kinder. Allein schon beim Anblick ihrer schönen, intelligenten Gesichter mit den ausdrucksvollen, wenn auch müden Augen geht mir das Herz auf. Wenn ich dann ihre witzigen, einfallsreichen Bemerkungen höre, ihnen bei ihrem phantasievollen Spiel zusehe und die begleitenden Kommentare mitbekomme, freue ich mich über ihre Kreativität. Diesen Kindern merkt man an, daß sehr viel mehr hinter ihnen steckt, als sie im täglichen Alltag zeigen können. Nach meinen Erfahrungen sind sie häufiger überdurchschnittlich begabt als andere Kinder. Ich habe früher vor der Diagnose immer einen Test gemacht, der Teilleistungsschwächen aufdeckt, der aber auch eine grobe Beurteilung der Intelligenz dieser Kinder erlaubt. Fast immer lagen die Intelligenzwerte über dem Durchschnitt. Sind die Kinder erst behandelt, kann es unter der medikamentösen Therapie und einer meist begleitenden Ergotherapie zu einer noch deutlicheren Verbesserung der Testergebnisse kommen, da auch Aufmerksamkeit und Konzentration das Ergebnis dieser Tests beeinflussen.

Wenn sie einen neuen Einfall haben, blitzen ihre Augen, und sie wollen ihn gleich in die Tat umsetzen, auch wenn die Tat uns Erwachsene wenig freut. Ein kleiner Hyperaktiver wettete spontan mit mir, daß er größer sei als ich. Kaum hatte ich mich zur Mutter umgewandt, hatte er schon den Abfalleimer auf meinen Stuhl gestellt, kletterte mit einer unglaublichen Wendigkeit darauf und versuchte gerade, auf den Eimer zu steigen, da drehte sich der Sitz meines Drehstuhls, und das Kind fiel mir glücklicherweise direkt in die Arme. Während die Mutter und ich vor Schreck ganz blaß geworden waren, erklärte uns der kleine Kerl, ohne mit der Wimper zu zucken, daß er seine Wette noch nicht gewonnen habe, weil der blöde Stuhl sich einfach gedreht habe, daß er es aber gleich nochmals versuchen würde. Dabei war er ganz aufgeregt, seine Augen blitzten und seine Wangen waren ganz rot geworden. Obwohl wir mit seinem Vorhaben nicht einverstanden waren, konnte ich nicht umhin, über sein blondes Stoppelhaar zu streichen und ihn in den Arm zu nehmen. Ich versicherte ihm, daß er mir schon auf dem Stuhl stehend bewiesen habe, daß er größer sei als ich, und gab ihm den einseitig von ihm ausgemachten Wettgewinn, nämlich zehn Päckchen Gummibären.

Diese Kinder sind oft sehr hilfsbereit, vor allem, wenn es sich um schwächere und kleinere Kinder oder um alte Menschen handelt. Eine Mutter erzählte mir, daß ihr zehnjähriger Sohn kleineren Mitschülern besonders bei Auseinandersetzungen mit älteren Kindern immer zur Seite stehe und bei dieser Gelegenheit auch schon selbst Prügel bezogen habe. Eine andere Mutter berichtete, daß ihr Sohn alten Menschen aus der Nachbarschaft beim Einkaufen, bei Arbeiten im Garten oder sogar im Haushalt helfe. Wieder eine andere Mutter sagte mir, daß ihr Sohn trotz all der Probleme ihr gegenüber sehr hilfsbereit sei, ganz besonders aber gegenüber seiner kleinen Schwester. Vor allem, wenn es um schwierige Probleme gehe, falle ihm irgend etwas Gescheites ein, auf das sonst niemand gekommen wäre. So hatte seine Schwester ihr ganzes monatliches Taschengeld von fünf Mark in den Kellerfensterschacht des Nachbarn fallen lassen, der dummerweise gerade im Urlaub war. Man überlegte, wie man das Geld herausholen könne. Seine kleine Schwester begann zu weinen. Da kam Sascha die rettende Idee. Er holte den Staubsauger, verlängerte das Rohr mit dem des alten Staubsaugers, und so gelang es ihm, das Geldstück anzusaugen. Damit machte er seine Schwester glücklich und hatte etwas für sein eigenes Selbstwertgefühl getan.

Auch in anderen Situationen sind sie oft die kleinen Robin Hoods, die den Schwachen helfen und Ungerechtigkeiten ahnden, denn sie haben auch häufig einen ausgesprochen starken Gerechtigkeitssinn. Ein achtjähriger Junge hatte sich für eine Klassenkameradin eingesetzt, die beschuldigt wurde, Geld entwendet zu haben. Der Junge war sich sicher, daß es das Mädchen nicht gewesen sein konnte, da sie zu der fraglichen Zeit mit ihm zusammen war. Er setzte durch, daß alle Kinder ihre Taschen leeren mußten. Schließlich fand man die fehlenden zehn Mark bei einem Jungen. Das Ende der Geschichte war dann weniger erfreulich, weil er den Täter danach stolpern ließ, wobei sich dieser eine böse Platzwunde zuzog.

Auch ich durfte kürzlich die Hilfsbereitschaft eines meiner kleinen Patienten erfahren. Mein schwerer Arztkoffer stand auf der Liege des Untersuchungsraums, weil ich ihn neu ordnen und füllen mußte. Ein fünfjähriger Hyperaktiver, der auf seinen Bruder wartete, der gerade einen Test machte, spazierte spontan in dieses Untersuchungszimmer und fragte mich, wozu denn der Koffer gut sei. Ich erklärte es ihm und wollte den Koffer gerade von der Liege heben, da schob mich der Kleine weg und meinte, der Koffer sei viel zu schwer für mich, er würde ihn tragen. Da der Koffer wahrhaftig sehr viel wog und für das Kind viel zu schwer war, einigten wir uns nach kurzer Diskussion darauf, daß er mir beim Tragen helfen solle.

Die Hilfsbereitschaft vor allem der hypoaktiven Mädchen wird von Mitschülerinnen oft ausgenutzt, indem sie sich bei ihnen ausweinen und sie in den verschiedensten Situationen um Rat fragen. Die Hypoaktiven können nie „Nein“ sagen und sich nicht gegen die Forderungen der anderen abgrenzen, obwohl sie sich überfordert fühlen. Sie lassen sich in die Probleme von Mitmenschen hineinziehen und leiden mit ihnen, auch wenn sie mit sich selber genug zu tun haben. Sobald sie selbst aber einen Ansprechpartner brauchen, finden sie meistens keinen.

Wenn sich ADS-Kinder etwas sehr wünschen, finden sie Mittel und Wege, es auch zu realisieren: Ein Zehnjähriger baute sich ohne Hilfe von Erwachsenen ein Baumhaus. Er lehnte die Hilfe des Vaters ab, da er allen beweisen wollte, daß er es allein schaffen würde. Allerdings spannte er seine Geschwister ein. Da er sehr chaotisch war, konnte sich niemand vorstellen, daß dieses Projekt je über die Planung hinauskäme. Aber er schaffte es wahrhaftig, ein stabiles Baumhaus von ca. 4 qm Größe selbst zu entwerfen und dann auch zu bauen. Der Vater, der aus Furcht vor möglichen Unfällen die Bauarbeiten kritisch überwachte, war äußerst erstaunt, seinen Sohn so engagiert und so konzentriert bei der Arbeit zu sehen. ADS-Kinder können einen großen Energieschub in Tätigkeiten einbringen, die sie interessieren und die ihnen Spaß machen. Außerdem vergessen sie bei solchen Tätigkeiten die Zeit. Der besagte Junge mußte abends geradezu vom Baum „gepflückt" werden.

ADS-Kinder können fröhliche, freundliche, zugewandte und liebenswerte Kinder sein, auch wenn ihr gestörtes Botenstoffsystem ihnen oft nicht erlaubt, diese Eigenschaften zu zeigen und zu leben. Sie können auch überaus zärtlich sein, können intensiv schmusen und sind manchmal äußerst liebesbedürftig. Oft sind sie über ihre schlechten Eigenschaften sehr unglücklich und schwören nach irgendwelchen Vorkommnissen den Eltern, so etwas nie wieder zu tun. Sie scheinen einsichtig, doch können sich die Eltern darüber nicht lange freuen. Kaum ist der Kummer vorbei, tun sie genau das, was soeben verboten wurde. Die Störung in ihrem Botenstoffsystem bewirkt ihre schlechten Eigenschaften, läßt sie nicht sie selbst sein, sondern macht sie zu Getriebenen, die nicht über sich bestimmen können. Eine Mutter erzählte mir, daß ihr achtjähriger Sohn nach dem „Ausrasten" schon mehrfach gesagt habe: „Mama, da kann ich nichts dafür, da macht jemand was mit mir." Daher ist für mich auch die medikamentöse Behandlung die primäre Therapie, da sie den Kindern ermöglicht, all ihre vielen guten Eigenschaften zu leben und sie auch zu zeigen. Eine Mutter, die sehr unter den Verhaltensauffälligkeiten ihrer Tochter litt, schrieb mir: „Bei all den schlimmen Dingen, die mein Kind tut, weiß ich und spüre es ganz genau, daß dieses Kind etwas Besonderes, etwas ungeheuer Wertvolles ist."

Es ist bekannt, daß viele Schauspieler ein ADS haben. Die ständig wechselnden Szenen, Bühnen, Aufgaben und die von ihnen darzustellenden verschiedensten Persönlichkeiten, haben für Menschen mit einem ADS, die ständig den Kick des Neuen suchen, etwas Faszinierendes. Auch unter Kindern mit einem ADS gibt es viele schauspielerische Talente, die vor allem in den hyperaktiven Kindern schlummern. Sie können das Wesen und die Eigenschaften anderer erstaunlich gut intuitiv erfassen und nachahmen. Ihre Bewegungen und ihre Mimik sind oft so verblüffend „gekonnt", daß man spontan weiß, wen sie darstellen wollen. In den oberen Klassen gelingt es ihnen oft, durch ihre schauspielerischen Talente und ihren Charme Lehrer zu becircen, so daß diese die Noten nach oben aufrunden.

Kinder mit einem ADS, vor allem Jungen, zeigen häufig einen erstaunlichen Erfindergeist. Sie haben ständig neue Ideen und Einfälle, und wenn es ihnen gelingt, diese auch in die Wirklichkeit umzusetzen, entstehen Erfindungen, wie man sie bei Edison sieht, der unzählige Patente anmeldete. Aber so spektakulär muß es ja nicht gleich sein. Ein Neunjähriger mit einer Schwäche für Boote bastelte immer neue und hatte zu seinem neunten Geburtstag ein Modellboot zum Zusammenbauen geschenkt bekommen. Es war fast zu schwierig für einen Neunjährigen, aber der Vater meinte, er solle sich daran nur die Zähne ausbeißen, da er auch schon ganz großspurig angekündigt hatte, so ein Boot sei für ihn kein Problem. Er schaffte es auch, das Boot innerhalb von acht Wochen zusammenzubauen, und alle waren erstaunt über seine Ausdauer, an der es ihm ja sonst sehr fehlte. Er bemängelte aber, daß der Bausatz keinen Motor enthielt. Da kam ihm eine sehr ausgefallene Idee, die sein Problem löste, die Mutter aber wenig freute: Er funktionierte den mit Akku betriebenen Elektroquirl aus der Küche zu einem Bootsmotor um, an dem auch schon die Schrauben funktionsfähig waren. Das einzige Problem war die Befestigung am Boot, das er aber gleichfalls sehr geschickt löste.

Sie haben auch ein besonderes Gespür für das Wesentliche, also für das, was hinter dem nach außen Dargestellten steckt. Oft bringen sie es, zum Erstaunen aller, durch eine kurze Bemerkung auf den Punkt. Andererseits kann bei ihnen die Fähigkeit, die Schwachstellen von Mitmenschen instinktiv zu erfühlen, auch zu sehr negativen Äußerungen führen. Dies geschieht besonders dann, wenn sie selbst sehr verletzt wurden und sich rächen wollen. Sie können dann ganz gezielt die wunden Punkte ihrer Gegner bloßstellen und diese sehr verletzen. Andererseits sind sie rasch bereit zu verzeihen, also nicht nachtragend, es sei denn der Angreifer trifft sie an heiklen Punkten, wie zum Beispiel an der Familienehre. Aber auch wenn sie sehr verletzt werden, lassen sie den Kopf nicht auf die Dauer hängen. Sie finden immer wieder einen Weg aus diesem Tief.

Kinder mit einem ADS sind sehr tierlieb. Obwohl sie als kleine Kinder mit Tieren nicht gut umgehen können, weil sie diesen mit ihren wenig koordinierten Bewegungen weh tun, werden sie mit zunehmendem Alter fähig, sie liebevoll zu behandeln. Ich habe bei den Schilderungen der Eltern oft den Eindruck, daß ADS-Kinder sich bei Tieren jene Wärme und Nähe holen, die ihnen ihre Mitmenschen oft nicht geben. Allerdings sind sie aufgrund ihres ADS häufig nicht in der Lage, sie zu versorgen. Sie wollen Tiere haben, versprechen ihren Eltern auch, für diese zu sorgen, was tatsächlich meist ein bis zwei Wochen hindurch geschieht. Doch dann holt sie ihr ADS ein: Sie vergessen, ihre Tiere zu füttern und deren Käfige zu reinigen, so daß die Tiere über kurz oder lang zugrunde gingen, würden die Eltern nicht einspringen.

II. Ursachen des Aufmerksamkeits-Defizit-Syndroms

Nach einer Studie von Faraone (1992) scheint gesichert zu sein, daß es sich beim ADS um eine vom Geschlecht unabhängige, wahrscheinlich dominant vererbte Störung handelt. Dies würde bedeuten, daß bei Erkrankung des Kindes mindestens immer auch ein Elternteil betroffen sein müßte.

Da es sich beim ADS um eine ererbte Störung handelt, kann diese bei Menschen mit einer geistigen Behinderung genauso auftreten wie bei Hochbegabten. Auch die jeweiligen Charaktermerkmale der Betroffenen bleiben in ihrer Grundstruktur erhalten. Einflüsse, die sich auf das Verhalten und die Eigenschaften des Kindes auswirken, wie die familiäre Situation, die Stellung in der Geschwisterreihe, die Förderung und das Verständnis durch die Eltern bleiben wirksam. Alle vom ADS Betroffenen werden also durch ihre Erbsubstanz und die Umwelt genauso individuell geprägt wie Nichtbetroffene.

Die ererbte Krankheit führt zu einer Störung in der Funktion der Botenstoffe im Gehirn, die in allen Einzelheiten noch nicht erforscht ist. Botenstoffe sind chemische Substanzen, durch die eine Erregung von einer Nervenzelle auf die andere im Gehirn weitergeleitet wird. Normalerweise wird die Fülle von Informationen, die von den Sinnesorganen kommend im Gehirn eintreffen, durch bestimmte Nervensysteme so gefiltert, daß nur die wichtigen wahrgenommen werden. Die unwichtigen werden vor dem Erreichen der Hirnrinde durch hemmende Nervensysteme ausgeschaltet. Genau hier liegt die Störung bei Menschen mit einem ADS, deren Botenstoffe gerade im Bereich ihrer hemmenden Nervensysteme vermindert sind. Dadurch werden die Betroffenen von der Fülle der Informationen überflutet, es entsteht sozusagen ein Chaos in ihrem Gehirn, wodurch sie wichtige von unwichtigen Eindrücken nicht mehr unterscheiden.

Bei der Bildung bestimmter Botenstoffe spielen Eisen sowie die Vitamine B6 und C eine große Rolle. Die meisten Kinder mit einem hyperaktiven ADS weisen einen Mangel an diesen Vitaminen und häufig auch an Eisen auf, so daß es dadurch möglicherweise zu einer Verstärkung der Symptome kommt.

Eine weitere Folge der vererbten Störung ist nach Zametkin (1990) ein verminderter Traubenzucker-Stoffwechsel, vor allem im Stirnhirn, nach Lou (1989) eine geringere Durchblutung, vor allem in der rechten Hirnrinde. Das Stirnhirn reguliert das Verhalten, dämpft Impulse, ermöglicht Planen und Vorausdenken. Im Stirnhirn befindet sich auch das Arbeitsgedächtnis. Es ist verantwortlich für die Bewertung sowohl vergangener Dinge als auch des aktuellen Erlebens sowie für die Planung von Aktivitäten. Ist das Arbeitsgedächtnis gestört, so kann der Mensch keine Verbindung herstellen zwischen vergangenen Erfahrungen und gegenwärtigen Eindrücken. Daraus ließe sich erklären, warum die vom ADS Betroffenen nicht aus eigenen Erfahrungen und selbst erworbenem Wissen lernen und deshalb auch nicht vorausplanen können. Bei Schädigungen des Stirnhirns kommt es zu vermehrter Unaufmerksamkeit, erhöhter Ablenkbarkeit, Hyperaktivität und Impulsivität.

Die verminderte Versorgung des Stirnhirns mit Traubenzucker erklärt auch, warum ADS-Kinder häufig so gierig nach Zucker sind. Durch den Genuß von sehr viel Zucker steigt der Zuckerspiegel im Blut wie auch der im Gehirn, was zur Folge hat, daß sich die Energieversorgung des Stirnhirns und damit auch die Konzentration und das Verhalten des vom ADS Betroffenen verbessern. Dies könnte auch so bleiben, wäre da nicht die Bauchspeicheldrüse, deren Aufgabe es ist, erhöhte Zuckerwerte durch Ausschütten von Insulin wieder zu normalisieren. Steigt der Zuckerspiegel im Blut sehr stark, so entleert die Bauchspeicheldrüse reichlich Insulin und sorgt dafür, daß der Zuckerspiegel rasch wieder sinkt. Da die ADS-Kinder Zucker oft in unvernünftig großen Mengen zu sich nehmen, wird auch zuviel Insulin produziert, und der Blutzuckerspiegel sinkt daraufhin allzu rasch und besonders stark. Es kommt zu einem Abfall des Zuckers unter die normalen Werte, was schon bei einem Gesunden zu Unruhe, Zittrigkeit und Aggressivität führt. Beim von ADS Betroffenen, der ja ohnehin eine Unterversorgung des Gehirns mit Zucker aufweist, werden diese Symptome noch verstärkt. Außerdem stellte Conners (1989) fest, daß bei Hyperaktiven die Blutzuckerkurve nach Traubenzuckergabe stark von jener der gesunden Kontrollpersonen abweichen kann. Der Blutzuckerspiegel steigt bei den Hyperaktiven nach Traubenzuckergabe manchmal höher, manchmal weniger hoch an als bei Gesunden, fällt durch die Insulinausschüttung jedoch deutlich tiefer ab als bei den Kontrollpersonen. Die Unterversorgung des Gehirns mit Zucker führt nun wieder zu einer Gier nach Zucker, weswegen das Kind erneut große Mengen von Zucker zu sich nimmt, wodurch sich der gleiche Vorgang wiederholt. Daher sollten Eltern von ADS-Kindern versuchen, ihnen Süßigkeiten nur in kleinen Mengen über den Tag verteilt zu geben.

Wie schon ausgeführt, ist bei Menschen mit einem ADS die Durchblutung der Großhirnrinde vermindert. Nach Hallowell und Ratey (1998) ist die rechte Großhirnhälfte verantwortlich dafür, daß wir räumlich wahrnehmen, mehrere Eindrücke zur gleichen Zeit verarbeiten und Entscheidungen treffen können. Wird sie geschädigt, so kommt es zu Minderleistungen im emotionalen und sozialen Lernen sowie zur Neigung, sich zu verirren. Solche Patienten haben Schwierigkeiten, „sich den Überblick zu verschaffen“ oder übersehen etwas.

Abschließend möchte ich noch eine recht eigenwillige, aber auch reizvolle Hypothese des Amerikaners Thom Hartmann erwähnen der selbst an einem ADS leidet. Er leitet eine Schule für Hyperaktive, ist im Besitz mehrerer akademischer Titel, war oder ist noch: Erfolgsautor, Firmengründer, Entwicklungshelfer in der „Dritten Welt“, Nachrichtenreporter, Redakteur und Techniker. Er fragt sich, ob es denn möglich sei, daß 25 Millionen Menschen in den USA an ADS leiden und dies eine Laune des Schicksals sein solle.

Hartmann stellt die Hypothese auf, die an ADS leidenden Menschen seien die genetischen Erben aus der Gesellschaft der

Jäger und Sammler in prähistorischer Zeit. Seine Hypothese wird dadurch gestützt, daß es in USA deutlich mehr Betroffene gibt als in Europa, was er dadurch erklärt, daß die „Jäger" Europas nach Amerika ausgewandert sind. Ähnliches gilt für Australien, dessen weiße Bevölkerung vorwiegend aus Nachfahren von Häftlingen besteht, die einst von England dorthin deportiert wurden, sozusagen die mißratenen Söhne und Unzufriedenen der britischen Gesellschaft. In Japan jedoch, das seit etwa 6000 Jahren eine vorwiegend landwirtschaftliche Bevölkerung hat, gibt es sehr wenige Menschen mit einem ADS. Hartmann ist der Meinung, daß die Menschen mit einem ADS in prähistorischer Zeit beim Jagen eine bessere Überlebenschance hatten als jene ohne ADS, wodurch eine Auslese entstanden sei. Folgende Eigenschaften von Jägern weisen auch Menschen mit einem ADS auf. Sie müssen bei der Verfolgung ihres Ziels auch die Umgebung wahrnehmen können, um drohende Gefahren rechtzeitig zu erkennen, müssen sich ohne jede Verzögerung sofort auf die Jagd begeben können, müssen flexibel und bereit sein, Strategien rasch zu ändern. Sie müssen einen starken Energieschub in die Jagd einbringen, der so stark sein kann, daß sie sich sogar selbst schaden. Sie verfügen über eine explosionsartige Energie, die aber häufig nicht lange vorhält. Sie haben eine visuelle, konkrete Denkweise. Jäger beschreiben ihre Handlungen eher in Bildern als in Worten oder Gefühlen. Sie sehen ein erreichbares Ziel klar vor sich. Langweilige Aufgaben öden sie an. Sie lieben neue Ideen, Aufregungen, die Jagd, das Verfolgen einer heißen Spur, langweilen sich jedoch bei alltäglichen Aufgaben wie Saubermachen, Kochen oder Schreibarbeiten sehr schnell. Sie begeben sich in schwierige Situationen, sind in der Lage, Risiken auf sich zu nehmen und Gefahren ins Auge zu blicken. Die Farmer dagegen lassen sich nicht so leicht durch ihre Umgebung ablenken. Sie ertragen länger dauernde Anstrengungen, haben eine langfristige Sicht, sie langweilen sich nicht so leicht. Sie sind Mannschaftsspieler, kümmern sich um Details, sind vorsichtig und nicht bereit, Risiken einzugehen.

Thom Hartmann ist der Meinung, daß das ADS kein Mangel

und keine Störung sei. Statt dessen handle es sich um eine ererbte Kombination von Fähigkeiten, Fertigkeiten und Persönlichkeitsmerkmalen, die einem Jäger, Krieger oder Fährtensucher zum Erfolg verhelfen, einen Farmer oder Buchhalter jedoch mit Sicherheit in die Katastrophe führen würden. Wir sind heute aber eine Gesellschaft von „Sammlern", und deshalb sind die Eigenschaften der „Jäger" nicht mehr gefragt, mehr noch: „Jäger" sind überflüssig, ihre Eigenschaften stören und machen uns Sammlern das Leben schwer.

Unabhängig davon, ob die Hypothese stimmt oder nicht, macht sie es vielen Eltern leichter, ihr Kind zu verstehen und anzunehmen. Eine Mutter erzählte mir, daß sie seit der Lektüre von Hartmanns Buch geradezu stolz darauf sei, einen kleinen „Jäger" als Sohn zu haben.

Große „Jäger" waren Thomas A. Edison, Benjamin Franklin, Winston Churchill, Ernest Hemingway, John F. Kennedy, Abraham Lincoln, Vincent van Gogh, Heinrich Pestalozzi sowie einer unserer größten Denker: Albert Einstein. Auch Bill Clinton, derzeit Präsident der Vereinigten Staaten, soll das ADS haben.

III. Ursachen der Hyperaktivität

Im folgenden sollen die Ursachen eines hyperaktiven Verhaltens bei Kindern, die kein ADS haben, dargestellt werden. Manche dieser ursächlichen Faktoren sind dafür verantwortlich, daß viele unserer Kinder heute viel unruhiger sind als früher. Außerdem können sie die Hyperaktivität von ADS-Kindern noch verstärken.

1. Einfluß der Ernährung

Zucker geriet in Verdacht, hyperaktives Verhalten zu erzeugen. Einen möglichen Zusammenhang habe ich bei den Ursachen des ADS schon dargestellt. Ob Zucker aber direkt eine Hyperaktivität verursachen kann, wird sehr gegensätzlich diskutiert. Folgende Untersuchungen machen einen Zusammenhang wahrscheinlich.

Rapp (1978) testete das Verhalten von hyperaktiven Kindern nach Gabe verschiedener Nahrungsstoffe und stellte fest, daß 58 % auf Lebensmittelfarbstoffe reagierten, 45 % auf Nahrungsmittel und 20 % auf beides. Am häufigsten lösten folgende Stoffe hyperaktives Verhalten aus: Lebensmittelfarbstoffe, Milch, Weizen, Eier, Kakao, Zucker, Orangen, Mais. Unter einer entsprechenden Diät verbesserten oder normalisierten über 50 % der Kinder ihr Verhalten. Egger (1983) untersuchte, ob die Unverträglichkeit bestimmter Nahrungsmittel eine Migräne auslösen könnte. An der Studie nahmen auch hyperaktive Kinder teil. Er verschrieb eine Diät ohne bestimmte allergieerzeugende Stoffe und konnte feststellen, daß nicht nur die Migräne verschwand, sondern sich auch das Verhalten der Kinder auffallend besserte. Am häufigsten reagierten die Kinder auf Farb- und Konservierungsstoffe (79 %), Kuhmilch (64 %), Schokolade (59 %), Trauben, Weizen (je 49 %), Zitrusfrüchte (45 %), Käse (40 %), Eier (39 %), Erdnüsse (32 %).

Dann geriet Phosphat in den Verdacht, hyperaktives Verhalten zu erzeugen. Inzwischen ist diese Hypothese durch verschiedene Untersuchungen widerlegt worden.

Feingold (1975), ein amerikanischer Kinderarzt, machte die Erfahrung, daß Lebensmittelfarbstoffe Allergien auslösen können. Gegen den hartnäckigen Nesselausschlag einer Patientin verschrieb er eine Diät ohne Farb- und Aromastoffe, die innerhalb weniger Tage zur Gesundung der Patientin führte. Gleichzeitig hatte die Diät aber auch eine sehr positive Auswirkung auf die Psyche der Patientin, die sich wegen ihres aggressiven und feindseligen Verhaltens schon längere Zeit in psychiatrischer Behandlung befand. Unter der Diät wurde ihr Verhalten absolut unauffällig. Feingold verschrieb daraufhin seine Diät auch hyperaktiven Kindern mit allergischen Symptomen und konnte dabei ebenfalls eine deutliche Verbesserung in deren Verhalten feststellen.

Auch ich habe die Erfahrung gemacht, daß einzelne Kinder nach Gabe von Farb- und Aromastoffen regelrecht durchdrehten und nach striktem Vermeiden dieser Stoffe dieses Verhalten nicht mehr zeigten. In einzelnen Fällen half auch die Bioresonanztherapie, die Allergien beseitigen kann, wodurch für diese Fälle zumindest gesichert ist, daß es sich um eine Allergie gehandelt hat. Ich möchte in diesem Zusammenhang noch eine interessante Erfahrung mitteilen, die zeigt, daß die Zusammenhänge zwischen Ernährung und Verhaltensauffälligkeiten noch lange nicht völlig erforscht sind. Die Mutter eines hyperaktiven Jungen konnte sich zunächst nicht für eine Stimulanzientherapie erwärmen, sondern wollte es erst mit Diät versuchen. Sie ließ zunächst alle Milchprodukte weg. Darunter kam es zu einer deutlichen Verbesserung der Hyperaktivität des Jungen – was aber sehr viel erstaunlicher war, er hörte auf zu stottern. Dies war um so bemerkenswerter, als der Junge seines Stotterns wegen schon jahrelange erfolglose Therapien hinter sich gebracht hatte.

Calatin (1995) bringt verschiedene Nahrungsbestandteile in direkten Zusammenhang mit dem Botenstoffwechsel des Gehirns: Beim Natriumglutamat, auch als „Chinagewürz“ bezeichnet und dem Geschmacksverstärker E 621 handelt es sich um die gleiche Substanz, nämlich um das Natriumsalz der L-Glutaminsäure, die als ein wichtiger, erregender Botenstoff von etwa 40 % unserer Hirnnerven benötigt wird. Mit Hilfe eines Enzyms, welches um wirksam zu werden Vitamin B6 benötigt, läßt sich die L-Glutaminsäure in einen anderen, beruhigenden Botenstoff umwandeln. Gelingt diese Umwandlung wegen eines Mangels an Vitamin B6 nicht, so führt dies zu Unruhe, Schlaflosigkeit, Angst und zur Störung der Bewegungskoordination. Allergiker und hyperaktive Kinder leiden häufig an einem solchen Vitamin B6-Mangel, der zur Folge hat, daß sich zu viel erregende Glutaminsäure im Gehirn ansammelt. Wird durch die Nahrung dann noch übermäßig viel davon zugeführt, so resultiert daraus eine Übererregung des Menschen. Glutamat ist auch die Ursache für das „China-Restaurant-Syndrom“, bei dem es zu Schmerzen in der Brust, zu Kopf- und Bauchschmerzen, Übelkeit, Schweißausbruch, allgemeiner Schwäche und zu starkem Durst kommt. Man nahm zunächst an, es handle sich um eine Allergie gegen Glutamat, hat dann aber 1984 festgestellt, daß es der Vitamin B6-Mangel ist, der das Krankheitsbild auslöst, das auch nach Gabe von B6 wieder verschwindet. Glutamat verbessert und verstärkt das Aroma der verschiedensten Nahrungsmittel und ahmt Fleischgeruch sowie Bratenduft nach, weswegen es von der Lebensmittelindustrie fast allen Fertigprodukten zugesetzt wird. Fermentationsprodukte wie Hartkäse, Hefeextrakte, Sojasauce und Hartwürste enthalten in großen Mengen freie Glutaminsäure, ebenso Würzmischungen, Brühwürfel, Fertigsaucen und Gemüsesuppenextrakte.

Glutaminsäure kann die Symptomatik von hyperaktiven Kindern mit einem ADS verstärken und auch bei Gesunden zu Unruhe führen. Damit ließe sich zumindest teilweise erklären, woher es kommt, daß es immer mehr hyperaktive Kinder gibt.

2. Umweltgifte und Schwermetalle

a) Blei: Blei kommt aus Industrieabgasen, der Kohleverbrennung und vor allem der Verbrennung von bleihaltigem Benzin, aber auch aus dem Boden über Gemüse und Obst. Blei kann auch aus alten bleihaltigen Wasserleitungen und alten Farbanstrichen stammen. Kinder nehmen mehr Blei auf als Erwachsene. Bleivergiftungen beeinträchtigen die Lernfähigkeit, die Konzentration und führen zu hyperkinetischem Verhalten.

b) Quecksilber: Eine Quecksilbervergiftung zeigt sich durch Konzentrationsstörungen, Reizbarkeit, Hyperaktivität, Depressionen. Den höchsten Quecksilberanteil enthalten Fische und Pilze und natürlich Amalgamfüllungen.

c) Thallium: Es ist ein Zellgift mit ähnlichen Vergiftungssymptomen wie bei Blei und Quecksilber. Es wird in der Elektroindustrie und in der Schädlingsbekämpfung verwendet.

d) Chemikalien, wie Lösungsmitteldämpfe von Filzschreibern, Farben, Klebern, Ozondämpfe von Fotokopiergeräten, Desinfektionsmittel und Chemikalien aus Bodenbelägen und Schulmöbeln können nach Rapp auch hyperaktives Verhalten bewirken.

3. Allergien

Schon Speer (1954) hat einen Zusammenhang zwischen Überaktivität und Allergie diskutiert. Er hat eine Erkrankung definiert, die folgende Merkmale aufweist: allergische Symptome, eine motorische Überaktivität, dennoch paradoxerweise Neigung zu Erschöpfung, Schlafstörungen, Aggressivität, Erregbarkeit, Appetitlosigkeit, unklare Kopf- und Bauchschmerzen. Auch spätere Untersuchungen haben bestätigt, daß ein großer Teil der Kinder mit Hyperaktivität Nahrungsmittelallergien haben, wie Rapp 1978 und Egger 1985 feststellten.

Calatin ist der Meinung, es deute vieles darauf hin, daß die Störungen im Immunsystem, die zu Allergien führen, und die

Störungen in den Gehirnfunktionen eine gemeinsame Grundlage haben. Allergische Reaktionen im Darm können durch Informationen über die Nerven, aber auch über chemische Substanzen auf dem Blutweg den Gehirnstoffwechsel beeinflussen. Roth u.a. sehen den Zusammenhang wie folgt: Der Botenstoff Noradrenalin spielt eine entscheidende Rolle für die Immunabwehr. Bei einer Schwäche des Noradrenalinsystems kommt es zu Allergien, und gleichzeitig entstehen die typischen Aufmerksamkeits- und Verhaltensstörungen.

Außerdem kommt es durch die allergischen Reaktionen im Darm zu einer vermehrten Durchlässigkeit der Darmschleimhaut für Bakterien, Giftstoffe und Allergene, die dann über das Blut bis ins Gehirn gelangen und dort entsprechende Reaktionen verursachen können.

Auch die Endorphine (körpereigene morphinähnliche Substanzen) greifen in das Immunsystem ein. Bei starkem Streß kommt es durch sie zu einer Hemmung der Immunabwehr. Nimmt man an, daß dann verstärkt Noradrenalin gebildet wird, das beim ADS fehlt, könnte man erklären, warum vor allem erwachsene ADSler Streß brauchen und sogar suchen, um besser zu funktionieren.

4. Teilleistungsschwächen und Minimale Hirnfunktionsstörung

Kinder mit einer Teilleistungsschwäche (vgl. S. 57) oder einer Minimalen Hirnfunktionsstörung (auch Minimale Cerebrale Dysfunktion = MCD) zeigen oft ein hyperaktives Verhalten. Sie unterscheiden sich jedoch dadurch, daß Kinder mit einer MCD immer auch eine Störung der Muskelkoordination aufweisen.

Minimale Hirnfunktionsstörungen können durch Erkrankungen der Mutter während der Schwangerschaft, häufiger aber durch eine komplizierte Geburt entstehen, bei welcher das Kind unter Sauerstoffmangel oder Hirnblutungen litt. Nach der Geburt können Atemstörungen des Kindes sowie schwere Erkrankungen wie Hirnhautentzündung, lebensbedrohliche Brechdurchfälle, aber auch Unfälle mit Verletzungen des Kopfes oder schockbedingtem Sauerstoffmangel die Ursache sein. In seltenen Fällen findet man keine Erklärung für die minimale Hirnfunktionsstörung.

Betroffene Kinder sind daran zu erkennen, daß sie Schwierigkeiten bei komplizierten Bewegungsabläufen haben, zum Beispiel beim Stehen oder Hüpfen auf einem Bein, beim Hampelmann- oder Scherensprung. Sie verwechseln die Beine, zeigen eine steife Haltung und erscheinen verkrampft. Im täglichen Leben sind sie ungeschickt, tolpatschig, verlangsamt, bewegungsgehemmt oder hyperaktiv. Sie stolpern über ihre eigenen Beine, lernen verspätet Dreirad oder Fahrrad fahren, malen und schreiben ungern, ihre Schrift ist krakelig und zittrig. Sie können sich schlecht konzentrieren. Sprechstörungen, wie Stottern und Stammeln, sind ebenfalls häufig. Daneben zeigen sie Störungen in der Raumwahrnehmung und häufig auch in der Wahrnehmung ihres eigenen Körpers. Sie können häufig nicht ihre Körpermitte angeben oder verwechseln die Seiten. Die minimale Hirnfunktionsstörung kann unterschiedlich stark ausgeprägt sein, wobei der Unkundige in leichten Fällen kaum Unterschiede zwischen einem normalen und einem leicht bewegungsgestörten Kind auszumachen vermag. Da diese Kinder meist eine normale Intelligenz zeigen, werden sie häufig nicht als organisch krank erkannt und deshalb in ihrer Leistungsfähigkeit überfordert. Es kommt daher sehr häufig zu Verhaltensauffälligkeiten, die daraus resultieren, daß man ihr Nichtkönnen für Nichtwollen hält.

Wenn Kinder, die den besten Willen haben, alles richtig zu machen, immer wieder merken, daß ihnen alles mißlingt, versuchen sie, ihre Unfähigkeit zu verbergen. Sie geben vor, es nicht zu wollen, und werden lieber faul, träge, widerspenstig, hyperaktiv oder aggressiv. All diese Eigenschaften können sie selbst und auch die Eltern besser akzeptieren als ihr Nichtvermögen.

Vielen Eltern fällt es sehr viel leichter zu sagen: „Mein Kind ist faul und mag nicht“, als: „Mein Kind ist fleißig und kann es dennoch nicht.“ So werden diese Kinder auch häufig zum Klassenclown, da sie ihre motorische Ungeschicklichkeit zur Belustigung der anderen Kinder so darstellen, als sei sie gewollt. Sie haben selten Freunde, weil sie sich aufgrund ihrer motorischen Störungen absondern und von anderen Kindern deswegen auch nicht als gleichwertig anerkannt werden. Vergleicht man die Symptome des Kindes mit einer minimalen Hirnfunktionsstörung mit denen des ADS, findet man zahlreiche Parallelen. Der Unterschied besteht aber darin, daß Kinder mit einem ADS ihre Symptome unter einer Stimulanzientherapie verlieren können, während Kinder mit einer minimalen Hirnfunktionsstörung darauf nicht ansprechen.

5. Psychosoziale Ursachen

Hyperaktivität kann auch durch äußere Lebensumstände entstehen. Nehmen wir an, ein Kind hat psychisch oder auch organisch kranke Eltern. Der Vater trinkt, die Mutter ist depressiv. Würde das Kind normale Verhaltensweisen zeigen, würde es von seinen Eltern kaum beachtet. So entwickelt es ein Fehlverhalten. Es kann hyperaktiv, aggressiv oder oppositionell werden und zwingt dadurch die Eltern, es zu beachten, nach dem Motto: Wenn du mich nicht wegen meiner guten Eigenschaften lieben kannst, dann wirst du mich wegen meiner schlechten Eigenschaften zumindest beachten müssen. Viele Kinder aus einem gestörten Elternhaus entwickeln auch die verschiedensten Verhaltensauffälligkeiten als Imitation des elterlichen Verhaltens. Sind Eltern aggressiv, hyperaktiv und oppositionell, so braucht man sich nicht zu wundern, wenn auch deren Kinder so werden. Dies gilt vor allem für asoziale Verhältnisse, aber auch für Familien, in denen ein Elternteil oder beide Eltern ein ADS haben. Diese Konstellation führt zu einer Verstärkung der Verhaltensauffälligkeiten.

IV. Diagnose

Die Diagnose wird aufgrund verschiedener Verhaltensauffälligkeiten gestellt, die alle auch bei normalen Kindern und Jugendlichen zu finden sind, sich aber von diesen insofern unterscheiden, als sie wesentlich häufiger, intensiver und nachhaltiger auftreten. Dies gilt auch für die meisten anderen psychiatrischen Erkrankungen.

1. DSM IV

Die US-Amerikaner stellen die Diagnose nach dem DSM IV (Diagnostisches und Statistisches Manual Psychischer Störungen), einem Katalog, der in den USA psychiatrische und psychische Störungen definiert und 1994 neu aufgelegt wurde. In Deutschland wird diese Definition des ADS häufig übernommen.

Nach dem DSM IV ist das Hauptmerkmal einer Aufmerksamkeitsdefizit/Hyperaktivitätsstörung ein durchgehendes Muster von Unaufmerksamkeit und/oder Hyperaktivität und Impulsivität. Dieses Muster muß

a) häufiger auftreten und schwerwiegender sein, als man es bei Personen der gleichen Entwicklungsstufe typischerweise beobachten kann,
b) bereits vor dem siebten Lebensjahr begonnen haben,
c) zu einer Beeinträchtigung durch diese Symptome in mindestens zwei Lebensbereichen führen (z. B. zu Hause oder in der Schule oder am Arbeitsplatz),
d) eindeutige Anzeichen einer Beeinträchtigung der entwicklungsgemäßen sozialen, schulischen oder beruflichen Leistungsfähigkeit aufweisen.

e) Die Störung darf nicht ausschließlich im Rahmen einer tiefgreifenden Entwicklungsstörung, einer Schizophrenie oder einer anderen psychotischen Störung auftreten und nicht durch eine andere psychische Störung besser erklärt werden können (wie z. B. durch eine affektive Störung, Angststörung, dissoziative Störung oder Persönlichkeitsstörung).

Nach dem DSM-IV werden vier Typen der Aufmerksamkeitsdefizit/Hyperaktivitätsstörung unterschieden:

1. Ein Mischtypus, wenn die Kriterien A1 und A2 (siehe unten) während der letzten sechs Monate erfüllt waren.
2. Ein vorwiegend unaufmerksamer Typ, der unserem ADS ohne Hyperaktivität entspricht, wenn Kriterium A1, nicht aber Kriterium A2 während der letzten sechs Monate erfüllt war.
3. Ein vorwiegend hyperaktiver-impulsiver Typus, wenn Kriterium A2, nicht aber Kriterium A1 während der letzten sechs Monate erfüllt war.
4. Ein teilremittierter Typus, besonders bei Jugendlichen und Erwachsenen, die zum Zeitpunkt der Untersuchung Symptome des ADS zeigen, aber nicht mehr alle Kriterien erfüllen.

Die Kriterien sind dann als erfüllt anzusehen, wenn im Katalog A1 sechs oder mehr Symptome von Unaufmerksamkeit, im Katalog A2 sechs oder mehr Symptome der Hyperaktivität und Impulsivität während der letzten sechs Monate beständig in einem mit dem Entwicklungsstand des Kindes nicht zu vereinbarenden und unangemessenen Ausmaß vorhanden waren.

A1: Unaufmerksamkeit

1. Beachtet häufig Einzelheiten nicht oder macht Flüchtigkeitsfehler bei den Schularbeiten, bei der Arbeit oder bei anderen Tätigkeiten;
2. hat oft Schwierigkeiten, längere Zeit die Aufmerksamkeit bei Aufgaben oder beim Spielen aufrechtzuerhalten;
3. scheint häufig nicht zuzuhören, wenn andere ihn/sie ansprechen;

4. führt häufig Anweisungen anderer nicht vollständig aus und kann Schularbeiten, andere Arbeiten oder Pflichten am Arbeitsplatz nicht zu Ende bringen (nicht aufgrund oppositionellen Verhaltens oder Verständigungsschwierigkeiten);
5. hat häufig Schwierigkeiten, Aufgaben und Aktivitäten zu organisieren;
6. verliert häufig Gegenstände, die für Aufgaben oder Aktivitäten benötigt werden (z.B. Spielsachen, Hausaufgabenhefte, Stifte, Bücher oder Werkzeug);
7. vermeidet häufig Aufgaben, die länger andauernde geistige Anstrengungen erfordern (wie Mitarbeit im Unterricht oder Hausaufgaben), hat eine Abneigung gegen solche Aufgaben oder beschäftigt sich nur widerwillig damit;
8. läßt sich durch äußere Reize leicht ablenken;
9. ist bei Alltagstätigkeiten häufig vergeßlich.

A2: Hyperaktivität

1. Zappelt häufig mit Händen oder Füßen oder rutscht auf dem Stuhl herum;
2. steht in der Klasse oder bei anderen Situationen, in denen Sitzenbleiben erwartet wird, häufig auf;
3. läuft häufig herum oder klettert exzessiv in Situationen, in denen dies unpassend ist (bei Jugendlichen oder Erwachsenen kann dies auf ein subjektives Unruhegefühl beschränkt bleiben);
4. hat häufig Schwierigkeiten, ruhig zu spielen oder sich mit Freizeitaktivitäten ruhig zu beschäftigen;
5. ist häufig „auf Achse“ oder handelt oftmals, als wäre er/sie „getrieben“;
6. redet häufig übermäßig viel.

A2: Impulsivität

1. Platzt häufig mit den Antworten heraus, bevor die Frage zu Ende gestellt ist;

2. kann nur schwer warten, bis er/sie an der Reihe ist;
3. unterbricht und stört andere häufig (platzt zum Beispiel in Gespräche oder in Spiele anderer hinein).

Die Diagnose nach diesem Katalog zu stellen, scheint in der Theorie recht einfach, in der Praxis kann dies jedoch sehr schwer sein, da die Leidensfähigkeit der Eltern groß ist. Sie können die Fragen oft nicht korrekt beantworten. Häufig finden sie das Verhalten ihres Kindes völlig in Ordnung, denn intelligente Kinder müssen ihrer Meinung nach auch lebhaft sein. Die meisten Eltern kommen wegen Schulproblemen und spielen die Verhaltensauffälligkeiten ihrer Kinder herunter. Selbst wenn die Kinder in meiner Praxis so unruhig und impulsiv sind, daß ich sie kaum ertragen kann, meinen die meisten Eltern, das sei doch ein normales Verhalten von Kindern und sind oft geradezu böse, wenn ich wage, ihnen zu widersprechen.

Außerdem fällt es vor allem Eltern von Einzelkindern schwer, Vergleiche zu ziehen. Woher sollten sie auch wissen, wie sich andere Kinder verhalten, wenn sie nur ihr eigenes Kind erlebt haben? Auch Eltern, die mehrere Kinder mit ADS haben, zeigen größte Probleme, das Verhalten ihrer Kinder objektiv zu beurteilen. Wenn ich solche Eltern frage: „Ist Ihr Kind sehr unruhig?“, dann erhalte ich oft die Antwort: „Nicht mehr als die anderen.“

2. Fragebogen nach Goyette, Conners und Ulrich, neu bearbeitet von Steinhausen

Der Eltern-Fragebogen von Goyette, Conners und Ulrich, neu bearbeitet von Steinhausen, erlauben eine sicherere Diagnose.

Es werden insgesamt 48 Verhaltensauffälligkeiten abgefragt, die zunächst ungeordnet aufgelistet sind. Bestimmte Listennummern können unter Merkmalsgruppen wie Verhaltensprobleme, Hyperaktivität/Aufmerksamkeitsdefizit, Angst und psychosomatische Beschwerden subsummiert werden.

3. Elternfragebogen nach Just, Wolfsburg

In Hinsicht auf die Diagnostik meiner Patienten habe ich mich für den Elternfragebogen nach Just entschieden. Er berücksichtigt so gut wie alle Symptome, und man kann rasch erkennen, wo die Schwerpunkte der Symptomatik liegen, ob im schulischen Bereich oder bei den Verhaltensstörungen. Dadurch läßt sich recht gut abschätzen, ob und welche weitere Therapien – wie Ergotherapie oder Psychotherapie – erforderlich werden.

ELTERN-FRAGEBOGEN VON DR. INGRID JUST, Wolfsburg

Name des Patienten / der Patientin:
Geburtstag:
ausgefüllt von Mutter: ( ) Vater: ( ) oder:
Datum:
Bitte beantworten Sie jede Frage (nicht alles muß auf ihr Kind zutreffen) und ergänzen Sie bitte den Fragebogen durch einen eingehenden Bericht.

A. Kurze Aufmerksamkeitsspanne – mangelhafte Konzentration

	gar nicht	gering	mittel	stark
1) ist leicht ablenkbar	0	1	2	3
2) kann sich schlecht konzentrieren	0	1	2	3
3) bleibt nicht bei der Sache, führt nichts zu Ende, ist sprunghaft	0	1	2	3
4) hat keine Ausdauer	0	1	2	3
5) hört nicht zu	0	1	2	3
6) spricht plötzlich von etwas ganz anderem	0	1	2	3
7) vergißt schnell	0	1	2	3
8) verlegt, verliert Gegenstände	0	1	2	3
9) wechselt rasch Aktivitäten	0	1	2	3

	gar nicht	gering	mittel	stark
I) Hyperaktivität (kann fehlen)				
1) kann sich nicht ruhig verhalten, ist ständig in Bewegung	0	1	2	3
2) kann nicht sitzen bleiben	0	1	2	3
3) verbreitet Unruhe	0	1	2	3
4) verbreitet Gereiztheit	0	1	2	3
5) stört andere Kinder	0	1	2	3
6) hat vermehrten Rededrang, redet oft dazwischen	0	1	2	3
7) beknabbert Fingernägel, Stifte, etc.	0	1	2	3
8) beschmiert oder bemalt Heftränder, Bücher, etc.	0	1	2	3
II) Impulsivität				
1) unberechenbares, unvorhersehbares Verhalten	0	1	2	3
2) erkennt keine Gefahren (Unfall-/Verletzungsgefahr)	0	1	2	3
3) rennt los, ohne zu schauen	0	1	2	3
4) redet los, ohne zu überlegen	0	1	2	3
5) handelt, ohne zu überlegen	0	1	2	3
III) Erregbarkeit, Irritierbarkeit				
1) mangelhafte Frustrationstoleranz	0	1	2	3
a) kann schlecht warten	0	1	2	3
b) kann schlecht verzichten	0	1	2	3
c) „flippt“ oder rastet leicht aus	0	1	2	3
2) starke Stimmungsschwankungen	0	1	2	3
a) störanfällig	0	1	2	3
b) gleich beleidigt/schimpft schnell	0	1	2	3
c) extrem empfindlich gegenüber Kritik	0	1	2	3
d) weint schnell	0	1	2	3
e) schlechter Verlierer	0	1	2	3

	gar nicht	gering	mittel	stark
IV) Mangelhafte emotionale Steuerung = emotionale Störungen				
1) verleugnet Schwierigkeiten	0	1	2	3
2) hat mangelhaftes Einfühlungsvermögen, kann sich nicht in andere einfühlen	0	1	2	3
3) hat mangelhaften Realitätsbezug, urteilt und bewertet nicht realistisch	0	1	2	3
4) ist rasch verunsichert, ängstlich	0	1	2	3
5) wirkt kindlich, unreifer	0	1	2	3
6) vernachlässigt Zimmer, Schulranzen, Körperpflege, etc.	0	1	2	3
7) hat wenig Selbstwertgefühl	0	1	2	3
8) ist mutlos bis depressiv	0	1	2	3
9) möchte nicht mehr leben	0	1	2	3
V) Mangelhafte Koordination und Perzeption (Wahrnehmung)				
1) ungeschicktes Hantieren, läßt fallen, gießt daneben	0	1	2	3
2) ungeschickte, tolpatschige Bewegungsabläufe	0	1	2	3
3) verkrampfte Körperhaltung beim Sitzen und Stehen	0	1	2	3
4) verkrampfte Sitzhaltung beim Schreiben und Malen	0	1	2	3
5) Sprachstörung	0	1	2	3
VI) Gestörtes Sozialverhalten				
1) hat wenig Freunde, wechselt schnell die Freunde	0	1	2	3
2) sucht sich jüngere Kameraden (evtl. auch ältere)	0	1	2	3
3) ist Außenseiter	0	1	2	3
4) ist Klassenclown	0	1	2	3
5) hat Imponiergehabe	0	1	2	3
6) ist ständig in Konflikte verwickelt, rücksichtslos	0	1	2	3
7) neigt zu Wutausbrüchen	0	1	2	3
8) neigt zu Aggressivität	0	1	2	3
9) ist grausam zu Tieren	0	1	2	3

C) Sekundärfolgen des ADS

	gar nicht	gering	mittel	stark
I) Lern- und Leistungsschwierigkeiten				
1) Schwierigkeiten				
a) beim Lesen	0	1	2	3
b) bei der Rechtschreibung (Diktat)	0	1	2	3
c) beim Rechnen (Mathematik)	0	1	2	3
d) bei den Hausaufgaben	0	1	2	3
2) viele Flüchtigkeitsfehler	0	1	2	3
3) schreibt unvollständige Sätze	0	1	2	3
4) schlechtes Schriftbild	0	1	2	3
5) langsames Arbeitstempo	0	1	2	3
6) kann sich nicht klar ausdrücken	0	1	2	3
7) vergißt Hausaufgaben	0	1	2	3
8) zeigt Disziplinprobleme, Störverhalten	0	1	2	3
9) zeigt mangelhafte Arbeitshaltung	0	1	2	3
10) Lernunlust → Lernverweigerung	0	1	2	3
11) schwänzt Schule	0	1	2	3
12) benötigt sehr viel Zuwendung von Eltern und Lehrern	0	1	2	3
13) Leistungen entsprechen nicht der Intelligenz	0	1	2	3

D) Dissoziales Verhalten

	gar nicht	gering	mittel	stark
1) schließt sich Randgruppen an	0	1	2	3
2) destruktives Verhalten				
a) Lügen	0	1	2	3
b) Stehlen	0	1	2	3
c) Zündeln	0	1	2	3
3) Mißbrauch von				
a) Nikotin	0	1	2	3
b) Alkohol	0	1	2	3
c) Drogen	0	1	2	3

D) Dissoziales Verhalten (Fortsetzung)

	gar nicht	gering	mittel	stark
4) Kriminalität				
a) Einbrüche, Ladendiebstähle	0	1	2	3
b) Körperverletzung	0	1	2	3
c) andere Delikte	0	1	2	3

Der Patient/die Patientin war bereits bzw. soll untergebracht werden in

a) Pflegefamilie	ja ☐	nein ☐
b) Psychiatrie	ja ☐	nein ☐
c) Heim	ja ☐	nein ☐
d) Strafvollzug	ja ☐	nein ☐

Wenn in den Abschnitten A und B bei mehr als zwei Dritteln der Fragen 2 oder 3 angekreuzt wurde, handelt es sich mit großer Wahrscheinlichkeit um ein ADS. Dabei muß beachtet werden, daß die Hyperaktivität vor allem bei Mädchen fehlen kann.

4. Typische EEG-Auffälligkeiten

Im Rahmen eines ADS-Kongresses in Bad Boll stellte der Kinder- und Jugendpsychiater Droll aus Berlin seine Erfahrungen mit dem EEG vor. Es war ihm nämlich gelungen, bei Kindern mit einem hyperaktiven ADS bestimmte Charakteristika im EEG zu finden. Diese Möglichkeit einer Diagnosestellung anhand des EEG hat mich sehr interessiert, weswegen ich meinen Kollegen Droll bat, mir mitzuteilen, wie sicher diese Diagnose sei. Er schrieb mir:

Aufgrund meiner Beobachtungen seit 1990 bin ich unabhängig von Prof. Ulrich (1994) zu dem gleichen Ergebnis gekommen, daß sich im EEG Regulationscharakteristika abbilden, nicht aber Krankheiten. Der Zusammenhang mit der Regulationscharakteristik bei ADD ist von mir empirisch – in über 80 % der Fälle sehr deutlich –

gefunden worden. Die doppel-blinde Nachprüfung versuche ich z. Zt. in die Wege zu leiten. Bis zum Abschluß dieser Untersuchung sollte nichts behauptet werden, was über die beiliegenden Formulierungen hinausgeht. (ADD ist die amerikanische Bezeichnung für ADS)

5. Praktisches Vorgehen in meiner Praxis

Nach meiner Kenntnis gibt es bisher noch kein Verfahren, das die Diagnose eines ADS völlig sichert. Vorgeschichte, Fragebogen, Intelligenz-, Teilleistungsschwächen- und Aufmerksamkeitstests sind alles nur Bausteine in der Diagnose.

Praktisch gehe ich in meiner Praxis so vor: Wenn die Eltern wegen des Verdachts auf ein ADS anrufen, bitte ich sie zunächst, an einem etwa zweistündigen Vortrag über das ADS, den ich monatlich zweimal halte, teilzunehmen. Nur wenn sie schon einen umfassenden Vortrag eines anderen Referenten gehört haben, entfällt diese Vorgabe. Aufgrund des Vortrags können sie sich dann selbst ein Bild darüber machen, ob ihr Kind ein ADS hat oder nicht; falls sie der Meinung sind, daß ein ADS vorliegt, erhalten sie einen Termin. Den ausgefüllten Fragebogen nach Just sowie weitere Aufzeichnungen, Zeugnisse, Hefte, weitere Befunde und eine Beschreibung der Lebensgeschichte des Kindes bringen sie zum ersten Termin mit, bei dem sie dann noch Fragen zur Diagnostik und Therapie stellen können.

Nach einer vollständigen Ganzkörperuntersuchung des Kindes mit Größe, Gewicht und Blutdruck, einer Blutentnahme zur Bestimmung verschiedener Werte (darunter großes Blutbild und Schilddrüsenwerte), einem psychiatrischen Status, Erhebungen zur Vorgeschichte, Auswertung des Fragebogens nach Just und aufgrund meines persönlichen Eindrucks während der Untersuchungssituation stelle ich eine Verdachtsdiagnose. Dann empfehle ich den Eltern einen „Probelauf", das heißt, ich beginne eine medikamentöse Behandlung. Verringern sich daraufhin die Auffälligkeiten dieser Kinder, führe ich die Behandlung weiter, verstärken sie sich, breche ich die Behandlung ab.

Früher habe ich vor der Behandlung bei allen Kindern einen Teilleistungsschwächentest, einen Intelligenztest und einen Test zur Prüfung der Aufmerksamkeit durchgeführt. All diese Tests brachten mich aber in der Diagnostik nicht weiter. Die Teilleistungsschwächen- und Intelligenztests zeigten Ergebnisse, die wenige Wochen später unter der Therapie völlig anders ausfielen. Die Tests zur Prüfung der Aufmerksamkeit konnten, abhängig von der Tagesform, bei einem Kind mit einem sicheren ADS keinerlei Auffälligkeiten zeigen, hingegen bei einem Kind ohne ADS sehr auffällig sein. Solche unerwarteten Ergebnisse irritieren die Eltern sehr und machten es mir oft noch schwerer, die Eltern von der Notwendigkeit einer Stimulanzientherapie oder aber von deren Sinnlosigkeit zu überzeugen.

Heute gehe ich wie oben dargestellt vor. Einen Teilleistungsschwächentest und auch weitere Testuntersuchungen mache ich erst unter einer optimalen Stimulanzientherapie, wenn sich herausstellt, daß die Kinder auch weiterhin deutliche Leistungsprobleme in der Schule haben. Nach den Ergebnissen richten sich die Empfehlungen für weitere Therapien wie Ergotherapie, Lese-Rechtschreibkurse, Heilpädagogik oder Psychomotorik. Je früher die medikamentöse Behandlung erfolgt, desto seltener werden zusätzliche Maßnahmen und diagnostische Verfahren erforderlich.

Ein EEG lasse ich nur dann anfertigen, wenn sich in der Vorgeschichte Hinweise auf eine Anfallsbereitschaft oder eine Hirnschädigung ergeben. Wender (1991), der schon 1973 sein erstes Buch über die Hyperaktivität verfaßte und als einer der besten Kenner des ADS in USA gilt, schreibt: „Das EEG hat keinen Platz in der Routinediagnostik des hyperkinetischen Kindes, weder in der Erstuntersuchung noch im weiteren Verlauf."

Werden die Kinder mit Stimulanzien behandelt, so sollte nach drei bis vier Monaten eine Kontrolluntersuchung erfolgen, die alle Parameter umfaßt, die auch beim ersten Mal untersucht wurden. Ob diese Kontrolle wirklich notwendig ist, kann ich nicht sicher beurteilen, da ich bisher noch nie eine Therapie wegen auffälliger Befunde abbrechen mußte. Da aber im Beipackzettel von RitalinR und MedikinetR so viele Nebenwirkungen angegeben werden, darunter auch Blutbildveränderungen, tragen diese Kontrolluntersuchungen sicherlich sehr zur Beruhigung der Eltern bei.

V. Therapie

1. Allgemeine Gesichtspunkte

In den letzten Jahren hat sich in Fachkreisen ein klarer Trend zur medikamentösen Behandlung als Grundlage für jedes weitere Behandlungskonzept durchgesetzt. Leichte Fälle von ADS werden dem Arzt, dem Psychotherapeuten oder dem Psychologen in der Regel erst gar nicht vorgestellt. Wenn doch, stehen Schulschwierigkeiten im Vordergrund, weswegen man bei solchen Kindern nur selten an ein ADS denkt. Die durchgeführten Testuntersuchungen ergeben eine oder mehrere Teilleistungsschwächen, weswegen meist eine ergotherapeutische Behandlung eingeleitet wird, die wie später dargestellt wird, in der Lage ist, die Lebensaussichten dieser Kinder zu verbessern und damit einen positiven Effekt hat.

Je ausgeprägter die Merkmale sind, desto eher wird das ADS diagnostiziert. Steht die Diagnose, sollte es in jedem Fall medikamentös behandelt werden. Auch Patienten mit einer gering ausgeprägten Symptomatik, die im Kindergarten und in der Schule kaum aufgefallen sind, bekommen später fast immer Probleme. Vor allem in Belastungssituationen wie bei der Führerscheinprüfung, bei der Gesellen- oder Meisterprüfung, beim Vordiplom, Physikum und anderen Prüfungen dekompensieren sie nur allzuleicht. Sie können ihre Aufmerksamkeit nicht über mehrere Stunden halten; je länger die Prüfung dauert, desto häufiger versagen sie. Mehrere Mütter und Väter meiner kleinen ADS-Patienten, die selbst an einem ADS leiden, erzählten mir, daß sie ihren Berufsabschluß aus diesem Grunde nicht erreichten. Immer habe ich junge Erwachsene in Behandlung, die sich gerade aus diesem Grund an mich wenden.

Der Vater eines meiner ADS-Patienten berichtete mir von

seinem beruflichen Werdegang: Er sei Verkäufer in einem Schuhgeschäft und nicht sehr glücklich dabei. In der Zeitung habe er einen Artikel von mir über das ADS gelesen, und dabei sei ihm plötzlich ein Licht aufgegangen; nicht nur sein Sohn, sondern auch er selbst leide an einem ADS. Plötzlich habe er verstanden, warum er in der Ausbildung und im Beruf so große Probleme gehabt habe. Er habe nach dem Abitur zunächst Medizin studieren wollen. Wegen seiner nur mäßigen Abiturnote habe er nach der Bundeswehr noch zwei Jahre bis zur Zulassung warten müssen, das Studium habe er bis zum Physikum, der ersten großen Prüfung, dann aber relativ gut bewältigt. Er sei jedoch dreimal im Physikum durchgefallen und habe danach das Studienfach aufgeben müssen. Auf Anraten seiner Eltern habe er begonnen, Biologie zu studieren. Auch hier habe er bis zum Vordiplom keine größeren Probleme gehabt, dieses jedoch auch hier nicht bestanden. Aus Frustration habe er das ganze Studium hingeworfen und weitere mögliche Versuche, die Prüfung zu bestehen, erst gar nicht mehr unternommen. Er machte dann eine verkürzte kaufmännische Ausbildung und arbeitet nun schon seit Jahren im kaufmännischen Bereich. Er berichtete, daß er alkohol- und drogenabhängig gewesen sei, auf Drängen seiner Freundin jedoch einen Entzug gemacht und erfolgreich abgeschlossen habe. Er habe dann geheiratet und sei eben jetzt im Schuhverkauf tätig.

Der Patient erzählte mir auch, daß er während seiner Studienzeit auf Anraten seiner Eltern mehrere Ärzte und Psychotherapeuten konsultiert hatte. Niemand konnte ihm helfen. Der eine meinte, er habe eben zu wenig gelernt, andere gaben ihm zu verstehen, es fehle ihm an der nötigen Begabung und er solle sich nach einem guten Handwerksberuf umschauen. Wieder andere vermuteten, es fehle ihm an der Fähigkeit, Streßsituationen zu bewältigen, worauf er es mit dem Autogenen Training und schließlich auch ein Jahr mit der Verhaltenstherapie versucht hatte – beides erfolglos. Er berichtete, daß er auch in seinen persönlichen Beziehungen mehrfach gescheitert sei. Erst seine jetzige Frau – übrigens selbst eine hypoaktive ADS-Patientin – gebe ihm ein bißchen Halt und Selbstvertrauen. Allerdings sei es wegen ihres „ungezogenen" Sohnes auch in der Ehe ständig zu Streitereien gekommen. Ich behandelte zunächst den hyperaktiven Sohn, bei dem rasch eine Besserung eintrat. Die „Ungezogenheiten" verschwanden. Danach begann auch der Vater eine medikamentöse Therapie, die sehr erfolgreich war. Er bekam wieder neuen Lebensmut, beschloß, daß er nicht Schuhverkäufer bleiben wolle und begann eine Ausbildung zum Diplomkaufmann, die er erfolgreich abschloß.

Dieses Beispiel soll verdeutlichen, daß das unerkannte ADS auch bei leichten Verlaufsformen gravierende Auswirkungen auf das Leben der Betroffenen haben kann. Da niemand ihre Störung kennt, kann man sich das Versagen dieser Menschen auch nicht erklären. Die Umgebung betrachtet es als Folge eines Charakterfehlers, mangelnder Intelligenz, fehlender Willenskraft oder einfach als Faulheit.

Ich bin der Auffassung, daß jeder, der an einem ADS leidet, das Recht auf eine sorgfältige Diagnose hat, die ihm diesen Makel nimmt und die Bezugspersonen von dem Vorwurf befreit, in der Erziehung versagt zu haben. Sache des Patienten oder seiner Eltern ist es dann, zu entscheiden, ob eine medikamentöse Behandlung gewünscht wird oder nicht. Zumindest sollte die Diagnose stehen und die Therapiemöglichkeiten aufgezeigt werden. Betroffene sollten auch erfahren, daß das nicht behandelte ADS später häufig zu Drogen- und Alkoholabhängigkeit und zu kriminellem Verhalten führt.

Nach Barkley (1990, 1991) entwickeln 60 % aller unbehandelten hyperaktiven Jungen später aufsässiges und dissoziales Verhalten, sie weisen Schulleistungsstörungen auf und haben Konflikte in der Familie. Die New-York-Studie, Manuzza (1989, 1990, 1991) konnte zeigen, daß Hyperaktive im Erwachsenenalter in bis zu 27 % aller Fälle ein gestörtes Sozialverhalten mit Straffälligkeit zeigen und in 16 % zu Drogenmißbrauch neigen. Huss (1999) stellte in Bad Boll eine Untersuchung über die Langzeitprognose von ADS-Patienten unter den verschiedensten Therapien vor. Bei diesen hatte sich herausgestellt, daß eine medikamentöse Behandlung die späteren Lebensaussichten dieser Kinder nachhaltig verbessern kann. Einen gewissen positiven Einfluß hat noch die Ergotherapie. Alle anderen Therapien beeinflussen den Verlauf der Krankheit kaum.

Obwohl wir mittlerweile viel über das ADS wissen, werden die meisten Kinder und Jugendlichen, die an einem ADS leiden, erst sehr spät behandelt. Erst wenn ihre Verhaltensauffälligkeiten nicht mehr toleriert werden können, ihre Leistungen in der Schule nachlassen oder schwerwiegende Konflikte in der Beziehung zu andern auftreten, werden sie dem Arzt, dem Psychotherapeuten oder dem Psychologen vorgestellt. Bis dahin haben die Kinder und Jugendlichen jedoch schon zahlreiche Defizite im intellektuellen, emotionalen und psychosozialen Bereich aufgebaut, die in der Regel durch eine alleinige medikamentöse Behandlung nicht mehr aufgefangen werden können. Daher sind hier weitere therapeutische Maßnahmen, wie Ergotherapie, Sonderpädagogik, Verhaltenstherapie, heilpädagogische Maßnahmen, eine psychomotorische Behandlung oder eine tiefenpsychologisch orientierte Psychotherapie, in manchen Fällen auch eine Familientherapie erforderlich. Damit kann man dem Kind helfen, nicht nur seine Defizite abzubauen, sondern sich auch wieder in die Familie und in die Gemeinschaft der Gleichaltrigen zu integrieren. Allerdings schafft erst die medikamentöse Behandlung die Voraussetzung für diese Zusatztherapien. Erst wenn das Botenstoffsystem durch eine medikamentöse Behandlung ins Gleichgewicht gebracht worden ist, das Kind also nicht mehr den Fehlregulationen seines Gehirns ausgeliefert ist und sich somit wieder selbst bestimmen kann, können diese Therapien greifen.

Um solchen Kindern und Jugendlichen einen wirklichen Neubeginn zu ermöglichen, kann es gelegentlich sogar notwendig werden, daß sie die Klasse oder sogar die Schule wechseln.

2. Medikamentöse Behandlung

Allgemeine Gesichtspunkte

Die Behandlung mit Stimulanzien ist das Mittel der Wahl bei der Therapie des ADS. Wie ich oben schon dargestellt habe, werden bei Menschen mit einem ADS die Fülle von Informationen, die das Gehirn erreichen, nicht genügend gefiltert. Daher werden neben den wichtigen auch unwichtige Eindrücke wahrgenommen, so daß die Betroffenen von der Fülle der Informationen überflutet werden.

Stimulanzien sind, wie der Name sagt, aufputschende Medikamente, die die Konzentration der Botenstoffe im Hirn erhöhen. Auch beim ADS bewirken sie eine Vermehrung der Botenstoffe, allerdings vorwiegend im Bereich der hemmenden Nervensysteme. Dadurch wird die Flut der Informationen so vermindert, daß nur noch die wichtigen die Hirnrinde erreichen, was zu einer Normalisierung der gestörten Hirnfunktion und damit auch zu einer Beruhigung des Betroffenen führt.

Spezielle Gesichtspunkte

Bei Kleinkindern und jungen Schulkindern setze ich als Mittel der ersten Wahl Methylphenidat (MedikinetR, RitalinR) ein, welches die Fehleinstellung des Botenstoffsystems im Gehirn korrigiert. Da die Auffälligkeiten der Kinder mit ADS nicht nur in der Schule, sondern vor allem auch in der Familie, im Umgang mit Freunden, bei Freizeitaktivitäten und in allen Beziehungen zutage treten, ist eine Behandlung erforderlich, die auch in diesen Bereichen wirksam wird. In meinen Augen ist es viel wichtiger, daß ein Kind von seiner Familie, seinen Freunden und anderen Menschen akzeptiert und liebevoll oder freundschaftlich angenommen wird, als daß es großartige schulische Erfolge vorzuweisen hat. Da Methylphenidat eine Halbwertszeit von zwei bis vier Stunden hat, das heißt bei manchen Kindern schon nach zwei, bei manchen nach vier Stunden zur Hälfte abgebaut ist, muß es vier- bis fünfmal täglich zugeführt werden, damit eine gleichmäßige Wirkung über den ganzen Tag gewährleistet ist.

Deshalb ist die bei uns übliche Behandlung mit ein bis zwei Dosen, eine größere am Morgen für die Schule und vielleicht noch eine kleinere am frühen Nachmittag, unzureichend. Diese Form der Behandlung deckt nicht einmal den Bedarf während der Schulzeit ab. Man kann sich leicht ausrechnen, daß die Wirkung einer Dosis, die um 7 Uhr verabreicht wurde (rechnet man noch eine halbe Stunde Aufnahmezeit vom Darm in das Blut dazu), zwischen 9.30 Uhr und 11.30 Uhr zur Hälfte abgeklungen ist und damit auch kaum noch wirkt. Nach Abklingen der Methylphenidatwirkung verstärkten sich die Aufmerksamkeits- und Verhaltensstörungen. Dieser Effekt, ist nicht etwa mit einem Entzugssyndrom zu verwechseln. Sonst müßten mit Methylphenidat behandelte Kinder jede Nacht ein Entzugssyndrom entwickeln, weil die letzte Dosis spätestens um 19.00 Uhr, sehr häufig aber schon um 16.00 Uhr gegeben wird. Man kann die Verstärkung der Symptome und den Abfall des Blutspiegels dadurch erklären, daß Kinder den abrupten Übergang von „seine Sinne im Griff haben“ und „nicht mehr wissen, was läuft“ kaum verkraften können. Bildlich gesprochen werden Kinder bei dieser Art der Dosierung einige Stunden ins helle Licht und danach wieder für einige Stunden in den Nebel gestellt. Kinder, die diesen Übergang abrupt erleben, können einfach nicht so rasch umstellen. Dies äußert sich in einer Verstärkung der Symptome, wie folgendes Beispiel zeigt: Steffen, den ich schon im Abschnitt „Mangelhafte Selbstkritik und mangelhafter Bezug zur Realität“ vorgestellt habe, änderte unter der Behandlung mit Methylphenidat sein Verhalten nur in den jeweils ersten drei Schulstunden. Dann benahm er sich noch schlimmer als zuvor. Dies lag daran, daß Steffen das Einnehmen seiner Zehn-Uhr-Dosis regelmäßig vergaß, wodurch sein Medikamentenspiegel soweit abfiel, daß keine Wirkung mehr zu verzeichnen war. Steffens Aggressionen wurden zwischen elf und zwölf Uhr so heftig, daß er mehrere Kinder ernstlich verletzte, dies auch wieder ohne

Einsicht in sein Verhalten. Glücklicherweise half die Umstellung auf Desipramin, einem Antidepressivum, das nur einmal am Tag genommen werden muß. Steffens Verhalten änderte sich danach schlagartig. Er wurde zu einem liebenswürdigen, hilfsbereiten, freundlichen Jungen, der inzwischen ausgeheilt ist und auch ohne Medikament das gleiche Verhalten beibehalten hat.

Als auch ich vor Jahren nur ein bis zwei Dosen pro Tag empfahl, brachen zahlreiche Eltern die Therapie ab mit der Begründung, daß ihr Kind unter der Behandlung zeitweise so ausraste, daß die sehr guten Phasen, die es zweifellos auch hatte, dies nicht ausgleichen könnten.

Vor einigen Jahren erschien in unserer regionalen Zeitung ein Artikel über einen meiner Vorträge, in dem ich die Nebenwirkungen von Methylphenidat als gering bezeichnete hatte. Zahlreiche Eltern, deren Kinder bereits damit behandelt worden waren, riefen mich daraufhin erbost an. Sie meinten, das könne doch wohl nicht mein Ernst sein. Sie selbst hätten festgestellt, daß ihre Kinder während der Methylphenidatbehandlung zum Teil stärkere Symptome gezeigt hätten als vor der Behandlung. Als ich gezielt nachfragte, wann diese Symptome aufgetreten seien, stellte sich heraus, daß dies gegen Mittag und am späteren Nachmittag der Fall gewesen war – also zu der Zeit, in der die Wirkung des Medikaments nachließ. Zu diesem Zeitpunkt reagierten die Kinder besonders aggressiv, impulsiv und oppositionell, wodurch vor allem Schulkameraden zu Schaden kamen. Die Eltern jedoch waren der Meinung, daß es sich um Nebenwirkungen des Medikaments handelte und brachen die Behandlung nach kurzer Zeit ab.

Viele Kinder, die das Medikament nur ein- oder zweimal täglich erhalten, bekommen vor allem morgens eine sehr hohe Dosis, manchmal fast die gesamte Tagesmenge. So erlebe ich immer wieder, daß Kinder mit nur 20 kg Körpergewicht eine morgendliche Dosis von 15 oder sogar 20 mg erhalten, also die maximale Tagesdosis. Bei dieser Menge wirkt das Medikament nicht mehr paradox, das heißt beruhigend, sondern ganz im Gegenteil als Aufputschmittel.

Um zu verstehen, wie das möglich ist, muß man sich vor Augen halten, daß Stimulanzien, wie der Name schon sagt „Aufputschmittel“ sind. Kinder ohne ADS werden durch diese Medikamente tatsächlich aufgeputscht, also unruhig, aggressiv, aufmerksamkeitsgestört, ideenflüchtig, impulsiv. Sie entwickeln also die Symptome eines mit Hyperaktivität einhergehenden ADS. Daher ist es nicht möglich, wie immer wieder behauptet wird, Kinder, die nicht an einem ADS leiden, mit Stimulanzien zu besseren Schulleistungen zu bringen. Die Nebenwirkungen des Medikaments wären bei diesen Kindern so stark, daß die Eltern es schon nach kurzer Zeit absetzen würden. Außerdem würden die Kinder das Medikament verweigern, da sie sich schlecht, aufgeputscht, unruhig und zittrig fühlen würden.

Wie schon ausgeführt, haben Kinder mit einem ADS einen Mangel an Botenstoffen, vor allem im Bereich der hemmenden Nervenbahnen. Die Anhebung der Botenstoffe durch die Stimulanzien führt daher bei ihnen zu einer Normalisierung und Beruhigung. Werden die Botenstoffe jedoch zu stark angehoben, dann werden nicht nur die hemmenden, sondern auch die anregenden Nervenbahnen aktiviert, was wiederum aufputschende Wirkung hat. Daher kann eine zu hohe Dosierung von Stimulanzien, trotz bestehendem ADS, zu einer Verschlechterung der ADS-Symptome führen.

Für mich hat sich in den letzten Jahren folgendes Vorgehen bei der Stimulanzientherapie bewährt: Die maximale Tagesdosis sollte 1 mg Methylphenidat pro Kilogramm Körpergewicht und Tag nicht überschreiten. Das bedeutet, daß ein Kind, das 20 kg wiegt, maximal 20 mg = 2 Tabletten, ein Kind mit 50 kg Körpergewicht maximal 50 mg = 5 Tabletten pro Tag erhalten kann. Da jedes Kind seine eigene wirksame Dosis hat, und es keinerlei verbindliche Dosierungen gibt, muß sich jeder Therapeut langsam an die notwendige Dosierung herantasten. Manche Kinder brauchen nur einen Bruchteil der maximalen Tagesdosis, andere bräuchten eher mehr. Deshalb beginne ich die Therapie mit kleinen Dosen vier- bis fünfmal täglich, die ich im Verlauf mehrerer Wochen langsam steigere. Dieses Vorgehen hat sich aus verschiedenen Gründen bewährt: Das Kind und die Eltern können sich allmählich an die Behandlung gewöhnen. Vergessen sie einmal eine Dosis, so hat das kaum Auswirkungen auf das Verhalten, da auch eine Verbesserung des Verhaltens erst langsam eintritt. Die Eltern sehen also bei den niedrigen Anfangsdosen zunächst kaum eine Veränderung an ihren Kindern. Früher, als ich die Dosis rascher steigerte, veränderten sich die Kinder innerhalb von wenigen Tagen so stark, daß die Eltern den Eindruck bekamen, ihr Kind würde durch das Medikament auf unerträgliche Weise manipuliert und es erschrocken wieder absetzten. Auch wenn ich ihnen erklärte, daß ihr Kind nicht manipuliert würde, sondern jetzt so sein könne, wie es ohne den Botenstoffmangel wäre, wollten sie mir nicht glauben.

Außerdem stellte ich fest, daß die Kinder, wenn ich die Dosis zu rasch steigerte, oft sehr depressiv wurden. Sie zogen sich von ihren Kameraden zurück, wirkten bedrückt, redeten nicht mehr viel und hielten sich vorwiegend in ihrem Zimmer auf. Gerade bei den vormals hyperaktiven Kindern fiel diese Veränderung besonders stark auf. Die Eltern sahen darin verständlicherweise eine schwere Nebenwirkung des Medikaments und setzten das Mittel daher rasch wieder ab.

Diese anfängliche Depression entsteht wohl dadurch, daß die Kinder ihre Umwelt, ihre Bezugspersonen, Freunde und Schulkameraden plötzlich ganz anders erleben. Sie erkennen, daß sie ausgelacht oder abgelehnt werden. Sie sind nun fähig, die Ablehnung durch die anderen nicht nur wahrzunehmen, sondern auch schmerzlich zu fühlen. Als Kinder mit einem ADS sind sie sehr häufig angeschrien worden, weil ihre Bezugspersonen die Erfahrung gemacht hatten, daß sie sonst überhaupt nicht reagierten. Auch diese aggressive Haltung seitens der Umwelt geht jetzt plötzlich tief, schmerzt, verletzt und verwirrt das Kind. Bei einer sehr langsamen Steigerung der Dosis können sich Eltern und Kind ganz allmählich an die mit der Behandlung einhergehenden Veränderungen gewöhnen. Möglicherweise spielt bei der depressiven Symptomatik auch eine Rolle, daß Kinder mit einem ADS durch die dauernden Frustrationserlebnisse im schulischen und sozialen Alltag, von Haus aus nicht viel zu lachen haben und daher unterschwellig depressiv sind. Bei den Hypoaktiven geben dies die Eltern häufig selbst an, bei den Hyperaktiven wird die Depression weniger leicht erkannt, da sie durch die Unruhe, die die Eltern mit Lebhaftigkeit und Fröhlichkeit gleichsetzen, überdeckt wird. Seitdem ich die Dosis ganz langsam steigere, habe ich kaum mehr Therapieabbrüche.

Praktisch gehe ich so vor: Ich beginne die Therapie mit etwa einem Viertel der maximalen Tagesdosis. Bei einem größeren Kind mit 50 kg wären das 12,5 mg am Tag. Diese gebe ich in 5 Einzeldosen zu 2,5 mg, also $\frac{1}{4}$ Tablette jeweils um 7.00, 10.00, 13.00, 16.00 und 19.00 Uhr. Die abendliche Dosis hat sich bewährt, da die Kinder dann am nächsten Morgen deutlich weniger Symptome haben. Falls die Kinder am Abend nicht einschlafen können, kann die Dosis um 19.00 Uhr auch weggelassen werden. Diese Anfangsdosis gebe ich etwa eine Woche und steigere dann langsam weiter: Ich gebe zunächst eine weitere Woche $\frac{1}{2}$, $\frac{1}{2}$, $\frac{1}{4}$, $\frac{1}{4}$, $\frac{1}{4}$, dann in der dritten Woche $\frac{1}{2}$, $\frac{1}{2}$, $\frac{1}{2}$, $\frac{1}{2}$, $\frac{1}{2}$, in der vierten Woche $\frac{3}{4}$, $\frac{3}{4}$, $\frac{1}{2}$, $\frac{1}{2}$, $\frac{1}{2}$, in der fünften Woche 1, 1, $\frac{3}{4}$, $\frac{1}{2}$, $\frac{1}{2}$, in der sechsten Woche 1, 1, 1, $\frac{1}{2}$, $\frac{1}{2}$, und steigere schließlich in der siebten Woche auf $1\frac{1}{2}$, $1\frac{1}{4}$, 1, $\frac{3}{4}$, $\frac{1}{2}$ Tabletten. Damit ist die maximale Tagesdosis erreicht. Ich informiere jedoch die Eltern darüber, daß sie keineswegs bis zur maximal möglichen Tagesdosis steigern müssen, sondern die Dosis geben sollen, mit der ihr Kind am besten zurecht kommt, auch wenn es nur ein Viertel der maximalen Tagesdosis ist.

Die langsame Steigerung hat auch den Vorteil, daß die Eltern jeweils eine Woche Zeit haben, das Verhalten des Kindes unter der entsprechenden Dosis zu beurteilen. Bei jeder Steigerung haben sie wiederum eine Woche Zeit festzustellen, ob sich die höhere Dosierung besser oder schlechter auswirkt. Bei manchen Kindern kann schon die Anfangsdosis so wirksam sein, daß eine weitere Steigerung nicht notwendig wird. Bei anderen Kindern braucht man aber die Maximaldosis, um einen guten Effekt zu erzielen. Die größere Dosis am Morgen hat sich bewährt, da am Vormittag in der Schule ein höherer Botenstoffspiegel benötigt wird als am

Nachmittag für die Freizeit. Bei kleinen Kindern gehe ich entsprechend vor. Bei ihnen muß die Tablette jedoch aufgelöst werden, und zwar eine halbe Tablette in 5 ml oder 1 Tablette in 10 ml Wasser. 1 ml Wasser enthält somit 1 mg der Wirksubstanz. Ein Kind mit einem Körpergewicht von 20 kg erhält als Anfangsdosis ein Viertel der möglichen Maximaldosis, nämlich 5 x 1 mg in 5 x 1 ml Wasser aufgelöst. Ich lasse dann langsam weiter steigern, bis eine zufriedenstellende Wirkung erzielt wird, falls notwendig bis zur Maximaldosis von 20 mg pro Tag. Die Eltern werden gebeten, engmaschig und detailliert über die Auswirkungen der Behandlung zu berichten und bei ungewöhnlichem Verhalten oder Nebenwirkungen sofort bei mir anzurufen.

Da bei jedem Kind mit einem ADS die jeweils optimal wirksame Dosis nur durch Beobachtung seines Verhaltens und der Schulleistungen individuell herausgefunden werden muß, gibt es keinerlei verbindliche Angaben über die Höhe der täglichen Dosis. Die Eltern müssen selbst herausfinden, welche Dosis ihr Kind braucht; manchmal können auch die Beobachtungen des Lehrers nützlich sein.

Zeigt sich bei einer kontinuierlichen Steigerung auf die Höchstdosis, daß wohl eine Verbesserung der Symptome, jedoch kein durchschlagender Erfolg eintritt, steigere ich die Tagesdosis auf maximal 1,2 mg Methylphenidat pro Kilogramm Körpergewicht. Dies ist deswegen sinnvoll, weil die gleichzeitige Nahrungszufuhr die Aufnahme des Medikaments beeinträchtigen kann, da es sich an die Nahrung bindet und damit in geringerem Umfang in das Blut aufgenommen wird. Daher kann Methylphenidat nach heutigen Erkenntnissen unabhängig von den Mahlzeiten eingenommen werden, also auch zu den Mahlzeiten oder nüchtern, was auch den ohnehin häufig appetitlosen Kindern entgegen kommen dürfte.

Bei älteren Kindern und Jugendlichen, die depressiv wirken, beginne ich die Behandlung mit einem Antidepressivum in einer sehr kleinen Dosis, das wie Methylphenidat positiv auf das Botenstoffsystem wirkt und zusätzlich einen stimmungsaufhellenden Effekt hat. Nach mehreren Wochen der Therapie lasse ich dann kleine Mengen Methylphenidat zusätzlich einnehmen und verringere die Dosis des Antidepressivums.

Gelegentlich wirken die Antidepressiva so gut, daß den Eltern eine Behandlung mit Methylphenidat nicht mehr erforderlich erscheint. Dies ist vor allem bei Kindern der Fall, bei denen die Verhaltensauffälligkeiten im Vordergrund stehen. Vor kurzem teilte mir eine Mutter mit, daß ihr 12jähriger Sohn unter der alleinigen Behandlung mit einem Antidepressivum eine solche Verbesserung seiner bis dahin massiven Verhaltensauffälligkeiten gezeigt habe, daß er spontan ohne Antrag der Mutter aus einer Schule für verhaltensauffällige Kinder in eine normale Hauptschule zurückgeschult worden sei.

Bei Kindern, die nicht in der Lage sind, ihr Medikament drei- bis fünfmal täglich einzunehmen, setze ich auf DL-Amphetamin um, das nur zweimal täglich eingenommen werden muß, da es eine wesentlich längere Wirkungsdauer hat. Es hat sich allerdings gezeigt, daß damit stärkere Nebenwirkungen als bei Methylphenidat auftreten.

Bei Erwachsenen beginne ich die Behandlung grundsätzlich mit einem Antidepressivum, worunter es zu einer Stabilisierung der seelischen Befindlichkeit und zu einer oft ganz erstaunlichen Besserung der Symptome des ADS kommt, so daß gelegentlich die Behandlung mit dem Antidepressivum ausreicht.

Wichtig ist, daß das Medikament immer zu den gleichen Zeiten gegeben wird, wobei Schwankungen von 10 bis 30 Minuten noch im Rahmen sind und keine wesentliche Beeinträchtigung des Behandlungserfolgs darstellen. An den Wochenenden und in den Ferien, wenn die Kinder länger schlafen, kann die erste Dosis um 10.00 Uhr gegeben werden. Wenn der Tag dann aber bis spät in die Nacht hinein reicht, ist es sicherlich sinnvoll, um 19.00 Uhr, notfalls auch später, noch eine Dosis zu geben.

Vor etwa drei Jahren rief mich kurz vor Mitternacht eine verzweifelte Mutter an, die mich bat, ihren Sohn in die psychiatrische Klinik einzuweisen. Da es sich nicht um einen meiner Patienten handelte, habe ich mir die Vorgeschichte und die Ereignisse, die zu einer Einweisung in eine psychiatrische Klinik führen sollten, ausführlich schildern lassen. Danach handelte es sich um einen hyperaktiven Jungen, der täglich vier Dosen Methylphenidat erhielt. An jenem Abend fand eine Schulfeier statt. Gegen 22.00 Uhr wurde der Junge von einem Lehrer wegen seiner zerrissenen Jeans gehänselt. Der Junge sah rot und schlug seinen Lehrer daraufhin zusammen. Hätte die Mutter dem Jungen um 19.00 Uhr noch eine Dosis Methylphenidat gegeben, wäre es sicherlich nicht zu diesem Vorfall gekommen. Ich habe die Mutter über diese Zusammenhänge aufgeklärt und ihr empfohlen, künftig auf eine durchgehende Behandlung zu achten. Eine Einweisung in die Psychiatrie hielt ich nicht für angebracht.

Es gibt noch eine ganze Reihe von Medikamenten, die für die Behandlung von Kindern mit einem ADS empfohlen werden. Dabei handelt es sich hauptsächlich um andere Stimulanzien (z.B. Amphetaminsulfat, das eine wesentlich längere Halbwertszeit hat als Methylphenidat), um Antidepressiva, z.B. Desipramin (PertofranR), die auch ich einsetze, zum Teil in Kombination mit Methylphenidat sowie um MAO-Hemmer, wie Moclobemid (AurorixR), das eine sehr gute Wirkung haben kann. Es gibt Kinder, die auf das eine Medikament ansprechen auf das andere nicht, so daß manchmal mehrere Medikamente ausprobiert werden müssen.

Nebenwirkungen der Medikamente

Die Nebenwirkungen von Methylphenidat sind gering, auch wenn im Beipackzettel eine Unmenge möglicher Nebenwirkungen aufgeführt sind. Diese Nebenwirkungen werden aus juristischen Gründen so ausführlich dargestellt, da sonst jeder Patient, der irgendeine Nebenwirkung bei sich bemerkt, die Firma verklagen könnte. Er könnte dann argumentieren, er hätte das Medikament nicht eingenommen, wenn er über die Nebenwirkungen informiert gewesen wäre. Nach Trott (Süddeutsche Zeitung Nr. 85, April 1996) liegen zu Methylphenidat außergewöhnlich viele Erfahrungen vor, da in den USA 6 bis 8 Prozent aller Kinder und Jugendlichen dieses Medikament erhalten.

Wenn man weiß, daß bei gravierenden Nebenwirkungen eines Medikaments in den USA Regresse in Millionenhöhe eingeklagt werden, würde kein Arzt in den USA das Medikament verordnen, wenn es schwere Nebenwirkungen hätte. Nach Trott kann grundsätzlich davon ausgegangen werden, daß Methylphenidat in mittleren Dosierungen (bis 1 mg pro Kilogramm Körpergewicht und Tag) kaum Nebenwirkungen verursacht.

Zu Beginn der medikamentösen Behandlung kann es zu Übelkeit und Einschlafstörungen kommen. Nach meiner Erfahrung leiden die Kinder selten unter Übelkeit, aber sehr häufig unter Einschlafstörungen. Diesen kann man entgegen wirken, indem man die letzte Dosis Methylphenidat um 16.00 Uhr verabreicht. Kommt es dennoch zu Einschlafstörungen, kann man versuchen, direkt vor dem Schlafengehen eine kleine Dosis Methylphenidat zu geben. Dies kann deshalb sinnvoll sein, weil die Einschlafstörungen häufig durch das Absinken des Methylphenidatspiegels verursacht werden, wodurch die ADS-bedingte Unruhe das Einschlafen verhindert. Durch die Gabe von Methylphenidat direkt vor dem Schlafengehen kann dessen beruhigende und entspannende Wirkung zum raschen Einschlafen führen.

Sehr häufig kommt es zu Störungen des Appetits mit Gewichtsabnahme. Unglücklicherweise betrifft dies aber gerade die schlanken Kinder, während dicke Kinder unter der Behandlung fast immer zunehmen. Die Appetitlosigkeit kann so stark sein, daß man vorübergehend das Medikament absetzen oder die Dosis reduzieren muß. Glücklicherweise hält die Appetitminderung nur einige Monate an, wonach die Kinder wieder einen guten Appetit entwickeln und an Gewicht zunehmen.

Unter der Stimulanzientherapie zeigen die Kinder oft einen recht gespannten Gesichtsausdruck mit großen Augen, dunklen Augenrändern und blasser Gesichtsfarbe. Die Eltern erschrecken oft darüber und fürchten, daß das Medikament die Kinder krank gemacht habe. Es ist aber nur die Folge einer gewissen Engerstellung der Blutgefäße, was die Blässe verursacht und einer höheren Muskelspannung der Oberlider, die das Auge größer erscheinen läßt, was beides völlig harmlos ist.

Andere Nebenwirkungen wie Bauchschmerzen, Schwindel, Irritierbarkeit und Stimmungsschwankungen legen sich meist schon nach kurzer Zeit. Auch kommt es vor, daß sich die Kinder zurückziehen und depressiv oder apathisch werden. Seitdem ich mit der Behandlung behutsam beginne, habe ich solche depressiven Verstimmungszustände nur noch selten gesehen. Treten sie dennoch auf, genügt es, die Dosis zu vermindern. Kopfschmerzen, Herzklopfen und innere Unruhe sind meist Überdosierungserscheinungen und klingen nach einer Verminderung der Dosis wieder ab. Sehr selten treten unter der Behandlung Tics auf (Blinzel-, Grimassier- und Räuspertics), aber auch stärkere Drehbewegungen des Kopf-Nacken-Bereichs. Solche Tics haben sich bei meinen Patienten in allen Fällen durch eine Verminderung der Dosis wieder gegeben. Dagegen habe ich mehrere Kinder erlebt, die ihre schon vor der Behandlung bestehenden Tics durch die Therapie mit Methylphenidat verloren haben. Äußerst selten treten Verwirrtheitszustände auf, die nach Absetzen des Medikaments wieder verschwinden. Nach Trott kann das Mittel auch Epileptikern gegeben werden. Man muß nur den Spiegel des Antiepileptikums im Blut engmaschiger kontrollieren, da es unter Methylphenidat zu einer Erhöhung kommen kann, so daß ggf. die Dosis des Antiepileptikums gesenkt werden müßte. Es gab Hinweise, daß es unter der Behandlung mit Stimulanzien zu einem verminderten Wachstum kommen kann. Dies konnte durch amerikanische Studien widerlegt werden, die zeigten, daß die Stimulanzienbehandlung die Endgröße nicht beeinflußt.

Die größte Sorge der Eltern ist die, daß ihre Kinder abhängig werden könnten. Sie ist völlig unbegründet, da weltweit keine einzige Untersuchung einen Hinweis darauf ergeben hat. Dennoch können Stimulanzien nur mit einem Betäubungsmittelrezept verordnet werden, da sie als Aufputschmittel mißbraucht werden können. Es wird von Fernfahrern eingenommen, die auf langen Strecken nicht einschlafen und von Jugendlichen, die ihre nächtelangen Technoparties durchstehen wollen. Auch in der Drogenszene spielen sie als Zusatzstoff zu vielen anderen Suchtmitteln eine Rolle, aber auch als eigenständige Droge, allerdings in wesentlich höheren Mengen. Die in Deutschland übliche Höchstdosierung von 1 mg pro Kilogramm Körpergewicht und Tag birgt weder für das Kind noch für Erwachsene die Gefahr einer Abhängigkeit. Antidepressiva haben eine ganze Reihe von Nebenwirkungen. Sie treten allerdings bei den niedrigen Dosen, die bei der Behandlung des ADS benötigt werden, nur selten auf.

3. Psychotherapie

Tiefenpsychologisch orientierte Therapien – Spieltherapie

Die tiefenpsychologisch orientierte Psychotherapie geht davon aus, daß Verletzungen der kindlichen Seele, vor allem durch die Eltern oder andere Bezugspersonen, die Ursache für die Probleme des Patienten sind. Diese dem Betroffenen nicht bewußten Verletzungen seiner kindlichen Seele werden mit bestimmten Verfahren bewußt gemacht, damit er das Problem bearbeiten kann. Diese Techniken, die für Erwachsene entwickelt wurden, sind jedoch bei Kindern nicht anwendbar. Es wurden deshalb für den therapeutischen Umgang mit Kindern eigene Methoden entwickelt. Bei der Spieltherapie schaut der Therapeut den Kindern beim Malen und Spielen zu, in der Hoffnung, daß es seinen inneren Konflikt bildhaft oder spielerisch zum Ausdruck bringt. Zugleich bietet das Spielenlassen und das ruhige Zuschauen dem Therapeuten eine Möglichkeit, das Vertrauen des Kindes zu gewinnen. Erst wenn ein gutes Vertrauensverhältnis hergestellt ist, kann sich das Kind öffnen. Während das Kind spielt, spricht der Therapeut mit dem Kind über das, was es gerade macht und kann dadurch in die Problematik des Kindes einsteigen. Das Spielen oder Malen hat aber auch die Funktion, Konflikte zu bewältigen. Beim Darstellen konflikthafter Situationen kann sich das Kind zugleich mit ihnen auseinandersetzen und Spannungen abbauen. Auch die Eltern werden in eine solche Therapie einbezogen; sie lernen das Problem ihres Kindes kennen und verstehen und haben so die Möglichkeit, neue

Beziehungs- und Verhaltensmuster im Umgang mit ihrem Kind zu entwickeln.

Es besteht heute in Fachkreisen kein Zweifel mehr daran, daß tiefenpsychologisch orientierte Psychotherapie und also auch die Spieltherapie bei Kindern mit einem ADS als Erstbehandlung nutzlos ist. Ihre Verhaltensstörungen sind ja nicht durch einen auf die Kindheit zurückgehenden seelischen Konflikt bedingt, sondern die Folge einer Störung im Botenstoffsystem des Gehirns. Diese muß zuerst beseitigt werden, bevor eine Psychotherapie überhaupt Aussicht auf Erfolg haben kann. Steinhausen geht sogar so weit, zu sagen, daß diese Therapieformen bei Kindern mit einem ADS kontraindiziert seien: Sie, die ständig Probleme mit ihrer Umwelt haben, werden nun plötzlich vom Therapeuten im Spiel angenommen, können tun und lassen, was sie wollen und erleben einen Menschen, der ihnen voll zugewandt ist und offensichtlich ihr Verhalten toleriert. Beim Vergleich mit Eltern, Geschwistern, Freunden und Lehrern schneiden diese dann zwangsläufig ziemlich schlecht ab, was wiederum dazu führen kann, daß das Kind sich diesen Menschen gegenüber nun noch aufsässiger verhält als zuvor.

Bei gleichzeitiger medikamentöser Behandlung kann eine Spieltherapie jedoch durchaus sinnvoll sein, damit das Kind neue Erfahrungen machen, Einsichten gewinnen und neue Verhaltensformen lernen kann. Alle Therapeuten, die ADS-Kinder mit Spieltherapie behandeln, sollten über diese Zusammenhänge informiert sein. Leider ist das meistens nicht der Fall. Eltern berichten mir immer wieder, daß Psychotherapeuten eine Behandlung ablehnen, sobald sie hören, daß das Kind Stimulanzien erhält. Das Kind sei nicht mehr „es selbst", weil es unter Medikamenten stehe, meinen sie. Solche Therapeuten verkennen den tatsächlichen Sachverhalt. Das Kind ist ohne Behandlung mit Stimulanzien nicht „es selbst" und erreicht erst durch die medikamentöse Behandlung einen Zustand, in dem es einer Psychotherapie zugänglich wird. Mit Spieltherapie behandelte ADS-Kinder werden mir daher häufig von völlig frustrierten Eltern nach monate- oder jahrelanger völlig erfolgloser Therapie vorgestellt. Vor Beginn jeder Psychotherapie sollte daher immer abgeklärt werden, ob der Patient nicht an einem ADS leidet. Dies kann auch beim Erwachsenen sinnvoll sein, wie das folgende Beispiel zeigt.

In der Zeit meiner Ausbildung zur Psychotherapeutin hatte ich eine sehr eindrucksvolle Erfahrung. Ich behandelte damals unter Supervision (das heißt, ich behandelte den Patienten, der gesamte Behandlungsverlauf wurde jedoch von einem erfahreneren Psychotherapeuten überwacht) einen überdurchschnittlich begabten jungen Mann, der vor allem Probleme in der Beziehung zu anderen Menschen hatte. Zum damaligen Zeitpunkt hatte er eine Freundin, die ihn aber schon bald mit dem Hinweis, sie könne es mit ihm nicht aushalten, verließ. Bei einer neuen Freundin erging es ihm nicht anders.

Die Psychotherapie dieses jungen Mannes gestaltete sich recht zäh. Er begriff alles, was ich mit ihm diskutierte, aber er machte in seiner psychischen Entwicklung nicht den geringsten Fortschritt. Nach etwa zweieinhalbjähriger ergebnisloser Behandlung bat ich ihn, sich einen anderen Psychotherapeuten zu suchen. Mein Lehrtherapeut rügte mich wegen dieses Verhaltens recht heftig und meinte, man könne doch einen Patienten nicht einfach im Stich lassen. Ich selbst war anderer Meinung. Ich denke, daß eine Psychotherapie, die zweieinhalb Jahre keinerlei Erfolg zeigt, auch weiterhin erfolglos bleiben wird. Eine Beendigung der Therapie erspart dem Patienten und der Krankenkasse viel Zeit und Geld.

Viele Jahre später traf ich ihn wieder. Er berichtete mir, daß er noch einige weitere erfahrenere Psychotherapeuten „ausprobiert“ habe, die sich aber an ihm auch die Zähne ausgebissen hätten. Auch sie hätten bei ihm keinen Erfolg gehabt. Nach wie vor sei er ohne dauerhafte Partnerin. Viele Frauen hätten es inzwischen mit ihm und er mit ihnen versucht, alle hätten jedoch schon nach kurzer Zeit aufgegeben. Er selbst könne sich das auch nicht erklären. Er habe einen attraktiven Beruf, sehe gut aus und sei doch eigentlich ein netter Mensch.

Als ich einige Zeit später erfuhr, daß es auch ein ADS ohne

Hyperaktivität gibt, fiel mir dieser Patient spontan wieder ein. Zufällig traf ich ihn einige Monate später auf der Straße. Ich erzählte ihm von meinem Verdacht, den er zugleich als Diagnose akzeptierte. Er bat mich, ihn medikamentös zu behandeln. Die Therapie zeigte einen erstaunlichen Erfolg. Innerhalb weniger Wochen machte er in seiner psychischen Entwicklung größere Fortschritte als je zuvor in der Psychotherapie.

Familientherapie

In der Familientherapie werden die Mitglieder einer Familie entweder gemeinsam oder getrennt behandelt. Ziel ist es, die Beziehungen in der Familie und deren Funktion zu verbessern. Allerdings wird dies in einer Familie, in der ein oder mehrere Kinder und mindestens auch ein Elternteil an einem ADS leiden, kaum möglich sein, da nicht psychische, sondern organische Ursachen für die Probleme der Familie verantwortlich sind.

Auch hier gilt: Eine Familientherapie als erster Schritt einer Behandlung ist völlig ungeeignet, da die Menschen erst dann anfangen können ihr Problem zu verstehen, wenn eine medikamentöse Behandlung die Grundlage dafür geschaffen hat. Danach kann eine Familientherapie jedoch viel Positives bewirken und viel zum Verständnis der anderen Familienmitglieder beitragen. Ich habe eine Familie erlebt, in der die Mutter und vier von fünf Kindern an einem ADS litten. Unglaubliche Beschimpfungen, Streit, Prügeleien, Eigentumsdelikte, Alkoholmißbrauch bis hin zu massiven Verhaltensproblemen in der Schule waren in dieser Familie an der Tagesordnung. Weniger stark waren die Leistungsprobleme, da alle Kinder einschließlich der Eltern weit überdurchschnittlich begabt waren. Als die betroffenen Kinder und auch die Mutter unter einer Therapie mit Methylphenidat eine ungeheuer starke Veränderung ihres Verhaltens durchmachten, wollten Nachbarn, Lehrer und Freunde diese Veränderung zunächst nicht akzeptieren. Sie glaubten, das ungewohnte Verhalten sei nur der neueste Trick der Familie, um im stillen weiterhin Unheil zu stiften.

Alle Gespräche mit den Lehrern und Nachbarn änderten nichts an dieser Einstellung. Gab es irgendwo in der Gemeinde Ärger, suchte man die Schuld bei dieser Familie. Die verständnislose Haltung der Umwelt führte dazu, daß die Familie allmählich immer mehr in eine „Familiendepression" versank, was die Beziehungen unter den Familienmitgliedern noch mehr belastete. Schließlich empfahl ich eine Familientherapie, die einen sehr guten Erfolg zeigte. Die Familienmitglieder bekamen so Gelegenheit, nicht nur ihre gestörten gegenseitigen Beziehungen zu durchleuchten, sondern auch neue Beziehungsmuster zu verinnerlichen. Sie half ihnen auch im Umgang mit den zunächst verständnislosen Nachbarn und Lehrern. Inzwischen geht es drei der betroffenen Kinder und auch der Mutter recht gut, und sie werden langsam auch in der Gemeinde akzeptiert. Der Jüngste hat noch Probleme, da sich bei ihm die Einstellung der Medikamente recht problematisch gestaltete. Schließlich gelang es mir, durch die Kombination eines Antidepressivums und kleiner Mengen Methylphenidat, ein stabiles Verhalten zu erreichen.

Verhaltenstherapie

Bei der Verhaltenstherapie geht es im Prinzip darum, Schritte in die richtige Richtung mit angenehmen, Schritte in die falsche Richtung mit unangenehmen Erfahrungen und Empfindungen zu verbinden. Werden diese positiven oder negativen Rückmeldungen immer in der gleichen Weise gegeben, kann das Verhalten positiv oder negativ beeinflußt werden.

Übertragen auf die Situation des Kindes bedeutet dies, daß eine erwünschte Handlung belohnt und so mit einer positiven Erinnerung gekoppelt wird; auf diese Weise wird das erwünschte Verhalten gelernt, bis das Kind schließlich auch ohne Belohnung dieses Verhalten zeigt. Unerwünschtes Verhalten wird dagegen ignoriert. Ähnlich wirken Verstärker, die bei allen Lernprozessen eine Rolle spielen: Der Säugling, der die ersten Töne von sich gibt, bringt die Mutter zum Lächeln und vielleicht auch dazu, ihn zu streicheln, was ihn wiederum bestärkt, weiterhin solche

Töne zu produzieren. Auch das schulische Lernen wird von solchen positiven Verstärkern bestimmt: Bringt ein Kind eine gute Note nach Hause, lächelt die Mutter und freut sich, wodurch das Kind in seinen Bemühungen zu lernen bestärkt wird.

Die Verhaltenstherapie führt seelische Störungen nicht wie die Tiefenpsychologie auf frühkindliche Konflikte zurück. Sie unterscheidet lediglich erwünschtes und unerwünschtes Verhalten und befaßt sich mit den gegenwärtigen Problemen des Patienten. Die Änderung des Problemverhaltens ist ihr Ziel. Dieses Ziel wird vor Beginn der Therapie klar definiert, und es wird ein individueller Therapieplan ausgearbeitet. Erlernte, unerwünschte Verhaltensweisen sollen in erwünschte überführt werden. Das Bemühen, neue erwünschte Verhaltensmuster einzuüben, wird durch die positive Reaktion der Umwelt verstärkt. Sind die neuen Verhaltensweisen eingeübt, werden sie auf neue, für den Patienten noch schwierigere Situationen übertragen. Unerläßlich ist dabei die Mitarbeit der wichtigsten Bezugspersonen des Patienten, wobei jeder Schritt in der Therapie mit allen Beteiligten durchgesprochen wird.

Diese Art der Therapie hat sich bei ADS-Patienten bisher am besten bewährt. Auch sie hat jedoch nur dann Erfolg, wenn eine entsprechende medikamentöse Therapie die Voraussetzungen dafür geschaffen hat.

4. Autogenes Training

Das Autogene Training hat sich in meiner Praxis nicht einmal bei Kindern mit leichteren psychogenen Störungen wie Ängstlichkeit, Schulangst, Unruhe und Schlafstörungen bewährt. Es ist ein Verfahren, das ab dem zehnten Lebensjahr zwar offiziell empfohlen, jedoch von Kindern so gut wie nie konsequent durchgeführt wird. Hyperaktive halten eine längere Entspannungsphase ohne äußere Aktivität gar nicht durch, Hypoaktive versinken sofort in ihre Tagträume und machen nur mechanisch bei den Übungen mit.

5. Psychomotorische Übungsbehandlungen

Die motorische Entwicklung des Kindes steht in engem Zusammenhang mit seiner psychischen Entwicklung. Ist zum Beispiel die Motorik eines Kindes durch eine minimale Bewegungsstörung eingeschränkt, wirkt sich dies auch auf die geistige und seelische Entwicklung aus. Die Psychomotorik soll Kindern helfen, ihre motorische Geschicklichkeit zu verbessern, um dadurch auch ein besseres Selbstbewußtsein und Selbstvertrauen sowie eine größere Leistungsfähigkeit zu erreichen.

Eine Vielzahl von Übungsfeldern stehen zur Verfügung: Laufen, Springen, Steigen, Klettern, Gleichgewichts- und Geschicklichkeitsübungen.

Auch hier ist eine begleitende medikamentöse Behandlung unabdingbar, da die gestörte Motorik hauptsächlich durch einen Mangel an Botenstoffen bedingt ist. Erst wenn diese Störung beseitigt wird, kann durch gezieltes psychomotorisches Üben die verbleibende motorische Ungeschicklichkeit verbessert werden.

6. Heilpädagogik

Die Heilpädagogik hat sich die Förderung schwererziehbarer, körperlich oder geistig geschädigter oder schwach begabter Kinder zur Aufgabe gemacht. Heilpädagogische Arbeit ist zunächst einmal Beschäftigungstherapie. Dazu gehören Tätigkeiten wie Malen, Basteln, Weben, Stricken, Nähen, Emaillieren, Batiken usw. Neben den Tätigkeiten, die die Feinmotorik fördern, ist es wichtig, daß die Kinder die Möglichkeit zum schöpferischen Gestalten bekommen. Selbstvertrauen und Lebensfreude werden auf diese Weise verbessert. Gruppenarbeit ist in der Heilpädagogik deshalb von Bedeutung, weil sie die Kooperation und die Kommunikation fördert. Zu den heilpädagogischen Maßnahmen gehört auch die Spieltherapie im weitesten Sinne. Sie ermöglicht es, der Phantasie freien Lauf zu lassen.

7. Ergotherapie

Ergotherapeuten behandeln Menschen mit Teilleistungsschwächen, mit Störungen in der Fein- und Grobmotorik, der Tiefensensibilität, des Tastsinns, des Gesichtsinns, des Gleichgewichts, des Geschmacks-, Geruchs- und des Gehörsinns. Verhaltensauffälligkeiten, welche durch Störungen dieser Sinnesorgane verursacht sind, werden dadurch günstig beeinflußt

Einleitend ist bei ADS-Kindern eine Stimulation der Berührungsempfindung (Jakob, 1999), der Tiefensensibilität und der Gleichgewichtsempfindung sinnvoll, da diese bei Kindern mit einem ADS so gut wie immer gestört sind. Erst wenn diese Sinnesempfindungen harmonisch zusammenspielen, wenn das Kind sich selbst richtig fühlt, weiß wo oben und unten und wo seine Körpermitte ist, sind weitere Behandlungsschritte erfolgreich. Es folgt ein feinmotorisches Training, da die meisten ADS-Kinder ausgeprägte feinmotorische Defizite haben. So wird zum Beispiel zuerst mit dicken Stiften gemalt, und erst langsam werden dünnere Stifte verwendet. Bei Holzarbeiten werden zuerst grobe Arbeiten gemacht, die das Kind ohne größere Probleme bewältigen kann, und dann erst werden feinere Arbeiten in Angriff genommen. Das Kind soll aus seiner Phantasie arbeiten und bestimmt den Arbeitsablauf selbst.

Hyperaktive haben oft Ideen, die kaum zu realisieren sind – sie können bei den handwerklichen Arbeiten lernen, realistische Gegebenheiten zu akzeptieren. Viele haben auch ein überempfindliches Gleichgewichtssystem und Angst vor Höhe; auch derartige Einschränkungen können durch spezielle Übungen behandelt werden.

Nach der Untersuchung von Huss ist die Ergotherapie neben der medikamentösen Therapie die einzige Behandlungsart, die einen, wenn auch geringeren, positiven Effekt auf die Langzeitprognose von Kindern mit einem ADS hat. Erklärt hat Huss diese Wirkung damit, daß möglicherweise durch die Lernstrategien der Ergotherapie eine bessere Vernetzung der Hirnnerven zustande komme.

8. Therapie der Hyperaktivität

Therapieprogramme für hyperaktive Kinder

In den letzten Jahren sind eine Reihe von Therapieprogrammen zur Behandlung von hyperaktiven Kindern entwickelt worden. Sie bauen alle auf der Verhaltenstherapie auf und haben zum Ziel, das Verhalten des Kindes so zu verbessern, daß Eltern, Erzieherinnen und Lehrer weniger Probleme mit ihm haben. Im Gegensatz zur Stimulanzientherapie ist jedoch keines dieser Programme in der Lage, das gestörte Botenstoffsystem der Kinder mit einem ADS zu normalisieren, was diesen Kindern erst erlauben würde, ihr Verhalten selbst zu bestimmen und ihre Probleme dauerhaft zu lösen. Daher haben solche Programme bei Kindern mit einem ADS im besten Fall einen „Dressureffekt", der zwar die Wünsche der Bezugspersonen befriedigt, aber nicht zur Verbesserung der Befindlichkeit des Kindes beiträgt.

Sie stabilisieren weder sein Selbstwertgefühl noch verändern sie die meist vorhandene depressive Grundstimmung, und sie ermöglichen ihm auch nicht, aus eigener Kraft sein Verhalten zu bestimmen, Freunde zu gewinnen und Leistungen zu erbringen, die seiner Begabung entsprechen.

Ernährung

Vermeiden von hirnstoffwechselaktiven Substanzen und Giften

Wie ich im Kapitel „Ursachen" schon ausführte, können verschiedene Stoffe wie Glutaminsäure, Blei und Quecksilber eine Hyperaktivität hervorrufen. Da diese Wirkung auch bei Kindern ohne ADS möglich ist, kann man sich vorstellen, daß solche Stoffe ein ohnehin schon hyperaktives Kind noch unruhiger machen können.

Glutaminsäure: Da sie in den meisten Fertiggerichten, in Würzmischungen, in Hartkäse und Hartwürsten, Sojasoße und

Hefeextrakten enthalten ist, erscheint es mir sinnvoll, solche Produkte bei der Ernährung von hyperaktiven Kindern zu meiden. Grundsätzlich sollte der Speiseplan von Kindern möglichst nur natürliche Stoffe und so selten wie möglich Fertigprodukte enthalten.

Blei: Eine gute Versorgung mit Mineralien und Spurenelementen (Kalzium, Eisen, Zink, Kupfer, Selen), mit den Vitaminen B und C sowie hochwertigem Protein kann die Aufnahme von Blei und dessen Giftigkeit verringern.

Quecksilber: Zur Entgiftung eignet sich besonders das Spurenelement Selen.

Verschiedene Diäten

Feingold-Diät

Die Diät nach Feingold verbietet alle künstlich gefärbten Lebensmittel, alle Nahrungsstoffe, die das Antioxydans BHT (E321 = Butylhydroxytoluol) enthalten sowie alle Nahrungsmittel, die natürliche Salicylate enthalten. Daß Feingold auch Salicylate verbot, war die Folge seiner Beobachtung, daß Patienten, die gegen Tartrazin, einen gelben Farbstoff, allergisch sind, dies häufig auch gegen Acetylsalicylsäure (Aspirin) waren. Folgende Gemüse und Früchte sind bei der salicylfreien Diät verboten: Äpfel, Aprikosen, Heidelbeeren, Stachelbeeren, Erdbeeren, Himbeeren, schwarze Johannisbeeren, Trauben und alle aus Trauben hergestellten Produkte, Rosinen, Mandeln und Tomaten. Erlaubt sind Pfirsiche, alle Zitrusfrüchte und Pflaumen.

Daß die kleinen Mengen an Salicylsäure, die die o. g. Gemüse und Früchte enthalten, ursächlich für die Hyperaktivität sein sollen, ist schwer vorstellbar. Allerdings werden künstliche Farbstoffe auch von anderen Untersuchern immer wieder als Ursache für Hyperaktivität genannt. Calatin versucht diesen Zusammenhang zu klären, indem sie darauf hinweist, daß hyperaktive Kinder häufig einen Enzymdefekt haben, wodurch bestimmte giftige Substanzen wie Phenole weniger gut ausgeschieden werden können. Bestimmte Lebensmittelfarbstoffe hemmen dieses Enzym nun noch zusätzlich, so daß daraus eine krankmachende Wirkung entstehen könnte.

Phosphatarme Diät

Die phosphatarme Diät empfiehlt, auf folgende Lebensmittel möglichst weitgehend zu verzichten: Eier, Kakao und Schokolade, Nüsse, Mandeln, Eßkastanien sowie daraus hergestellte Produkte. Vollkornprodukte wie Haferflocken und Müsli, Milch, Quark, Käse, die meisten Früchte, vor allem Zitrusfrüchte. Weiterhin Brühwürste (Wiener, Frankfurter, Bockwurst, Lyoner, Bratwurst), Speiseeis, Puddingpulver zum Kaltanrühren, Fertigpuddings, Schmelzkäse, Kondensmilch, Softdrinks und coffeinhaltige Erfrischungsgetränke, Backpulver und alle mit Backpulver hergestellten Getränke. Auch Zucker und alle mit Zitronensäure oder Citrat (E330 – 333) hergestellten oder künstlich gefärbten Lebensmittel sollten gemieden werden. Daß Phosphate eine wesentliche Ursache für die Hyperaktivität darstellten, ist inzwischen widerlegt, wobei einzelne Kinder durchaus negativ auf Phosphate reagieren können, wie auch auf andere Allergene. Allerdings könnte die unter phosphatarmer Kost häufig nachgewiesene Verbesserung der Symptome dadurch bedingt sein, daß dabei wichtige Allergene wie Milch, Käse, Zitrusfrüchte und künstliche Farbstoffe weggelassen werden.

Oligoantigene Diät nach Egger

Wie ich im Kapitel „Ursachen“ schon ausgeführt habe, hat Egger festgestellt, daß folgende Nahrungsmittel hyperaktives Verhalten auslösen können. Sie werden nach der Häufigkeit, mit der sie hyperaktives Verhalten auslösen, aufgelistet: Farb- und Konservierungsstoffe, Kuhmilch, Schokolade, Trauben, Weizen, Zitrusfrüchte, Käse, Eier, Erdnüsse, Mais, Fisch, Hafer, Melonen, Tomaten, Ananas, Zucker, Rind, Bohnen, Erbsen, Malz, Apfel,

Schweinefleisch, Birnen, Huhn, Kartoffel, Tee, Kaffee, gemischte Nüsse, Gurken, Bananen, Karotten, Pfirsich, Lamm, Truthahn, Reis, Hefe, Aprikosen, Zwiebel. Daher enthält seine oligoantigene Diät die wichtigsten dieser Stoffe nicht.

Ein Beispiel für eine oligoantigene Diät:

Kohlenhydrate: Reis, Kartoffeln, Pfeilwurz

Fleisch: zwei Fleischsorten, z. B. Lamm und Truthahn

Gemüse: zwei Gemüsesorten aus folgenden Arten: Kohl, Blumenkohl, Spargelkohl, Karotten, Sellerie, Gurken, Melonen, Kürbis, Zwiebel, Lauch

Früchte: zwei Fruchtsorten aus folgenden Arten: Apfel, Birne, Banane, Aprikose, Pfirsich, Ananas

Fett: Milchfreie Margarine, Sonnenblumenöl

Getränke: Säfte aus den gewählten Früchten, Leitungswasser, Quellwasser, Mineralwasser, Kräutertees

Verschiedenes: Salz, Pfeffer, Kräuter

Kalzium: 300 mg am Tag

Multivitamine

Hyperaktives Verhalten im Rahmen des ADS, aber auch ohne ADS, kann durch die oben genannten Diäten beeinflußt werden, sofern Stoffe weggelassen werden, die direkt zu einer Hpyeraktivität führen oder allergische Reaktionen auslösen. Bei Kindern mit einem ADS können sie jedoch nur zu einer Linderung der Symptome führen, da die zugrunde liegende Störung im Botenstoffsystem dadurch nicht beeinflußt wird.

Ich habe viele Eltern erlebt, die die verschiedensten Diäten durchgeführt haben und fast immer über eine Verbesserung der Symptome berichteten, doch nie wurde der Durchbruch erzielt. Jede der oben vorgestellten Diäten führte jedoch zu einer enormen Belastung der Familie, da verständlicherweise die gesamte Familie die dem Kind verordnete Diät einhalten mußte. Besonders bei den Geschwistern gab es große Verstimmungen, weswegen sie das ADS-Kind noch mehr ablehnten. Außerdem läßt sich eine solche Diät bei Kindergarten- und Schulkindern kaum durchführen, da sich diese von Freunden und Mitschülern mit den verbotenen Nahrungsmitteln versorgen lassen. Es gibt aber immer wieder Eltern, die es unter größten Anstrengungen wirklich schafften, die entsprechenden Diäten einzuhalten. Doch auch diese Eltern erzielten keinen durchschlagenden Erfolg, der erst dann eintrat, als ihre Kinder Stimulanzien erhielten. Zugleich machten sie die Erfahrung, daß sich unter dem Einfluß einer Behandlung mit Stimulanzien die Familiensituation entspannte, während sie unter Diät zum Teil äußerst angespannt war.

9. Festhaltetherapie

In den Jahren, in denen ich nur Kinder mit sehr starken Verhaltensauffälligkeiten mit Stimulanzien behandelte, wurden mir natürlich auch zahlreiche hyperaktive Kinder mit leichteren, die Eltern-Kind-Beziehung jedoch gleichfalls belastenden Symptomen vorgestellt.

Zunächst führte ich eine tiefenpsychologisch orientierte Psychotherapie durch. Sie war jedoch so erfolglos, daß ich nach wenigen Versuchen aufgab. Die Festhaltetherapie dagegen, mit der ich im Jahre 1987 die ersten Erfahrungen gemacht hatte, zeigte so gute Erfolge, daß ich sie Eltern von verhaltensgestörten Kindern seither in zunehmendem Maße empfehle. Bei vielen hyperaktiven und hypoaktiven Kindern bewirkte diese Therapie eine deutliche Besserung der Symptome.

Es stellt sich die Frage, warum gerade die Festhaltetherapie bei einer angeborenen Störung des Botenstoffsystems zu einer wesentlichen Verbesserung der Symptome führt. Geht man davon aus, daß viele Verhaltensstörungen und seelischen Erkrankungen im Kindesalter durch Störungen in der Liebesbeziehung zwischen Mutter bzw. Eltern und Kind verursacht werden, wird man sich nicht wundern, wenn dies bei hyperaktiven Kindern in besonderem Maße der Fall ist. Da hyperaktive Kinder die Mutter schon als Säuglinge durch verstärkte Unruhe und Schlafstörungen plagen, entwickelt diese verständlicherweise – bewußt oder unbewußt – ablehnende Gefühle. Das Kind mit seinem feinen Gespür nimmt dies sehr genau wahr und bekommt Angst, die Liebe der Mutter zu verlieren. Je jünger das Kind ist, desto verletzlicher ist es, und um so größer wird diese Angst, da seine Seele noch keine oder nur wenige Abwehrmechanismen entwickelt hat. Diese Angst führt zu weiterer Unruhe des Kindes und diese wiederum zu einer noch stärkeren Störung in der Beziehung zur Mutter. Die Ablehnung seitens der Mutter, mit der auch ein Nachlassen der Liebe verbunden ist, führt beim Kind, je nach Temperament, zu den verschiedensten Verhaltensstörungen, sozusagen als Ersatz für die verlorengegangene Liebe. Das Kind will sich damit in den Mittelpunkt der mütterlichen Aufmerksamkeit stellen, nach dem Motto: Wenn du mich schon nicht lieben kannst, dann sollst du mich wenigstens beachten. Vermutlich verstärkt gerade dieser Mechanismus die ohnehin schon vorhandenen Symptome – ein hyperaktives Kind wird noch hyperaktiver, ein hypoaktives Kind noch ruhiger und zurückgezogener. Das Kind kann die durch Störungen in der Liebesbeziehung entstandenen Verhaltensauffälligkeiten erst dann aufgeben, wenn es die Liebe der Mutter wieder spürt. Mütter, die selbst bemerken, daß ihre Liebe nachläßt, suchen nach einem Weg, die Liebe zu ihrem Kind wiederzufinden, meist jedoch vergebens. Die Festhaltetherapie ermöglicht es ihnen oft in wenigen Stunden.

Um begreiflich zu machen, was bei der Festhaltetherapie geschieht (Spallek, 1994), muß ich etwas weiter ausholen. Das Kind, das die Ablehnung der Mutter spürt, entwickelt nicht nur Verhaltensstörungen, sondern auch Abwehrmechanismen, die seine Seele vor Verletzungen durch andere schützen sollen. Das Kind beginnt, um seine Seele eine Mauer aufzubauen, um Angriffe von außen leichter abwehren zu können; so wie früher Burgen und Städte durch Mauern und Wälle geschützt wurden. Diese Abwehrmechanismen haben das Ziel, die Mutter nicht mehr so sehr zu lieben und damit auch nicht mehr so sehr darunter leiden zu müssen, daß die Liebe der Mutter nachgelassen hat. Seine Seele ist nun nicht mehr so verletzlich. Dabei bleibt das Kind immer ambivalent. Es braucht die Liebe der Mutter nach wie vor und möchte am liebsten in dieser Liebe versinken, zugleich aber weist es die Liebe der Mutter immer wieder zurück. Man hat den Eindruck, das Kind wolle sich durch die Ablehnung der mütterlichen Liebe dafür rächen, daß es nicht mehr so geliebt wird wie in den ersten Monaten seines Lebens. Die meisten Mütter von Kindern mit einem ADS berichten, daß ihr Kind ihre Nähe und ihre Liebkosungen nicht ertragen kann. Durch diese Ablehnung wird natürlich auch die Mutter verletzt. Sie baut nun ihrerseits eine Mauer gegen das Kind auf. Es gibt erstaunlich viele Mütter, die sich ihrer ablehnenden Gefühle für ihr Kind durchaus bewußt sind und sehr darunter leiden.

Durch die Festhaltetherapie werden die Verletzungen sowohl der kindlichen als auch der mütterlichen Seele geheilt, die verlorengegangene Liebe wird aktiviert und die Mauer zwischen Mutter und Kind eingerissen. Am Ende einer Festhaltetherapie gibt es idealerweise überhaupt keine Mauer mehr zwischen Mutter und Kind. Beide sind gefühlsmäßig auf jene Entwicklungsstufe zurückgegangen, in der sie noch eins waren, nämlich auf die Zeit vom ersten bis zum vierten bzw. sechsten Lebensmonat des Kindes. Am Ende der Festhaltetherapie, wenn die Mauer zwischen Mutter und Kind eingerissen ist, wird es dem Kind wieder möglich, die Mutter uneingeschränkt zu lieben und ihre Nähe zuzulassen. Diese Liebe zeigt sich in den leuchtenden Augen und dem strahlenden Gesicht des Kindes. Aber auch die Mutter erlebt ein neues Gefühl der Liebe und Zuneigung, die das Kind in ihren Augen sehen kann. Da dieses Gefühl echt ist, kann das Kind es auch annehmen, es kann die Liebe der Mutter verinnerlichen, das heißt, sie tief in seinem Herzen und seiner Seele als wahr begreifen. Beide erleben sich in einem beglückenden Gefühl der gegenseitigen Liebe und Zuneigung – die ideale Voraussetzung, eine gestörte Beziehung wieder in die richtige Bahn zu bringen. Das Kind braucht nun keine Abwehr mehr, keine Ersatzgefühle für die verlorengegangene Liebe der Mutter. Der Mutter verschafft das neue beglückende Gefühl auch einen neuen Zugang zu ihrem Kind. Dieser Mechanismus ist bei Kindern mit einem ADS genauso wirksam wie bei anderen Kindern. Mit Hilfe der Festhaltetherapie kann deshalb jener Teil der Verhaltensstörung abgebaut werden, der nicht organisch, sondern psychogen bedingt war, wodurch es oft bereits zu einer ganz erheblichen Verbesserung der Symptomatik kommt.

In vielen Fällen stellte ich aber auch fest, daß sowohl bei hyperaktiven als auch bei hypoaktiven Kindern die Verhaltensauffälligkeiten dauerhaft verschwanden. Zunächst nahm ich an, es handele sich um eine rein psychogen bedingte Hyperaktivität bzw. Hypoaktivität. Nachträglich erkannte ich jedoch, daß tatsächlich ein großer Teil der betreffenden Kinder an einem ADS litt. Der Befund ist deshalb überraschend und bemerkenswert. Man könnte annehmen, daß beim Festhalten, durch die damit einhergehende massive Verstärkung der Hirndurchblutung (durch die anfänglich starke Erregung des Kindes) Vorgänge ablaufen, die mit einer Spontanheilung vergleichbar sind. Es ist mir klar, daß diese Vermutung äußerst gewagt ist, doch wird diese Annahme durch die Mitteilung der Mutter eines meiner Patienten gestützt. Sie erzählte mir, sie habe drei Neffen, die eine noch wesentlich ausgeprägtere Hyperaktivität zeigten als ihr eigener Sohn. Sie habe ihrer Schwägerin empfohlen, doch auch einen Versuch mit der Stimulanzientherapie zu machen, was diese abgelehnt habe, da sie eine bessere und darüber hinaus natürliche Methode gefunden habe, nämlich die Festhaltetherapie. Als ich die Mutter meines Patienten über den Erfolg befragte, gab sie an, ihre Neffen hätten sich in den letzten Wochen tatsächlich so positiv verändert, daß sie angenommen habe, die Kinder seien nun doch mit Stimulanzien behandelt worden, was jedoch nicht der Fall gewesen sei.

Abgesehen von der Festhaltetherapie hat das Halten bei ADS-Kindern für mich einen hohen Stellenwert. Es gibt uns Eltern und Erziehern die Möglichkeit, Grenzen zu setzen. Eine Hand, die mich schlagen möchte, kann ich so lange halten, bis das Kind seine Absicht aufgibt. Ein Kind, das ein anderes schlagen möchte, kann ich so lange im Arm halten, bis es mir verspricht, das andere Kind nicht zu schlagen. Eine Kindergärtnerin, die einem sehr aggressiven Kind in der Regel nichts entgegensetzen kann als Strafen und Ermahnungen, wird viel erfolgreicher sein, wenn sie das Kind in den Arm nimmt, es hält und erst dann weiter spielen läßt, wenn es ihr verspricht, die anderen Kinder nicht mehr zu schlagen oder die Möbel nicht mehr zu demolieren. Das Kind wird, so gehalten, wohl auch toben und schreien, es wird dabei aber die Erfahrung machen, daß sein Fehlverhalten ausschließlich durch Halten unterbunden wird; und es kann selbst bestimmen, wann es wieder mitspielen darf. Ich selbst wandte dieses Halten bei meinen Kindern schon seit früher Kindheit mit großem Erfolg an. Auch in meiner Praxis habe ich damit bei aggressiven Kindern, die keinerlei Grenzen kennen, die besten Erfahrungen gemacht. Ich weiß keine bessere Methode, ein Kind zu lehren, Grenzen und Verbote zu akzeptieren.

10. Sport als Begleittherapie

Kinder, die, getrieben durch die Fehlsteuerung im Botenstoffsystem, an Hyperaktivität leiden, haben einen erhöhten Bedarf an Bewegung. Auch bei optimal eingestellten Kindern kommt es immer wieder zu einem Abfall im Spiegel der Botenstoffe. Dies kann dadurch bedingt sein, daß Methylphenidat nicht ausreichend aus dem Darm in das Blut aufgenommen wird, einerseits durch eine stärkere Bindung an die Nahrung, andererseits durch eine beschleunigte Darmtätigkeit. Dadurch fallen die Kinder immer wieder in ihre Hyperaktivität zurück, in den unwiderstehlichen Drang, sich übermäßig viel und intensiv zu bewegen. Kommen die Eltern diesem Drang entgegen, können sie ein großes Potential an Hyperaktivität abbauen. Eine Mutter schilderte mir, daß ihr Sohn oft Stunden brauche, bevor er einschlafen konnte. Irgendwann ging sie abends mit ihm zum Joggen. Als sie die Erfahrung machte, daß das Kind danach sofort einschlief, schloß sie daraus, daß es bei dem abendlichen Sport seine überschüssigen Kräfte abgebaut hatte. Danach joggte die Familie jeden Abend. Als die Mutter wegen einer Krankheit nicht mehr mitlaufen konnte, setzte sie sich aufs Fahrrad und ließ ihren Sohn nebenher laufen. Auch dies führte zum gewünschten Erfolg, allerdings mußte sie sich gefallen lassen, von Fremden angesprochen zu werden, die meinten, ein Kind sei kein Hund, den man abends „Gassi" führt.

Kinder mit einem ADS, ob sie medikamentös behandelt werden oder nicht, sollte man ermuntern, Sport zu treiben. Nach meinen Erfahrungen eignen sich dazu besonders Sportarten wie Tisch- und Bodentennis oder Badminton. Diesen Sport können sie jeden Tag ausüben und damit den übermäßigen Bewegungsbedarf abbauen.

Es werden immer wieder Kampfsportarten wie Judo oder Tekwando empfohlen, da sie genaue Regeln und große Disziplin voraussetzen. Ich persönlich glaube, daß diese Sportarten wenig geeignet sind. Sie kommen dem Bewegungstrieb des ADS-Kindes zu wenig entgegen und setzen strenge Disziplin voraus, die das ADS-Kind bzw. der ADS-Jugendliche nicht hat. Auch Mannschaftssportarten sind in meinen Augen nicht geeignet, da sich der ADS-Patient nicht an die Regeln halten kann, sich ständig daneben benimmt und schließlich ausgeschlossen wird, was sein Selbstwertgefühl noch mehr belastet. Außerdem sind diese Sportarten an Mannschaften gebunden, die in der Regel nur einmal, höchstens zweimal pro Woche zusammenkommen. Das hyperaktive Kind braucht aber täglich ein Ventil. Auch Jogging ist in meinen Augen nicht geeignet, da es zu langweilig ist. Der ADS-Patient braucht die Abwechslung, den Kampf, das Sichmessen. In bezug auf die Entscheidung, welche Sportart am geeignetsten ist, haben sich Schnupperkurse bewährt, die es dem Kind ermöglichen, selbst herauszufinden, was ihm liegt. Auch Reiten oder Segeln sind zu empfehlen. Der Nachteil dieser Sportarten liegt darin, daß sie im allgemeinen nicht täglich ausgeübt werden können und zudem sehr teuer sind.

VI. Eigene Erfahrungen rund um das ADS

1. Allgemeine Ausführungen

Als ich mich 1977 mit meiner Praxis als Kinderärztin niederließ, las ich mehrere Abhandlungen von Walter Eichlseder, einem Kinderarzt aus München, über das Hyperaktivitätssyndrom und dessen medikamentöse Behandlung. Eichlseder hatte mehrere Jahre in den USA verbracht und forderte seine Kollegen in Deutschland auf, es den Amerikanern gleich zu tun und das Hyperaktivitätssyndrom mit Methylphenidat oder Amphetamin zu behandeln. Er berichtete von erstaunlichen Erfolgen bei der Behandlung dieser Kinder. Die ersten Berichte über die Wirksamkeit von Amphetamin stammten von C. Bradley aus dem Jahre 1937, der nach der Gabe von Amphetaminen eine wesentliche Besserung der Unruhe und der Aufmerksamkeit von hyperaktiven Kinder festgestellt hatte. Barbiturate, also Beruhigungsmittel, hatten den gegenteiligen Effekt. Seit dieser Zeit ist die Wirkung der Amphetamine und schließlich auch des Methylphenidats (MedikinetR, RitalinR), das 1944 synthetisiert wurde, bekannt. Hyperaktive Kinder wurden seither in den USA, später auch in Deutschland, in unterschiedlichem Ausmaß mit diesen Medikamenten behandelt.

Nach der Lektüre der Abhandlungen von Eichlseder begann ich ab 1977, hyperaktive Kinder mit Amphetamin und Methylphenidat zu behandeln. Obwohl schon damals bekannt war, daß eine Suchtentwicklung beim Kind nicht zu befürchten, weil weltweit nie beobachtet worden war, gab es doch Bedenken gegen eine Therapie mit Stimulanzien. Es war nicht auszuschließen, daß die behandelten Kinder später als Erwachsene suchtgefährdet sein könnten. Deshalb habe ich später die Behandlung mit Stimulanzien auf schwere Fälle beschränkt. Inzwischen konnten jedoch mehrere Studien zeigen (s. Kapitel „Therapie"), daß nicht die mit Stimulanzien behandelten Kinder, sondern die unbehandelten Kinder, in bis zu 40 Prozent der Fälle Gefahr laufen, später alkohol- und drogensüchtig oder kriminell zu werden. Seither ist es in Fachkreisen zu einem Umdenken gekommen. Bei uns in Deutschland verfügt die Kinderärztin und Psychotherapeutin Ingrid Just aus Wolfsburg wohl über die größte Erfahrung bei der Behandlung von ADS-Kindern mit Stimulanzien. Ihr verdanke ich wesentliche Informationen und Anregungen, die dazu führten, daß ich seit 1995 wieder zunehmend ADS-Patienten mit Stimulanzien behandele.

2. Besonders eindrucksvolle Berichte von Eltern über Kinder mit ADS

Hyperaktive Kinder mit ADS

Der nachfolgende Bericht zeigt, welch ungeheure psychische Belastung ein hyperaktives Kind mit ADS für Eltern und Geschwister darstellen kann und wie wenig Hilfe diese Familien von angeblichen Fachleuten erhalten. Was mich an diesem Bericht am meisten betroffen gemacht hat, ist die Selbstherrlichkeit, mit der sich zum Beispiel die Erzieherinnen in die Angelegenheiten der Familie einmischten, obwohl offensichtlich ist, daß sie vom ADS keine Ahnung hatten. Es erstaunte mich vor allem, mit welchem Selbstbewußtsein sie „Diagnosen" stellten, z.B. die Diagnose, daß Unstimmigkeiten in der Ehe die Ursache für Robins Verhalten seien, obwohl es in dieser Ehe keinerlei ungewöhnliche Spannungen gab.

Erstes Lebensjahr:

Robin begann, wie alle Neugeborenen, sofort nach der Geburt zu schreien. Er hörte damit jedoch nicht mehr auf. Nur wenn er gestillt wurde, gab er für kurze Zeit Ruhe. Wegen Stillschwierigkeiten mußte ich ab dem dritten Tag zufüttern. Kam die Flasche nicht sofort, begann er mörderisch zu schreien. Ab dem achten Lebenstag lag er ständig quer im Stubenwagen, begann mit vier Wochen die gesamte Stubenwagenumrandung herauszuziehen. Mit acht Wochen mußte ich ihn in ein festes Bett legen, da sonst die Gefahr bestanden hätte, daß er durch seine starken Bewegungen den Stubenwagen umgekippt hätte. Er machte eine sehr schnelle Entwicklung durch. Ich konnte ihn ab dem vierten Monat nicht mehr liegend auf dem Arm halten, er spannte den ganzen Körper an und war nur zufrieden, wenn er auf meinem Schoß stehen konnte. Er stützte sich mit den Füßen auf mir ab und versuchte ständig zu hüpfen. Auch in die Babybadewanne konnte ich ihn wegen Überschwemmungsgefahr nicht mehr setzen, ich mußte ihn schon ab dem fünften Monat in der Erwachsenenwanne baden. Mit sechs Monaten begann er mit dem Oberkörper hin und her zu schaukeln. Unser Hausarzt meinte, er habe Blähungen und verordnete Tropfen, ohne Erfolg. Wenn ich ihm Spielsachen auf die Krabbeldecke legte, interessierte er sich nicht dafür, er wollte sich nur bewegen. Kurz vor seinem ersten Geburtstag begann er zu laufen, und zwar immer mit Tempo. Er lief fast ununterbrochen vom Wohnzimmer ins Eßzimmer und umgekehrt, wobei er immer zwei Stufen hinauf- und hinunterklettern mußte.

Zweites Lebensjahr:

Als er zum erstenmal eine Steckdose entdeckte, war er nicht mehr davon wegzubringen, so daß wir rasch Kindersicherungen anbringen mußten. Er drückte unaufhörlich auf jeden Lichtschalter und tat dies noch bis ins vierte Lebensjahr hinein. Als wir einmal im Wartezimmer des Kinderarztes längere Zeit warten mußten – er war 15 Monate alt – begann er, gezielt mit Klötzchen nach anderen Leuten zu werfen. Mit eineinhalb Jahren stieg er aus dem Gitterbett und auch wieder hinein. Dabei legte er sich mit dem Körper längs auf das Seitengitter, balancierte darauf hin und her und ließ sich schließlich ins Bett oder auf den Boden fallen, je nachdem, wohin er wollte. Dieses Spiel konnte er stundenlang wiederholen. Er wollte sich nie anziehen lassen, lief immer weg und war dann nur schwer wieder einzufangen. Beim Einfangen wurde er immer wilder und sträubte sich dann heftig gegen das Anziehen.

Immer öfter kam es vor, daß er sich beim Frühstück auf meinen Schoß fallen ließ, gleichgültig, was ich gerade in der Hand hatte, ob Kaffee oder Milch. Beim Duschen konnte er nicht genug bekommen und wollte nicht mehr aus der Kabine. Wenn ich darauf bestand, daß er herauskam, warf er sich vor lauter Zorn an die Duschkabinenwand. Ich hatte keine Chance zu reagieren, und er verletzte sich mehrfach. Dies hielt ihn jedoch nicht davon ab, es immer wieder zu tun. Für seine große Schwester wurde er schon damals zum Alptraum, da er ihre Spiele mit anderen Kindern massiv störte.

Drittes Lebensjahr:

Das bisherige Verhalten wurde noch extremer und chaotischer. Einmal trug ich seine kleine Schwester im Autositz zuerst ins Haus und wollte mich gleich danach um Robin kümmern. Doch nun wollte er nicht mehr aus dem Auto heraus. Er tobte, schrie, schlug um sich und ließ mich wie ein wildes Tier nicht mehr an sich heran. Ich konnte tun und lassen, was ich wollte – für ihn war es ein Grund zum Ausflippen.

Viertes Lebensjahr:

Zunächst ging Robin gerne in den Kindergarten, so nach dem Motto: „Hier bin ich, was machen wir jetzt." Er schien ein sehr selbstbewußtes Kind zu sein. Allerdings machte er nie im Stuhlkreis mit. Er saß nie neben Kindern, sondern immer neben Erwachsenen oder auf deren Schoß. Obwohl er bereits sauber gewesen war, begann er in der Kindergartenzeit wieder einzunässen. Er spielte nie allein, sondern brauchte ständig einen Partner, so daß ich oft stundenlang mit ihm spielen mußte. Obwohl er mich ständig brauchte, tat er manchmal so, als gebe es mich nicht. Holte ich ihn vom Kindergarten ab, dann rannte er an mir vorbei ins Freie. Um ihn einzuholen, mußte ich kräftig laufen, sonst wäre er auf die Straße gerannt. Um Konflikte zu vermeiden, trug ich seine Schwester auf dem Arm und setzte ihn in den Buggy, vor allem auch, weil ich ihn so unter Kontrolle halten konnte. Die Kindergärtnerin meinte, sie habe den Verdacht, daß Robin ein psychisches Leiden habe, da er begann, verschiedene Tics zu entwickeln. Er verzog das Gesicht, als ob er gähnen wollte, begann zu grimassieren und riß die Augen weit auf, als ob er nicht richtig sehen könnte. Er begann auch an den Fingern und den Fußnägeln zu kauen. Der von uns konsultierte Kinderarzt meinte, er sei nicht krank, nur anders, individueller als andere Kinder und passe deshalb in keine Schublade. Er versuchte uns zu überzeugen, daß solche Menschen oft künstlerisch begabt seien oder andere außergewöhnliche Interessen hätten, auf jeden Fall könne man sein Verhalten aber nicht als Krankheit bezeichnen. Es klang an, daß unser Kind hyperaktiv sein könnte.

Fünftes Lebensjahr:

Im Herbst begann ein neues Kindergartenjahr. Die neuen Erzieherinnen schienen Robin nicht zu bekommen. Nach dem Kindergarten war er so aufgedreht, daß der Nachhauseweg chaotisch wurde. Er wollte nicht mitgehen, schrie herum, lief in eine andere Richtung, so daß ich ihn ständig wieder einfangen mußte. Zu Hause angekommen, trat er gegen Türen, schlug seine Geschwister, zerschlug Gegenstände und gebärdete sich wie ein Wilder. Er machte merkwürdige Geräusche und warf seinen Körper immer wieder gegen Türen und Gegenstände. Wenn ich mit ihm spazieren ging, fing er an zu rennen, dann wieder auf allen Vieren zu krabbeln und zwar so schnell, daß ich Angst bekam, er würde sich verletzen und die Handgelenke auf den Betonwegen brechen.

Beim Sport konnte er sich nur schwer an Regeln halten. Er rannte zwischendurch weg, steckte seine Finger in alle Löcher oder rannte zum Notausgang und machte dort die Türen auf und zu. Dieses Kind konnte grundsätzlich nicht gehen, nur rennen. Im Kindergarten spitzte sich die Situation noch zu. Uns wurde empfohlen, die Erziehungsberatungsstelle einzuschalten, was mein Mann zunächst ablehnte. Als Robin davon hörte, gebärdete er sich noch wilder. Er rannte nur noch herum, vor allem die Treppen rauf und runter, und fand keine Ruhe mehr. Er schlug die Geschwister und begann, Einschlafstörungen zu entwickeln. Wenn ich ihm abends vorlas, war er so unruhig, daß ich ihn kaum ertragen konnte. Zwischendurch rannte er unvermittelt in das Zimmer der Geschwister, ärgerte und störte sie. Versuchsweise schickten wir ihn eine Weile nicht mehr in den Kindergarten. In dieser Zeit wurde er ruhiger und sein Verhalten erträglicher, er konnte wieder spielen, ohne die anderen ständig zu schlagen. Schließlich schickte ich ihn wieder in den Kindergarten. Kaum war er dort, prügelte er sich mit einem anderen Kind, so daß auf beiden Seiten Blut floß. Wie ich später erfuhr, war dieses Kind auch hyperaktiv. Schließlich hatten wir doch einen Termin bei der Erziehungsberatungsstelle. Dort meinte man, er sei ein ganz normales Kind und brauche keine speziellen Behandlungen. Es sei unwahrscheinlich, daß er wahrnehmungsgestört oder hyperaktiv sei. Oberste Priorität habe allerdings der regelmäßige Besuch des Kindergartens, dann werde es auch zu Hause wieder funktionieren.

Sechstes Lebensjahr:

Im Rahmen der Vorsorge wurde ich gefragt, ob ich mit der Entwicklung meines Kindes zufrieden sei. Ich konnte dies nur verneinen. Es gab mit Robin einen Konflikt nach dem anderen, und ich kam mit ihm nicht mehr zurecht. Der Kinderarzt kreuzte daraufhin im Vorsorgeheft an, daß die Eltern nicht zufrieden seien, und kommentierte das Ganze mit einem schlichten „Ja?" Die Erziehungsberatungsstelle testete Robin auf Defizite in seiner Entwicklung und stellte fest, daß er eine Störung in der visuellen Wahrnehmung hatte. Dafür sei er im mathematischen Bereich andern Kindern um 13 Monate voraus. Er solle regelmäßig den Kindergarten besuchen, vor allem morgens. Ich hatte ihn für längere Zeit nur noch am Nachmittag in den Kindergarten gebracht, weil dann weniger Kinder da waren. Also brachte ich Robin wieder vormittags in den Kindergarten und erlebte eine Eskalation des oben schon Geschilderten. Das Kind wurde unansprechbar, hektisch, chaotisch und machte dicht. Ich mußte ihn mehrfach mitten am Vormittag vom Kindergarten abholen, da er ganze Gruppen durcheinanderbrachte. Ich bekam den Eindruck, daß Robin seine Erzieherinnen fest im Griff hatte, diese aber völlig unfähig waren, mit ihm umzugehen. Einerseits fanden sie, es sei alles gar nicht so schlimm, andererseits sagten sie, sie seien für Problemkinder nicht zuständig. Robin provozierte immer stärker. Die Kindergärtnerinnen meinten, ich müsse ihn nur besser führen, er sei eigentlich ein tolles, intelligentes Kind – und anderen weit voraus. Mit Robin wurde es immer schlimmer. Oft ging ich nach dem Kindergarten gar nicht nach Hause, sondern erst mal in einen Park, damit er sich dort austoben konnte. Schon auf dem Weg dorthin blieb er stehen, weigerte sich mitzukommen, schrie, schmiß sich auf den Boden. Ich war einem Nervenzusammenbruch nahe und beschloß, ihn nicht mehr in den Kindergarten zu bringen.

Schließlich konnten auch die Erzieherinnen nicht mehr darüber hinwegsehen, daß unser „normales" Kind doch nicht so normal war. Nach wie vor glaubten sie, die Ursache liege im häuslichen Milieu. Mein Mann und ich beschlossen daraufhin, Robin aus dem Regelkindergarten herauszunehmen und in einen heilpädagogischen Kindergarten zu geben, auf den sich meine ganze Hoffnung richtete. Ich war mir nun sicher, daß unser Kind hyperaktiv war. Ich hoffte nur, daß dies auch andere erkennen würden. Nach acht Wochen Kindergartenbesuch jedoch sagten Ergotherapeutin und Erzieherin, wir hätten ein tolles, problemloses Kind. Mittlerweile war es auch zu Hause besser geworden. Man teilte uns mit, Robin könne ganz normal eingeschult werden. Wir meldeten ihn im Dezember in der Schule an, obwohl wir seit kurzem wieder enorme Probleme mit ihm hatten. Wir dachten, es sei die Vorfreude auf den Nikolaus und auf Weihnachten, denn an Festtagen war es schon immer besonders schwierig gewesen, mit ihm auszukommen. Auch für die Geschwister war es schlimm, daß sie nie ein Fest in entspannter Atmosphäre erleben konnten. Im Januar wurde uns dann mitgeteilt, daß Robin wegen verschiedener Auffälligkeiten, besonders wegen seiner Hyperaktivität, noch ein Jahr länger im heilpädagogischen Kindergarten bleiben solle, in dem es ihm ja so gut gefiel. Im Hinblick darauf, daß wir uns von einem weiteren Kindergartenjahr nichts mehr versprachen und Robin bei der Einschulung dann acht Jahre alt gewesen wäre, lehnten wir diesen Vorschlag strikt ab.

Siebtes Lebensjahr:

Ab Februar wurde es schlagartig noch schlimmer. Er ließ sich morgens, wie schon früher, nicht mehr anziehen, wälzte sich auf dem Boden und weigerte sich überhaupt, irgend etwas zu tun. Wenn er weinte, hörte sich das an wie bei einem einjährigen Kind. Ich war meist schon am frühen Morgen völlig fertig. Auch sonst fielen ihm immer neue Sachen ein. So sprang er beim Schuhkauf einem wildfremden Mann auf den Rücken, der auf einem kleinen Stuhl saß und Schuhe anprobierte. Am schlimmsten wurde für uns schließlich das morgendliche Aufstehen. Robin weigerte sich bei allem, was er tun sollte; schließlich sagte er gar, er wolle sich umbringen. Dann fing er an, tagsüber wieder in die Hose zu machen, und kam bei eisiger Kälte mit klatschnassen Hosen nach Hause. Daß er nachts noch nicht sauber war, erschien uns bei all den übrigen Problemen schon gar nicht mehr der Rede wert. Wir zogen ihm einfach eine Windelhose an. Da sich sein Verhalten auch im Kindergarten weiter verschlimmerte, wurden wir erneut zu einem Gespräch geladen, bei dem die Kindergärtnerinnen uns eröffneten, die Ursache für Robins Verhalten seien wohl Eheprobleme der Eltern.

Damals wurde uns klar, daß uns und unserem Kind niemand helfen konnte, nur wir selbst. Menschen, die, wie sich zeigte, gar nichts von Robins Problematik verstanden, brachten es fertig, uns ständig zu belehren, zu verunsichern und zu beschuldigen, doch helfen konnte uns niemand. Es waren eben alles Leute, die nichts von Robins Krankheit verstanden. Dies erkannte ich sehr deutlich, als ich einmal den Vorschlag machte, zumindest einen Versuch mit einer Stimulanzientherapie zu machen. Inzwischen war ich mir nämlich ganz sicher, daß Robin unter einem Hyperaktivitätssyndrom litt. Als mir die Erzieherin daraufhin sagte, sie sei nicht für Beruhigungsmittel, merkte ich, daß sie keine Ahnung von der Wirkungsweise der Stimulanzien hatte. Und jetzt erhofften mein Mann und ich uns auch keine Hilfe mehr vom Kindergarten. Wir wußten, daß die Erzieherinnen uns gar nicht helfen konnten, da sie über das hyperkinetische Syndrom und dessen Behandlung mit Stimulanzien nicht Bescheid wußten.

Mein Mann und ich beschlossen, jetzt selbst etwas zu unternehmen und vom Kinderarzt Methylphenidat zu verlangen, bevor Robin in die Schule kam und sich das Ganze noch weiter zuspitzte. Ich sagte der Arzthelferin gleich am Anfang, daß ich die Praxis nicht ohne Rezept verlassen würde. Die Erzieherin war zu diesem Arzttermin mitgekommen und brachte es tatsächlich fertig, noch einmal zu sagen, Robin brauche für den Kindergartenalltag kein Methylphenidat. Glücklicherweise war unser Kinderarzt anderer Auffassung. Er sagte, die Schule stelle noch ganz andere Anforderungen an das Kind, und entschloß sich, Methylphenidat zu rezeptieren. Wir sollten morgens und mittags eine halbe Tablette geben und später auf eine Tablette morgens steigern. Nachdem wir das Rezept erhalten hatten, waren wir sehr schweigsam. Ich glaube, mein Mann und ich sprachen zwei Stunden lang kein Wort miteinander, solche Schuldgefühle hatten wir. Wir hatten uns noch nie so schlecht gefühlt. Wir hatten erzwungen, daß unser Kind ein Medikament bekam, obwohl alle Pädagogen sagten, wir hätten ein ganz normales, vielleicht etwas schwierigeres Kind, das dieses Medikament nicht brauche.

Als wir Robin das Medikament am nächsten Tag gaben, merkten wir sofort, daß es half. Er konnte sich nun besser konzentrieren und war bald sogar in der Lage, mit Freunden zu spielen. Doch diese Besserung war nicht von langer Dauer. Nach einiger Zeit begann unser Sohn, in die alten Verhaltensweisen zurückzufallen.

Bemerkenswert war, daß er wenige Tage nach Beginn der Behandlung tagsüber und nachts trocken war. Die morgendliche Situation allerdings entspannte sich kaum. Robin behielt die alten, unglaublich aufreibenden Verhaltensweisen bei. Wie uns später klar wurde, hing das damit zusammen, daß das Medikament offenbar eine Stunde Zeit brauchte, bis es wirkte. Eines Morgens war ich völlig am Ende und schlug meinen Sohn mitten ins Gesicht. Ich war darüber sehr erschrocken. Wir schafften es nicht, das Kind morgens anzuziehen und mußten den Bus der Lebenshilfe immer wieder ohne Robin wegfahren lassen, da er außer einem Socken noch nichts anhatte. Ich war verzweifelt, denn die Schule sollte in einigen Wochen beginnen.

Mittlerweile waren wir dem „Bundesverband für das hyperaktive Kind" beigetreten und hatten die von dieser Vereinigung herausgegebenen Schriften gelesen. Wieder einmal rief ich die Erzieherin an und schilderte ihr unsere Situation. Sie sagte, sie könne uns helfen, eine Fremdbetreuung für Robin zu finden. In der Familie könne er nicht bleiben, niemand könne eine solche Situation auf die Dauer aushalten. Robin saß während dieses Gesprächs ganz brav neben mir und war entsetzt, daß er so viel Ärger verursachte. Ich weinte, und er beteuerte, daß er das alles doch nicht gewollt habe. Er war den ganzen Tag über sehr lieb und machte keinen Ärger. Fremdbetreuung hörte sich für mich allerdings schrecklich an – warum sollten wir unser Kind hergeben? Sollte denn alles, was wir bisher unternommen hatten, umsonst gewesen sein? Ich mobilisierte noch einmal alle meine Kräfte und versuchte, mir Hoffnung zu machen, daß es auch für uns Hilfe geben mußte. Ich suchte die Kontaktadressen unserer Regionalgruppe heraus und telefonierte den ganzen Tag über mit allen möglichen Leuten, um Tips und Hinweise zu bekommen, wo wir vielleicht noch Hilfe erhalten könnten. Ich führte sehr viele Ferngespräche, insgesamt rief ich etwa zehn Personen an. Jeder gab mir noch eine weitere Adresse, und alle wollten uns helfen. Mein Mann und ich sprachen alle Möglichkeiten durch, fanden aber gerade im Hinblick darauf, daß wir Robin ja bald in die Schule schicken wollten, keine Lösung.

Da wir aufgrund unserer unterschiedlichen Erfahrungen mit Robin in der letzten Zeit schon lange zweifelten, ob er denn überhaupt die richtige Dosis des Medikaments erhielt, versuchten wir nun, jemanden zu finden, der darüber Bescheid wußte. Mein Mann erinnerte sich plötzlich an einen Bericht in „Was nun?", in dem Sie darauf hinwiesen, daß man 4 bis 5 Dosen am Tag geben sollte. So entschlossen wir uns, die Tagesdosis von 1½ Tabletten auf 5 Dosen zu verteilen. ½, ¼, ¼, ¼, ¼, die wir, wie Sie beschrieben, nun alle drei Stunden gaben. Wir stellten fest, daß die Verteilung der einzelnen Dosen über den Tag sofort zu einer Verbesserung der Situation führte. Sogar eine so geringe Dosis wie ¼ Tablette wirkte. Es kehrte mehr Ruhe bei uns ein. Dann riefen wir Sie an, und Sie sagten uns, wir könnten die Tagesdosis bis auf 1 mg pro kg Körpergewicht erhöhen. Seit wir diese Tagesdosis geben, hat sich die Lebenssituation der gesamten Familie dauerhaft verbessert. Unser Sohn kann sich morgens ohne Probleme anziehen und für die Schule fertigmachen, und wir können ohne Konflikte aus dem Haus gehen. Wir können jetzt zu fünft im Auto fahren, ohne daß die Kinder sich streiten, weil die Geschwister von Robin grundlos geschlagen werden, wir können nun einkaufen gehen und in Ruhe an der Kasse stehen und zahlen. Robin kann Freunde einladen und allein mit ihnen spielen. Ganz wichtig für uns ist, daß wir jetzt wieder gemeinsam ausgehen und Veranstaltungen besuchen können. Offensichtlich hatte Robin die Fähigkeit, sich normal zu verhalten, immer in sich getragen, er hatte sie bloß nicht leben können.

Erst jetzt begriffen mein Mann und ich wirklich, daß unser Kind krank gewesen war und nichts für sein Verhalten konnte. Wir begannen zu verstehen, warum Robin all die Jahre „so schrecklich" gewesen war. Auch jetzt gebärdete er sich wieder schlimm, sobald er die Tabletten einmal vergessen hatte – er wurde dann sofort unruhig und fing wieder an, um sich zu schlagen, kurz, er zeigte sein altes Verhalten. Nahm er jedoch die Tabletten regelmäßig ein, so ging es ihm gut. Allerdings hatte er nun weniger Appetit und schlief abends erst um zehn Uhr ein. In der Schule gab es überhaupt keine Probleme mehr. Seine Lehrerin ist informiert und gibt ihm seine Tablette, die er während der Schulzeit einnehmen muß. Seine Leistungen sind sehr gut. Erst diese Woche hat er seinen ersten Aufsatz geschrieben. Die Lehrerin sagte, es sei schon eine tolle Leistung, die er da vollbracht habe. Robin macht die Schule Spaß, und deshalb ist er auch sehr motiviert.

Familie mit drei hyperaktiven Kindern, einer hyperaktiven Mutter und einem hypoaktiven Vater

Auch der folgende Bericht einer Mutter, die selbst an einem ADS leidet, über sich und ihre drei hyperaktiven Kinder zeigt sehr eindrucksvoll, mit welchen Problemen Eltern von hyperaktiven Kindern zu kämpfen haben und wie wenig Verständnis ihnen entgegengebracht wird.

Für meine Eltern war ich ein schwieriges Kind, da ich sehr oft krank, immer appetitlos und sehr unruhig war. Weil sich die Nachbarn ständig über mich und meine Geschwister beklagten, erzogen uns unsere Eltern mit äußerster Strenge. Dazu gehörten häufige

Schläge, die mir äußerlich nichts auszumachen schienen, mich innerlich aber tief verletzten. Mein Vater war unter Alkohol besonders aggressiv. Ich hatte keinerlei Selbstwertgefühl und flüchtete mich durch meine rege Phantasie in eine Traumwelt.

Ich habe drei Kinder, die vom ersten Augenblick ihres Lebens an sehr anstrengend waren. Sie begannen erst mit etwa zweieinhalb Jahren durchzuschlafen. Sie waren ständig in Bewegung, hüpften, tollten und sprangen herum. Niemals spielten sie in Ruhe wie andere Kinder. Sie rauften miteinander, schlugen sich, zogen einander an den Haaren, traten sich gegenseitig an die Beine und verletzten sich immer wieder. Wenn ich oder mein Mann mit ihnen spielte, konnten sie kein Ende finden, nie wußten sie, wann der Spaß aufhört und schlugen regelmäßig über die Stränge. Sie konnten nur schreien. Kaum waren sie wach, stritten sie schon miteinander, und zwar äußerst lautstark. Daher mußten wir, wenn wir uns überhaupt einmal durchsetzen wollten, auch schreien, was bei den Nachbarn natürlich sehr unangenehm auffiel. Wenn ich mit Freunden und Bekannten darüber sprach und sagte, daß dieses Verhalten doch nicht normal sein könne, bekam ich immer wieder zu hören, meine Kinder seien eben sehr lebhaft – ich solle doch froh darüber sein. Also fand ich mich damit ab. Zumindest zeitweilig. Da die Kinder durch ihre Lebhaftigkeit viel kaputt machten, waren wir nirgends gern gesehen. Besonders nicht in Gaststätten, wo meistens gleich Tassen und Teller flogen, Getränke verschüttet wurden und wir immer äußerst unangenehm auffielen. Wir begannen, uns zu Hause zu verkriechen. Doch auch dort plagten sie uns.

Sie hörten nicht zu, und wenn sie es taten, reagierten sie nicht. Selbst wenn ich sie mehrfach aufforderte, etwas zu tun, und sie es offensichtlich gehört und verstanden hatten, taten sie doch etwas anderes. Hatten sie endlich verstanden, was ich von ihnen wollte, und schienen sogar willens, es zu tun, so war es fünf Minuten später wieder vergessen. Auf Fragen gaben sie selten eine entsprechende Antwort, sondern sagten etwas völlig anderes, etwas, das ihnen gerade im Kopf herumspukte. Bestimmte Dinge hatten wir ihnen verboten, aber das kümmerte sie überhaupt nicht. Sie machten auch in der Schule, was sie wollten, und hatten daher große Probleme mit Lehrern und Mitschülern. Da die Kameraden wußten, daß Sonja und Michael leicht reizbar waren, wurden sie oft gehänselt. Dann kam Sonja voller Aggressionen nach Hause, während Michael seinen Ärger gleich im Kampf mit den anderen austrug. Dies brachte ihm den Ruf ein, ein Schläger zu sein, weswegen ihm bei allen Auseinandersetzungen die Schuld angelastet wurde. Anstatt sich zu melden, platzten meine Kinder mit der Antwort immer gleich heraus, was weder Lehrern noch Mitschülern gefiel; sie wurden abgelehnt.

Da unsere beiden älteren Kinder keinen Kindergarten besucht hatten, führten die Lehrer ihr Fehlverhalten darauf zurück. Aber auch unser Jüngster zeigte das gleiche Verhalten, obwohl er einen Kindergarten besucht hatte. Damals wußten wir alle nicht, daß sie an einem ADS litten und daß dies sie daran hinderte, so zu sein wie die anderen. Die Hausaufgaben wurden oft vergessen, das Lernen mit meinen Kindern war täglich ein Drama. Sie ließen sich nichts erklären, schrien herum, griffen sich gegenseitig an, brachten nichts zu Ende, kleckerten, schmierten und weinten zwischendurch. Meine Kinder verletzten sich ständig – wir mußten laufend zum Arzt oder ins Krankenhaus. Es war schlimmer, wenn sie müde waren. Dann fielen sie oft hin und verletzten sich am Kopf oder im Gesicht, weil sie offensichtlich nicht mehr die Kraft hatten, sich abzustützen. Immer wieder floß Blut, entweder aus der Nase oder aus dem Mund. Sie hatten auch ständig blaue Flecken an den Beinen. Zeitweise war es mit den Verletzungen so schlimm, daß wir befürchteten, die Leute könnten meinen, wir mißhandelten unsere Kinder. Gelegentlich logen sie, weil sie nicht zwischen Wirklichkeit und Wunschwelt unterscheiden konnten. Natürlich kamen die anderen dahinter, und so glaubte ihnen bald keiner mehr. Was das Stehlen betraf, hatten meine Kinder eine eigene Philosophie. Sie begriffen zwar, daß man etwas, was einem nicht gehört, nicht ungefragt nehmen darf, aber kurz „ausleihen" durfte man es schon. Sie ließen auch ständig Türen, besonders die Haustüre, sperrangelweit offenstehen. Auffällig war auch, daß es den Kindern immer sehr schnell heiß war und sie daher auch im Winter beim Spielen ihre Sachen auszogen. Oft tollten sie, lediglich mit einem T-Shirt bekleidet, in der Kälte herum, was die Nachbarn zu abschätzigen Kommentaren veranlaßte.

Obwohl wir uns wirklich sehr bemühten, den Kindern „Vernunft" beizubringen – durch Ermahnen, Reden, Schimpfen, Zimmerarrest und Fernsehverbot – wir erreichten absolut nichts. Wenn sie anfingen, „lebhaft" zu werden, mußten wir jedesmal schnell eingreifen, sonst flogen die Fetzen. Viele unserer Bekannten fanden, wir seien sehr streng, zumal wir mit den Kindern sehr laut und energisch sprechen mußten, denn ruhige, freundliche Worte nahmen sie überhaupt nicht ernst. Ohne diese Strenge aber wären die Kinder völlig außer Rand und Band geraten. Es war wie ein Teufelskreis. Außenstehende, die fanden, unsere Kinder seien schlecht erzogen, gaben uns Ratschläge: Die einen sagten, wir seien zu streng, andere wiederum, wir seien zu nachgiebig und sollten den Kindern öfters den Hintern versohlen. Irgendwann resignierten wir. Wir dachten, wir seien einfach nicht fähig, Kinder zu erziehen. Dann wieder rafften wir uns auf und versuchten, das Beste aus der Situation zu machen. Da wir selbst sehr unsicher waren und uns bei den Kindern so offensichtlich nicht durchsetzen konnten, fingen andere an, sich immer mehr in unser Leben einzumischen, ohne zu wissen, worum es bei uns eigentlich ging.

Da wir bei Außenstehenden kaum Verständnis für uns fanden, bekamen wir fast nie Besuch und wurden auch selbst nicht eingeladen. Anderen waren oft schon wenige Stunden mit uns zuviel. Wir waren zeitweise völlig isoliert. Ohne meinen Mann hätte ich das nicht ausgehalten. Manchmal wünschte ich mir, tot zu sein. Dann, so dachte ich, müßte ich das Geschrei, die Hektik und die Aggressionen nicht mehr ertragen und hätte endlich Ruhe. Da ich selbst als Kind viel geschlagen worden war, hatte ich mir fest vorgenommen, meine Kinder ohne Schläge zu erziehen. Es gelang mir jedoch nicht. Manchmal, wenn sie mich bis aufs Blut gereizt hatten, konnte ich mich nicht mehr beherrschen, schrie sie an und schlug sie gelegentlich auch auf den Po.

Auf die Idee, daß meine Kinder hyperaktiv sein könnten, brachte mich ein Artikel in einer Zeitschrift. Bekannte brachten mich von dem Gedanken jedoch wieder ab und zerstreuten meine Befürchtungen. Sie versuchten, mich zu beruhigten, und meinten, ich sei eben selbst nicht genügend belastbar. Und so war das Thema wieder vom Tisch. Als Sie dann in der „Schwäbischen Zeitung" den halbseitigen Bericht über „Martin" brachten, war ich mir sicher, daß zumindest eines meiner Kinder, Günther, hyperaktiv sein müßte. Wenn man statt dem Namen „Martin" den Namen „Günther" eingesetzt hätte – der Artikel hätte genauso geschrieben sein können. Ich vereinbarte so schnell wie möglich einen Untersuchungstermin, mein Mann war damit einverstanden. Auch bei ihm, der eigentlich immer sehr ruhig und gelassen gewesen war, begannen die Probleme mit unseren Kindern Spuren zu hinterlassen. Er verlor in manchen Situationen die Beherrschung und begann zu schreien, was er früher nie getan hatte.

Hypoaktive Kinder mit ADS

Uwe, ein hypoaktives Kind, wurde von seiner Mutter vorgestellt:

Unser Sohn Uwe war bereits 13 Jahre alt, als wir mit der medikamentösen Therapie begannen. Die Zeit davor war schwierig gewesen und oft auch sehr qualvoll für ihn und für uns. Unser Sohn hat ein ADS, verbunden mit Hypoaktivität. Er ist sehr ruhig, oft zu ruhig, absolut nicht aggressiv und hat einen sehr großen Hang zur Anpassung; nur manchmal ist er jähzornig. Er ist sehr verträumt, trödelt für sein Leben gern und vergißt die Zeit. Er vergißt, seine Hausaufgaben zu machen, vergißt, daß er sich mit jemandem verabredet hat, und verliert immerzu etwas.

Uwe hatte schon immer und überall Probleme: Im sprachlichen, im grobmotorischen, dann auch im feinmotorischen Bereich kam er nur schwer zurecht, später zeigte er ausgesprochene Verhaltensauffälligkeiten. Er zog sich zurück, wich Anforderungen und Konflikten aus und war oft weinerlich. In der Schule schwankten seine Leistungen auffällig. Je nach der Persönlichkeit der Lehrerin oder des Lehrers erbrachte er sehr gute oder auch sehr schlechte Leistungen. War die Lehrerin/der Lehrer in der Struktur klar, selbstsicher und willensstark, handelte er/sie zielgerichtet und hatte auch noch eine eindeutige Sympathie für unseren Sohn, dann war er zu sehr guten Leistungen fähig.

Da die Probleme, die wir hatten, auf eine MCD = Minimale Cerebrale Dysfunktion, wie es vor einiger Zeit hieß, oder ein ADS, wie es heute heißt, hinzuweisen schienen, haben wir im Laufe der Zeit einige Anläufe gemacht, die Sache abklären zu lassen. Wir haben mehrere Ärzte konsultiert, waren auch im hiesigen sozialpädiatrischen Zentrum, haben einen Logopägen, eine Ergotherapeutin, einen Entwicklungs- und Schulpsychologen befragt bzw. unseren Sohn untersuchen lassen. Die Ärzte schlossen eine MCD aus; der Entwicklungspsychologe und die Ergotherapeutin stellten Defizite im motorischen Bereich fest. Die Ergotherapie brachte eine Besserung im motorischen Bereich, später traten jedoch Probleme in verschiedenen Wahrnehmungsbereichen auf, die auf eine durchgängige Entwicklungsstörung schließen ließen. Hinzu kamen verstärkt Verhaltensprobleme. Unser Sohn verweigerte sich immer mehr, schien sein Verhalten jedoch gar nicht kontrollieren zu können. Oft war er sehr unglücklich und verzweifelt über seine Handlungen. Er provozierte Streit, ohne zu realisieren, daß er derjenige war, der den Streit angezettelt hatte, weil er sich überhaupt nicht an Regeln gehalten und andere extrem gekränkt hatte, ohne es zu merken. Er hatte überhaupt kein Gefühl dafür, wer ihm gut und wer ihm nicht gut gesonnen war, und er hatte auch keinerlei Gefühl für die sich aufbauenden Aggressionen. Daher wurde er häufig Opfer dieser Aggressionen; er war jedesmal aufs neue überrascht und daher unfähig, Gegenstrategien zu entwickeln.

Auffallend war im übrigen vor allem seine Langsamkeit. Ihretwegen und auch wegen seiner Tagträumerei wurde er von einigen Lehrern für dumm gehalten. Er vermittelte oft den Eindruck, daß er an sich selbst verzweifelte. Unser Sohn erlebte einen inneren Konflikt, der, wie wir glauben, für viele Betroffene typisch ist: Er spürte, daß er manche Dinge nicht konnte, und „wußte“ doch zugleich, daß er sie eigentlich doch konnte, daß er gleiche Fähigkeiten wie andere hatte, es ihm aber nicht möglich war, seinen Fähigkeiten entsprechend zu handeln. Er wollte irgendwo hin und kam doch nicht an. Dieser Konflikt und unser Bemühen, ihn zu stützen und seiner Intelligenz entsprechend zu fördern, brachte uns immer wieder in den Verdacht, wir seien zu ehrgeizig und überforderten unser Kind. Das schwächte uns natürlich in unserem Bemühen, die Lehrer davon zu überzeugen, daß unser Sohn so unintelligent nicht war. Wir hofften auf die Zukunft und darauf, daß er mit zunehmendem Alter lernen würde, sich besser zu organisieren und seine Handlungen so zu strukturieren, daß er seine Ziele erreichen und Leistungen erbringen könnte, die seiner Intelligenz entsprachen und die ihn zufriedenstellten.

Von seiten der Lehrerinnen und Lehrer gab es immerzu Klagen und Beschwerden. Wir kamen manchmal in absurde Situationen, wurden mit guten oder weniger guten Ratschlägen überhäuft, wandten uns an Erziehungsberatungsstellen und Familientherapeuten, lasen massenhaft Bücher und besuchten psychologische Vorträge. Wir wußten eigentlich gar nicht, was wir denn so grundlegend falsch gemacht hatten, und machten doch nach und nach immer mehr Fehler. Je größer unser Sohn wurde, desto schwieriger wurde es für uns. Der Druck wurde immer größer, die Situation verschlechterte sich weiter, die Atmosphäre wurde immer gereizter. Unser Sohn nahm Nachhilfeunterricht. Das brachte zwar den gewünschten Erfolg bezüglich seiner Leistungen, kostete ihn aber viel Zeit, die ihm als Freizeit, als Zeit, die er mit Freunden verbringen konnte, fehlte. Der Druck, der mittlerweile ein sozialer geworden war, wurde also nicht geringer. Wir stellten immer häufiger fest, daß unser Sohn kaum mehr eingeladen, ja, daß er weithin abgelehnt wurde und daß es ihm immer schwerer fiel, von sich aus Kontakte zu knüpfen. Wir stellten auch fest, daß wir selbst immer häufiger ohne unseren Sohn eingeladen wurden, das heißt nur noch abends, während wir z. B. bei Familienfeiern, an denen auch Kinder teilnahmen, häufig ausgeschlossen wurden. Nach wie vor klagten einige Lehrerinnen darüber, daß er sich nicht konzentrieren könne.

Nachdem wir dann die neuesten Abhandlungen über ADS gelesen hatten, die auch neue Ergebnisse aus amerikanischen Studien einbezogen, waren wir endgültig davon überzeugt, daß unser

Sohn an einem ADS litt. Wir versuchten, in Deutschland Ärzte ausfindig zu machen, die in der Lage waren, auch ein Kind mit einem hypoaktiven ADS zu behandeln. Nach längerem Suchen bekamen wir Hilfe durch Sie. Sie erklärten sich bereit, unseren Sohn zu therapieren.

3. Auswirkungen der medikamentösen Therapie auf Familie und Umfeld

Hypoaktives ADS

Zunächst möchte ich noch einmal Uwes Mutter zu Wort kommen lassen, die berichtet, wie es mit ihrem Sohn weitergegangen ist:

Die eingeleitete medikamentöse Therapie hatte einen für uns ganz verblüffenden Erfolg. Schon sehr rasch nach Beginn der Behandlung verbesserte sich Uwes räumliche Wahrnehmung deutlich. Er stieß nicht mehr überall an und verletzte sich nicht mehr ständig. Er sprach flüssiger, seine Bewegungen wurden harmonischer, er war überhaupt, was die Bewegung betraf, aktiver. Nachdem die Dosis gesteigert worden war, traten weitere Verbesserungen ein. Er konnte schneller und konzentrierter arbeiten, seine Schrift wurde deutlich besser, er war neugierig, wißbegierig und nahm auch an den schulischen Dingen stärkeren Anteil. Er fing plötzlich an, dicke Bücher zu lesen, nicht immer nur Donald-Duck-Hefte. Er zeigte eine gewisse Disziplin, was das Fernsehen betraf, war umgänglicher, freundlicher im Ton, nahm Ratschläge nicht jedesmal als persönliche Kritik, war zufrieden mit seinen Leistungen – kurzum, er freute sich an seiner Arbeit und seinen Erfolgen.

Bereits nach zwei Monaten konnten wir die Dosierung allmählich reduzieren. Nach ca. drei Monaten Behandlung fuhr er mit einer Jugendgruppe in ein Ferienlager und vergaß dort die Tabletteneinnahme fast immer. Eine Verschlechterung seines Zustands trat jedoch nicht ein, wie sich nach der Rückkehr zeigte. Sprache und Motorik waren in Ordnung, er war aufgeschlossen, aktiv, freundlich und umgänglich.

Als die Ferien zu Ende waren und der Alltag wieder begann und mit ihm die Belastungen in der Schule, stellten wir fest, daß er das Medikament doch weiterhin brauchte, allerdings in deutlich geringerem Maße als vor den Ferien. Da unser Sohn weiterhin Probleme im Umgang mit anderen Kindern hatte, zu denen er schwer Kontakt fand, entschieden wir uns für eine kombinierte Therapie mit Methylphenidat und einem Antidepressivum. In den ersten drei Wochen dieser Behandlung war er sehr müde. Er schlief und gähnte viel und mußte sich häufig hinlegen. Bei bestimmten Arbeiten und Aufgaben war er jedoch gerade in dieser Zeit höchst konzentriert, er leistete Erstaunliches und suchte immer wieder neue Herausforderungen. Von wenigen Ausnahmen abgesehen, verhielt er sich sehr verantwortlich, arbeitete meistens sehr diszipliniert, suchte neue Kontakte und legte einen großen Drang zur Selbständigkeit an den Tag. Dann gab es kleinere Schwankungen, sowohl im motorischen Bereich als auch bei der Konzentration und in Gruppensituationen. Deshalb änderten wir die Dosis immer wieder, um schließlich die für unser Kind richtige herauszufinden.

Unser Sohn ist jetzt seit knapp fünf Monaten in Behandlung. Die Probleme, die wir jetzt noch haben, sind verschwindend gering im Vergleich mit der Zeit vor der Behandlung. Wir sind sehr froh, daß wir endlich Hilfe gefunden haben. Es gibt immer wieder Unsicherheiten – was die Höhe der Dosierung angeht, so probieren wir immer wieder damit herum. Da wir die Medikamente im Laufe der recht kurzen Behandlung schon reduzieren konnten, besteht Grund zu der Hoffnung, daß wir in nicht allzu ferner Zukunft die Medikamente ganz absetzen können, weil unser Sohn geheilt sein wird.

Unser Sohn macht eine rasante Entwicklung durch, mit der wir als Eltern kaum mithalten können. Von einem sich nicht altersentsprechend verhaltenden Kind hat er sich blitzschnell zu einem pubertierenden jungen Mann entwickelt, und es ist für uns schwer und oft gar nicht möglich zu unterscheiden, ob seine jetzt manchmal wieder ruppige, ablehnende Art durch das ADS verursacht wird oder einer gesunden Pubertätsentwicklung entspricht.

Im folgenden gebe ich noch die Schilderung der Mutter von Magnus wieder, den ich im Kapitel „Hypoaktivität“ vorgestellt habe. Auch sie beschreibt die Veränderungen ihres Kindes im Verlauf der medikamentösen Behandlung.

Während der medikamentösen Behandlung änderte sich für uns sehr viel. Das wichtigste für Magnus war, daß er einen Freund fand. Zunächst war es nur einer, doch jetzt werden es immer mehr. Seine Schwester nimmt ihn nun als Bruder an und schämt sich nicht mehr für ihn. Sie steht heute voll hinter ihrem Bruder. Für Magnus ist das sehr wichtig. Er geht wieder mit seinen Freunden zum Spielen. Er nimmt seine Umwelt wahr und setzt sich mit ihr auseinander. Er bekennt sich zu seinen Gefühlen. Er sagt nicht immer: „Es geht mir gut“, wenn er eigentlich todunglücklich ist. Und er kann sich wieder richtig freuen. Er lernt langsam, seine Probleme zu erkennen und zu verstehen. Er genießt es auch, Erfolge zu haben. Magnus kann wieder lachen. Dies alles war vor der Behandlung nicht möglich. Auch unsere Bekannten und Freunde empfinden die Veränderung von Magnus sehr positiv.

Hyperaktives ADS

Die Situation der oben geschilderten Familie mit den drei hyperaktiven Kindern veränderte sich noch eindrucksvoller.

Die erste große Erleichterung für die Eltern war das Nachlassen des übermäßigen Bewegungsdrangs bei allen drei Kindern. Schon in den ersten Wochen der Behandlung beruhigten sie sich, sie konnten sitzen bleiben, etwas lesen oder basteln und miteinander wie Geschwister umgehen. Sie hörten auf, sich zu prügeln, zu ärgern und zu foppen; es war nun erstmals möglich, gemeinsam ein Spiel zu machen. Früher flippte jedes der Kinder sofort aus, wenn es nicht gewann. Schon wenn ein einzelner Spielzug mißlang, fingen sie an zu schimpfen und zu schreien oder zerstörten den Spielaufbau. Jetzt konnten sie auf einmal gemeinsam „Mensch ärgere dich nicht“ spielen und über einen erfolgreichen Zug des Gegners sogar lachen.

Mindestens genauso beeindruckend für die Eltern war, daß die Kinder auf das, was sie sagten, offensichtlich doch reagierten. Die Aufforderungen der Eltern blieben nicht mehr ungehört – gelegentlich taten die Kinder, was sie sollten, ohne dazu aufgefordert worden zu sein. Auch die Lautstärke, in der die Familienmitglieder miteinander verkehrten, ging mit zunehmender Dosis zurück. Als die Kinder ihre optimale therapeutische Dosis erreicht hatten, entsprach die Lautstärke der anderer Familien. Auch den Nachbarn fiel die Veränderung in der Familie auf, manche fragten besorgt, ob die Kinder denn krank seien. Während die Kinder sich früher so gut wie nie in ihren Zimmern aufhielten, zogen sie sich nun gelegentlich durchaus dorthin zurück, um Schularbeiten zu machen, zu lesen oder zu spielen.

Auch fanden sich nun andere Kinder in der Familie ein, Freunde, die es bisher nie gegeben hatte. Und das für die Eltern Unfaßbare geschah: Die Freunde wurden weder beschimpft noch angegriffen – sie lösten nicht wie früher ein noch größeres Chaos in der Familie aus. Alles blieb friedlich und ruhig. Die Kinder gingen abends aus freien Stücken ins Bett und schliefen nach kurzem Kuscheln mit Vater oder Mutter problemlos ein. Nur ein Wermutstropfen trübte das Glück der Eltern ein wenig: Die Unordentlichkeit der Kinder hatte sich kaum geändert. Zwar machten sie sich gelegentlich ein sportliches Vergnügen daraus, mit den Abfällen genau in den Papierkorb zu zielen; wenn sie aber nicht trafen, blieb der Abfall da liegen, wo er gerade hinfiel. Kleider, Schuhe und Schulmaterialien lagen wie eh und je überall in den Zimmern herum, und Schränke waren ganz offensichtlich nur dazu da, etwas herauszunehmen, niemals jedoch, um etwas einzuräumen.

Beim letzten Besuch dieser Familie in meiner Praxis fand ich drei friedlich am Boden sitzende Kinder vor, die intensiv mit Bausteinen spielten und damit gemeinsam ein Bauwerk errichteten.

Die Auswirkungen der Methylpenidatbehandlung auf Familie und Umfeld

Zusammenfassung

Die Behandlung mit Stimulanzien löst nicht alle Probleme. Viele Eltern sind sogar enttäuscht, weil sie erwartet hatten, daß die Behandlung alle Schwierigkeiten beseitigen würde. In manchen Fällen ist dies auch so, vor allem dann, wenn die Kinder noch sehr jung sind. Je älter sie jedoch bei Beginn der Behandlung sind, und je stärker ihre Symptome waren, desto länger dauert es, bis das Kind seine Probleme in den Griff bekommt.

Auch wenn das Kind seine krankheitsbedingten Verhaltensweisen, die ihm und seiner Familie das Leben so schwer gemacht haben, relativ rasch verliert, bleibt es dennoch ein Kind mit all jenen Charaktereigenschaften, Stärken und Schwächen, die seine Individualität ausmachen. Es wird seinen eigenen Willen haben und ihn auch durchsetzen wollen. Es wird zu Streit, Auseinandersetzungen und Konflikten kommen, die aber, im Gegensatz zu früher, in Gesprächen und Diskussionen gelöst werden können, weil das Kind nun sein Handeln und seine Gefühle kontrollieren kann. Seine Kreativität und sein Einfallsreichtum gehen nicht verloren, sondern können jetzt umgesetzt und verwirklicht werden, weil das Kind nun erst die Ausdauer entwickeln kann, die dafür nötig ist. Auch sein Gerechtigkeitssinn bleibt erhalten.

Nach meiner Erfahrung ist die erste positive Veränderung, die Eltern feststellen können, ein sensiblerer Umgang mit seinen Bezugspersonen. Mütter berichten mir immer wieder, daß sie dies schon in den ersten Tagen der Behandlung, bei ganz geringen Dosen, bemerkten. Auch wenn das Kind noch nicht fähig ist, seine Muskeln richtig zu koordinieren oder seine eigenen Kräfte einzuschätzen – es kann schon sein, daß es einem Spielkameraden einen kräftigen Schlag versetzt, wenn es ihm doch einen freundschaftlichen Klaps geben wollte –, so merkt es nun wenigstens, daß es dem anderen weh getan hat und entschuldigt sich. Kommt es vom Spielen zu spät nach Hause, überrascht es die Mutter damit, daß es die Verspätung wenigstens zu erklären versucht. Dies zunehmend bessere Gespür für die Gefühle und Belange seiner Mitmenschen beschert dem Kind oft recht rasch den ersten Freund.

Während die Sensibilität anderen gegenüber größer wird, nimmt die eigene Empfindlichkeit ab. Das Kind kann Kritik nun besser aushalten, es ist nicht mehr ständig beleidigt, weint nicht mehr so häufig, kann besser verlieren, auch besser verzichten. Seine Stimmung hebt sich allmählich. Es kann der Mutter ganz unvermittelt sagen, daß es sie lieb hat, was manch einer Mutter, die das bei ihrem ADS-Kind noch nie erlebt hat, Tränen der Freude in die Augen treibt. Der Umgang mit den Geschwistern entspannt sich oft schon in den ersten Wochen nach Beginn der Therapie. Das Kind muß nun nicht mehr immer recht haben, es muß nicht ständig im Mittelpunkt stehen, sondern kann auch einmal dem anderen recht geben.

Recht früh zeigt sich eine Beruhigung der hyperaktiven Kinder. Sie können nun ruhig am Tisch sitzen und essen, ohne etwas umzuwerfen oder von der Eckbank zu fallen. Um ihr impulsives Verhalten zu ändern, brauchen die Kinder oft etwas länger. Sie sind in den ersten Wochen der Therapie immer noch sehr impulsiv, sie handeln nach wie vor, ohne zu überlegen, da sie keine andere Art des Handelns kennen. Daher sind sie weiterhin unfallgefährdet, vor allem gilt dies für die hypoaktiven Kinder, die sich nun, aufgrund ihres besseren Selbstwertgefühls, Dinge zutrauen, die sie zuvor nicht gewagt hätten. Die Konzentration, die Aufmerksamkeit und das Gedächtnis verbessern sich meist erst dann, wenn die Medikamente optimal eingesetzt sind, das heißt oft erst nach Wochen. Aber dann sind auch ADS-Kinder in der Lage, etwas rasch zu erledigen, ohne sich übermäßig ablenken zu lassen, sie können bei der Sache oder am Thema bleiben, entwickeln eine bisher nie gekannte Ausdauer und vergessen auch nicht mehr so viel. Sie können sich bei den Hausaufgaben zunehmend besser konzentrieren, sind nicht mehr so ablenkbar, und manchmal berichten mir die Mütter schon nach wenigen Wochen, daß sie für die Erledigung der Hausaufgaben nur noch die Hälfte der Zeit brauchen. Gelegentlich überraschen die Kinder ihre Mütter sogar damit, daß sie sich ohne Aufforderung an die Hausaufgaben machen, diese zügig erledigen und dann sogar bereit sind, der Mutter zu helfen.

Die schulischen Leistungen verbessern sich nur allmählich. Oft dauert es ein Jahr und länger, bis die Eltern eine deutliche Verbesserung bei den Noten sehen. Allerdings hängt dies davon ab, in welchem Alter die Therapie beginnt. Beginnt man damit schon vor der Einschulung, so kommt es in den meisten Fällen erst gar nicht zu einem Schulproblem. Beginnt man in den ersten zwei Klassen, dann kann sich die Leistung innerhalb kurzer Zeit verbessern. Dies ist jedoch nur selten möglich, wenn man mit der Behandlung erst in den oberen Klassen beginnt. Das Kind hat dann bereits so viele Defizite, daß es Jahre braucht, um das Versäumte nachzuholen. Das erste, was sich in den schulischen Leistungen verändert, ist die Schrift. Sie verändert sich um so stärker, je jünger die Kinder sind. Bei Jugendlichen und jungen Erwachsenen sieht man dagegen oft kaum eine Verbesserung.

Die Veränderung der Schrift unter Methylphenidat kann auch zur Diagnose des ADS verwendet werden. Kürzlich wurde mir ein 12jähriger Junge vorgestellt, dessen Schrift so schlecht war, daß sich die Lehrer weigerten, Diktate und Aufsätze zu korrigieren. Die Eltern des eher hypoaktiven Jungen zweifelten an meiner Diagnose, daß er an einem ADS leide. Ich schlug vor, eine Stunde vor und eine Stunde nach der Einnahme von Methylphenidat eine Schriftprobe zu machen. Das Ergebnis dieses Tests hat die Eltern von der Diagnose überzeugt und wird im folgenden dargestellt.

Übungsdiktat

30.9.99

Als ich ~~Anfaling~~ anfieng Omas Gartenzaun zu streichen, schien die Sonne und ließ meine ulkige rosa Farbe besonders schön leuchten.
„Mädchen, was machst du denn da?" Die alte Dame sah mich besorgt an. Ob Rosa eine neue politische Bewegung sei, fragte ein Mann und eine Radfahrerin erkundigte sich, ob ich farbenblind sei. Nachdem ~~ich~~ ein Junge gefragt hatte, ob ich Schneewitzchens Schwester sei, malte ich verbissen weiter ohne ihn anzusehen und mich um andere Bemerkungen zu kümmern.

Übungsdiktat

Als ich anfieng Omas Gartenzaun zu streichen schien die ~~So~~ Sonne und ich ließ meine ulkige Rosa farbe besonders ~~s~~ schön leuchten.
„Mädchen, was machst du denn da?" Die alte Dame sah mich besorgt an. Ob ~~ich~~ Rosa eine neue Politische ~~Bewegu~~ Bewegung sei, fragte ein Mann und eine Radfahrerin erkundigte sich, ob ich farbenblind sei. Nachdem ein Junge gefragt hatte, ob ich Schneewitzchens Schwester sei, malte ich verbissen weiter ohne ihn anzusehen und mich um andere Bemerkungen zu kümmern.

Daß sich die Schrift bei diesem Jungen in einer Stunde verbesserte, dies jedoch bei meinen sonstigen Patienten erst im Verlaufe von Wochen geschieht, lag daran, daß der Junge eine mittlere Einzeldosis erhielt, bei meinen übrigen Patienten die Dosierung des Medikaments aber nur langsam gesteigert wird.

Eine Normalisierung der Grobmotorik stellt sich in der Regel erst dann ein, wenn die Kinder die für sie optimale Dosis erhalten. Dann erst wird ihr Gang harmonischer, die Bewegungen werden fließender; sie zeigen auch im Sport bessere Leistungen.

Das Sozialverhalten der Kinder ändert sich im Laufe mehrerer Monate ganz allmählich. Am Ende lügen sie nur noch selten, sie stehlen nicht mehr, Jugendliche haben nicht mehr das Bedürfnis, Alkohol zu konsumieren – und vor allem, es gelingt ihnen, Freunde zu gewinnen.

Die Kinder werden nun auch temperaturempfindlich und ziehen sich der Witterung entsprechend an, sie werden schmerzempfindlicher, häufig verlieren sie ihre Sucht nach Süßigkeiten. Die Familiensituation insgesamt entspannt sich.

Allerdings kommt es im Verlauf der Behandlung oft zu Verhaltensauffälligkeiten der Geschwister, die am meisten unter den Symptomen des ADS-Patienten gelitten haben. Bisher mußten sie die Verhaltensauffälligkeiten ihres Geschwisters aushalten, hatten aber die Eltern auf ihrer Seite. Nun sind die Eltern so begeistert von den Veränderungen, die mit ihrem ADS-Kind vorgehen, daß sie die übrigen Kinder kaum noch wahrnehmen. Sie erzählen allen Freunden und Verwandten, wie sehr sich das Kind verändert hat, welche Fortschritte es macht und wie gut sie nun mit ihm zurechtkommen. Dabei vergessen sie leicht, daß die anderen Kinder diese Begeisterung über ein Verhalten, das bei ihnen eigentlich schon immer selbstverständlich war, nicht teilen können.

Ich empfehle deshalb allen Eltern, selbst dann, wenn ihr ADS-Kind die erstaunlichsten Fortschritte gemacht hat und sie sehr glücklich darüber sind, ihren anderen Kindern genügend Beachtung und Zuwendung zu geben.

4. Probleme, die mit der Einnahme des Medikaments verbunden sind

Allgemeine Gesichtspunkte

Nach meinen Erfahrungen ist für die Eltern von ADS-Kindern die ablehnende Einstellung ihrer Verwandten, Freunde und meist auch der behandelnden Ärzte gegen die Einnahme von Methylphenidat bei Beginn der Behandlung das größte Problem. Sie selbst sind zunächst ja auch skeptisch. Werden sie dann noch von allen Seiten durch negative Kommentare verunsichert, so kann es leicht sein, daß sie die Therapie abbrechen, auch wenn ihr Kind gut darauf angesprochen hat.

Was den Eltern ebenfalls zu schaffen macht, ist die Tatsache, daß das Medikament bis zu fünfmal am Tag eingenommen werden muß. Hier helfen Uhren, die alle paar Stunden klingeln, oder auch Medikamentendosen, die eine solche Klingeleinrichtung haben. Viele Kinder verweigern das Medikament in der Schule, da sie von den anderen Mitschülern gehänselt und ausgelacht werden. In solchen Fällen kann die Tablette in den ersten Bissen des Pausenbrots gedrückt oder in das mitgegebene Getränk gegeben werden, so daß die Kinder sie unauffällig einnehmen können. Man muß nur sicherstellen, daß die Kinder zumindest den ersten Bissen vom Pausenbrot essen oder das Getränk austrinken.

Ein Problem stellt auch die 16-Uhr-Dosis dar, da zu dieser Zeit die meisten Kinder auf dem Spielplatz oder bei Freunden sind. Am besten hilft eine Klingeluhr, das Medikament sollte in einem Getränk aufgelöst mitgegeben werden. Es gibt kleine handliche Flaschen, die man am Gürtel befestigen kann, sozusagen als eiserne Reserve. Die Mitgabe in Tablettenform ist sehr unpraktisch, da das Kind dann immer erst Wasser oder ein anderes Getränk suchen muß, um die Tablette einzunehmen, was so gut wie immer dazu führt, daß Freunde und auch deren Eltern Fragen stellen. Diese irritieren das Kind, noch mehr aber die zusätzlich abgegebenen unqualifizierten Kommentare.

Die Einnahme im Kindergarten und in der Schule ist häufig problematisch, da Erzieherinnen und Lehrer die Einnahme des Medikaments boykottieren oder unqualifizierte Kommentare abgeben und damit die Eltern und auch die Kinder verunsichern. Dies ist um so bedauerlicher, da gerade Lehrer und Erzieherinnen wichtige Kotherapeuten sein sollten, die mit dem Arzt und den Eltern ein optimales Behandlungskonzept erarbeiten und verwirklichen könnten. Außerdem wären sie ideale und neutrale Beobachter des Kindes, wenn es darum geht, den Behandlungserfolg zu dokumentieren

In der Fachwelt ist die medikamentöse Therapie inzwischen als Mittel der Wahl unbestritten. Alle anderen Therapieverfahren greifen erst, wenn die medikamentöse Therapie die Voraussetzung dafür geschaffen hat. Daher kann es nicht angehen, daß wenig informierte Menschen durch ihre Vorurteile eine wertvolle, effektive Behandlung unterlaufen und damit dem Kind, aber auch der Familie, schaden.

Die Lehrer und Erzieherinnen, die sich weigern, bei der Tabletteneinnahme mitzuwirken, argumentieren, es sei ihnen untersagt, im Kindergarten und in der Schule Drogen zuzulassen. Dies stimmt natürlich. Methylphenidat ist aber in der verabreichten Dosis keine Droge, sondern ein Medikament. Zur Droge wird es erst bei wesentlich höheren Dosierungen. Da die Gabe von Methylphenidat in der Schule und im Kindergarten immer wieder Anlaß zu langen, teilweise unerfreulichen Diskussionen mit Lehrern und Erzieherinnen ist, möchte ich einen Erlaß des Oberschulamtes Stuttgart aus dem Jahre 1995 wiedergeben.

Stellungnahme des Oberschulamtes Stuttgart

Das Oberschulamt Stuttgart hat am 18. 1. 1995 unter dem Aktenzeichen 6752.2-09/57 bereits zum zweiten Mal Stellung genommen zu Vorwürfen, die von unberufener Seite gegen eine Behandlung von hyperaktiven Kindern speziell mit dem Arzneimittel Ritalin erhoben wurden. Am 2. 5. 1996 hat das Oberschulamt Stuttgart unter dem Aktenzeichen 6752.2-09/69 erneut Stellung genommen und die staatlichen Schulämter, Leiter(innen) der Gymnasien und beruflichen Schulen (einschließlich Privatschulen) im Oberschulamtsbezirk Stuttgart über die Behandlung des Aufmerksamkeits-Defizit-Syndroms (ADS) mit oder ohne Hyperaktivität informiert.

Die Schulleitungen wurden in diesem Schreiben gebeten, die Ausführungen von Gismar Ziegler und von Cordula Neuhaus, die dem Schreiben beigelegt waren, zur Behandlung des *Aufmerksamkeits-Defizit-Syndroms mit oder ohne Hyperaktivität* den Lehrerinnen und Lehrern bekanntzugeben und, insbesondere wegen der angesprochenen Suchtproblematik, den Suchtpräventionslehrer(innen)n und den Beratungslehrer(innen)n zugänglich zu machen.

Das Oberschulamt stellte fest, daß Therapieanleitungen, wie sie von seiten der Verhaltenstherapie oder von ärztlicher Seite (Verordnung von Ritalin) auf die Schulen zukommen, in der Vergangenheit von manchen Schulen in Zweifel gezogen oder gar abgelehnt wurden. Diese Haltung entspringt in den meisten Fällen einer Uninformiertheit, die zu Vorurteilen gegenüber anerkannten und wissenschaftlich fundierten Behandlungsmethoden führt. Aus diesem Grund hat das Oberschulamt noch einmal verschiedene Expertenmeinungen eingeholt, die den Schulleitungen, den Lehrerinnen und Lehrern zur Kenntnis gebracht werden. Gleichzeitig bittet das Oberschulamt alle Lehrerinnen und Lehrer, sich bei der pädagogischen Begleitung von Kindern mit Aufmerksamkeits-Defizit-Syndrom mit und ohne Hyperaktivität kooperativ zu zeigen. Es empfiehlt eine Zusammenarbeit mit den Eltern dieser Kinder, den befaßten Beratungslehrerinnen und Beratungslehrern, den Therapieeinrichtungen und Ärzten und weist darauf hin, daß verhaltenstherapeutische Programme, deren Effektivität außer Zweifel steht, zu unterstützen sind. Es weist darauf hin, daß die medikamentöse Behandlung (z.B. mit Ritalin) Sache der Ärzte und Eltern sei. Es schreibt weiterhin, daß die Beziehung der Eltern zu ihrem hyperaktiven Kind vielfach belastet sei. Ein Aspekt dieser Beziehung seien die starken Schuldgefühle der meisten Eltern solcher Kinder, daß sie in der Erziehung versagt hätten. Therapeuten verschiedener Richtungen werden versuchen mit Eltern an dieser Problematik durch Elterntraining und Aufklärungsarbeit zu arbeiten, um damit Schuldkomplexe aufzulösen, die Eltern-Kind Beziehung zu entkrampfen und den Beteiligten eine neue Hoffnungsperspektive zu geben. In der Lehrer-Kind-Beziehung gäbe es ähnliche Probleme: viele Lehrerinnen und Lehrer seien in ihrem täglichen Umgang mit diesen Kindern starken Belastungen ausgesetzt, und auch sie neigten, oft unbewußt, zu Schuldgefühlen und meist unbegründet, zu Gefühlen von eigener pädagogischer Unzulänglichkeit. Hier empfiehlt das Oberschulamt die Öffnung durch das Gespräch, sei es unter Kollegen, mit den Eltern, der Beratungslehrerin oder dem Beratungslehrer, Therapeuten oder Ärzten. Bereits ein kurzes Telefongespräch mit einer dieser Beziehungspersonen könne Impulse geben für einen Neuanfang im Umgang mit den Kindern.

Über die Hintergründe des *Aufmerksamkeits-Defizit-Syndroms mit und ohne Hyperaktivität* könne sich jede Lehrerin und jeder Lehrer kundig machen. Das Oberschulamt bittet jedoch alle Kolleginnen und Kollegen um einen sensiblen, aber auch klare Grenzen setzenden, Umgang mit den betroffenen Kindern und um Kooperationsbereitschaft mit den Eltern und dem therapeutischen Umfeld. Es stellt fest, daß eine Entfernung schwieriger hyperkinetischer Kinder von der Schule meist keine Lösung sei, sondern eine Verschiebung des Problems.

Die Anlage 1 enthält die Stellungnahme zum Problem aus der Sicht eines Stuttgarter Arztes, der viel diagnostische und therapeutische Erfahrung im Umgang mit dem Aufmerksamkeits-Defizit-Syndrom und dessen Behandlung mit Stimulanzien (Ritalin) hat.

Dr. Gismar Ziegler, Facharzt für Allgemeinmedizin, Psychotherapie und Verhaltenstherapie und Diplompsychologe, stellt fest, daß bedauerlicherweise die Mehrzahl der Lehrer(innen) über das Problem des hyperaktiven Kindes, das sich als „Klassenkasper“ oder „unerzogenes Kind“ tarnt, wenig Bescheid weiß.

Auch viele Kinderärzte seien mit der Diagnostik und vor allem der Therapie hyperaktiver Kinder überfordert. Die tragende Säule der Therapie und wirksamste Hilfe stellen nach seiner Auffassung medikamentöse Behandlungen mit Stimulanzien dar. Es werde aber leider, zum Beispiel in der Presse, immer wieder suggeriert, daß diese Mittel „süchtigmachend" seien. Daß dies so nicht stimme, darauf habe sogar das Bundesgesundheitsamt im Rahmen der Nachzulassung von Methylphenidat (Ritalin, dem meist verordneten Präparat) hingewiesen, als es im Rahmen der Nachzulassung gemäß den neuesten Arzneimittelrichtlinien formulierte: „Bei bestimmungsgemäßem Gebrauch in den zugelassenen Anwendungsgebieten ist die Abhängigkeitsgefahr gering bzw. praktisch nicht vorhanden. Mißbrauch und Abhängigkeit scheinen auch bei Jugendlichen und Erwachsenen, die als Kinder Ritalin zur Therapie hyperkinetischer Verhaltensstörungen erhalten haben, nicht vorzukommen." Er führt aus, daß ohne Stimulanzien häufig massive psychische Folgeschäden entstehen, es komme zu sozialen Ausgrenzungen der Betroffenen (zum Beispiel Heimunterbringung oder Förderschule), zu dramatisch schlecht verlaufenden Schulkarrieren sowie durch falsche Therapien geschädigten Familien.

Die Anlage 2 des Schreibens gibt den Beitrag von Cordula Neuhaus, einer verhaltenstherapeutisch orientierten Kinderpsychologin und anerkannten Fachfrau in der Diagnose und Behandlung von Kindern mit ADS und in der Lehrerfortbildung, wieder. Sie schreibt, daß die Behandlung mit Stimulanzienpräparaten der Amphetamingruppe bei Kindern mit einem Aufmerksamkeits-Defizit-Syndrom mit und ohne Hyperaktivität wohl die am schärfsten diskutierte Behandlungsform bei diesen Kindern sei. Insgesamt gebe es Hunderte von Studien (vorwiegend in Amerika, Kanada, Neuseeland, England), die bewiesen, daß ADS-Kindern hierdurch wirklich geholfen werde. Viele Studien hätten auch bewiesen, daß Kinder, die mit Ritalin behandelt worden seien, kein höheres Risiko haben, später drogenabhängig zu werden, als Vergleichsgruppen, vor allem, weil ihr Selbstbewußtsein steige. Ohne Medikamente sei in der „Abwärtsspirale“, in die ein ADS-Kind durch steigenden Mißerfolg und vermehrte Ausgrenzung gerate, eine Suchtkarriere nicht selten.

Das Medikament könne ohne Probleme auch während der Pubertät und dem Erwachsenenalter gegeben werden. Es gehöre in den Bereich der Anekdote, daß ab der Pubertät das Medikament bei Personen mit dem ADS-Syndrom so wirke, wie bei nicht betroffenen Personengruppen. Viele junge und auch ältere Erwachsene, die ADS-Kinder waren, kämpften ihr Leben lang mit Symptomen des Syndroms. Die Medikation wirke nur, solange sie im Stoffwechsel vorhanden sei (vergleichbar in etwa mit dem Insulin der Zuckerkrankheit).

Die Behandlung mit Methylphenidat müsse so lange erfolgen, wie das Kind dies brauche. Es können Monate, in seltenen Fällen auch Jahre sein. Ein gut eingestelltes Kind wirke unter Methylphenidat grundsätzlich anders als ohne. Die verbesserte Aufmerksamkeit und das ruhigere Verhalten dürften nicht fehlinterpretiert werden als Verschlafensein oder ähnliches. Aussetzungsversuche seien immer wieder angezeigt, um die Notwendigkeit einer Fortsetzung der medikamentösen Behandlung zu überprüfen.

Ich denke, daß die Stellungnahme des Oberschulamts Stuttgart in ihrer Aussage sehr eindeutig ist und auch Erzieherinnen und Lehrer überzeugen sollte, selbst wenn sie nicht zum Oberschulamtsbezirk Stuttgart gehören. Wenn man sich vorstellt, daß die erste Stellungnahme schon 1995 erfolgte, ist offensichtlich, daß das Oberschulamt über das ADS besser informiert zu sein scheint als die meisten Ärzte und auch die Sozialpädiatrischen Zentren.

5. Empfehlungen für Eltern und Lehrer im Umgang mit Kindern mit einem ADS

Empfehlungen für Eltern

Grundsätzlich ist bei Kindern mit einem ADS ein genau definierter Tagesablauf wichtig, vor allem, solange sie noch nicht behandelt werden. Alles, was getan werden muß, sollte jeden Tag in der gleichen Reihenfolge ablaufen, möglichst ohne Änderungen. Wenn ein Termin bevorsteht, z.B. ein Besuch beim Zahnarzt, sollte er schon sehr frühzeitig angekündigt werden, da Kinder mit einem ADS Angst vor allen unbekannten Situationen haben. Sinnvoll ist es auch, dem Kind genau zu schildern, wie der Ablauf an dem bewußten Tag sein wird, was darüber hinaus vorgesehen ist, wie lange man bleiben möchte und wann man zurückkommen möchte.

Kinder mit einem ADS brauchen einen vorgegebenen strukturierten Tagesablauf, weil ihr inneres Chaos ihnen nicht ermöglicht, diesen selbst in den Griff zu bekommen. Ein Kollege mit einem ADS erzählte mir, daß seine Internatsjahre für ihn die schönste Zeit seines Lebens gewesen sei. Als er wieder zu Hause war, habe sein Vater ihm gesagt: „So, nun kannst du endlich tun, was du willst." Aber genau das habe er nicht gekonnt, weil er überhaupt nicht gewußt habe, was er wollte. Ab dieser Zeit sei das Chaos in sein Leben eingekehrt und habe ihn nie mehr verlassen.

Es ist also erforderlich, genau festzulegen, wann was geschehen soll, etwa so: um 6.30 Uhr aufstehen, 7.00 Uhr Frühstück, 7.30 Uhr in die Schule gehen, 12.30 Uhr Mittagessen, 13.30 bis 15.00 Uhr Hausaufgaben, 15.00 bis 17.30 Uhr spielen, 18.00 Uhr Sportverein, 19.30 Uhr Abendessen, 20.30 Uhr duschen, 21.00 Uhr schlafen gehen.

Sie brauchen aber nicht nur einen strukturierten Tagesablauf, sondern auch klar definierte Anweisungen für alle ihre Tätigkeiten. Es reicht also nicht zu sagen: „Räum Dein Zimmer auf." Damit ist das Kind überfordert. Sagen Sie ihm genau, was es tun soll. Aber geben Sie ihm nie mehr als zwei Aufgaben, zum Beispiel: „Geh in Dein Zimmer und räume Deine Kleider in den Schrank!“ Schauen Sie nach oder fragen Sie Ihr Kind, ob es erledigt ist. Dann können Sie ihm neue Aufgaben geben, wie: „Räum Deine Spielsachen weg und sauge den Boden!“ Auch danach ist eine Kontrolle notwendig. Erst wenn das Kind die Erfahrung gemacht hat, daß die Mutter alles mitverfolgt, steigt die Wahrscheinlichkeit, daß es seine Aufgaben erfüllt. Kümmern Sie sich weiter nicht darum, werden Ihre Anweisungen so gut wie immer ignoriert. Die Aufgaben müssen aber nicht nur klar und eindeutig formuliert sein, sondern auch Stimme und Mimik sollten keinen Zweifel daran lassen, daß man es ernst meint. Haben Eltern den Spruch „Vertrauen ist gut, Kontrolle ist besser“ verinnerlicht und auch verstanden, daß es nicht böser Wille, sondern die Störung im Botenstoffsystem ist, die ihr Kind so handeln läßt, brauchen sie auch kein schlechtes Gewissen zu haben, wenn sie eher mehr kontrollieren als ihm vertrauen.

Bei der Behandlung des ADS ist die Information der Eltern über die Problematik des Kindes, über die Ursachen, die diagnostischen Möglichkeiten und die Therapie ganz wichtig. Obwohl die medikamentöse Behandlung an erster Stelle steht, müssen die Eltern auch erfahren, daß das Medikament nicht alle Probleme lösen wird. Je länger das Kind unbehandelt war, desto größer sind die Defizite, die entstanden sind. Je nach Lage können noch Sprachtherapie, Psychotherapie, Ergotherapie und Heilpädagogik erforderlich werden.

Auch müssen die Eltern angeleitet werden, wie sie mit ihrem Kind umgehen sollen. Der alte Erziehungsstil, der meist darin bestand, daß die Eltern ihre Kinder anschrien, sie bedrohten und bestraften, würde sich während der Behandlung mit Stimulanzien verheerend auswirken. Mit Beginn der Therapie werden die Kinder sensibler, alle ihre Sinnesfunktionen sind plötzlich intakt. Sie registrieren im Gegensatz zu früher jede Aggression, jede negative Aussage, jeden bösen Blick und auch jede verächtliche Geste, und es tut ihnen weh. Deshalb müssen sich Eltern mit Beginn der Behandlung sehr zurücknehmen. Sie müssen verstehen, daß ihr Kind nun anders ist als zuvor und sehr sensibel und liebevoll mit ihm umgehen. Auch wenn ihr Kind bei Behandlungsfehlern, wie vergessener Einnahme, plötzlich wieder in die alten Verhaltensweisen zurückfällt und dabei sogar noch aggressiver oder impulsiver ist als zuvor, sollten sie sehr nachsichtig und tolerant sein. Kinder mit einem ADS haben nie gelernt, sich an Regeln zu halten, Anweisungen zu befolgen, sich anzupassen, zu fügen, Hausaufgaben rasch und problemlos zu erledigen. Die medikamentöse Therapie kann sie in die Lage versetzen, alle diese Dinge zu tun, doch haben sie damit keine Erfahrung. Daher müssen Eltern mit viel Geduld und Feingefühl während der Stimulanzienbehandlung die Kinder an alle gewünschten Verhaltensweisen heranführen. Ich möchte dies zum besseren Verständnis an einem Beispiel darstellen:

Die Mutter fordert Simon, der seit einer Woche unter einer wirksamen Stimulanzientherapie steht, auf, nach dem Frühstück die Zähne zu putzen. Simon, der bisher mit dem Frühstück unendlich trödelte und immer wieder ermahnt werden mußte, doch zu essen und nicht zu träumen oder zu spielen, hat heute sein Frühstück zügig gegessen und hätte durchaus Zeit, seine Zähne zu putzen. Aber er hat es noch nie ohne Aufforderung und Drängen der Mutter getan. Also sitzt er noch am Frühstückstisch und rollt ein Ei auf dem Tisch hin und her. Statt weiterhin zu bitten und zu mahnen, sollte die Mutter ihn nun sanft von der Eckbank ziehen, ihn freundlich ins Bad führen und kurz neben ihm stehen bleiben, bis er wirklich mit dem Zähneputzen beginnt. Da die Mutter weiß, daß Simon nach dem Zähneputzen anfängt, mit der Zahnpasta oder mit verschiedenen Cremes zu spielen, sollte sie nach kurzer Zeit wieder im Bad erscheinen und Simon sanft, aber energisch in sein Zimmer führen und ihn bitten, seinen Schulranzen zu packen. Auch hier hat sie bisher schlechte Erfahrungen gemacht, da am Ende mehr Sachen neben dem Schulranzen lagen als eingepackt waren. Sie sollte sich Zeit nehmen, Simon zu helfen, seine bisherigen Gewohnheiten abzulegen. Auch auf dem Weg zur Garderobe, auf dem Simon sonst 1000 Sachen einfielen, die er noch tun könnte, hilft es Simon, wenn die Mutter ihn begleitet. Schließlich ist Simon aus dem Haus, und die Mutter kann sich gar nicht daran erinnern, daß alles jemals so problemlos abgelaufen ist.

Dann kommt Simon von der Schule nach Hause und geht aus alter Gewohnheit erst zur Katze, mit der er bisher immer hingebungsvoll gespielt hat, wobei er das Mittagessen ganz vergaß. Alles Rufen half nichts, er reagierte erst, wenn die Mutter zu schreien begann. Jetzt sollte sie einmal rufen, und falls Simon nicht kommt, ihn aus seinem Zimmer abholen und ihn freundlich zu Tisch führen. Auch nach dem Mittagessen, das unter Stimulanzienbehandlung plötzlich problemlos verläuft, holen Simon alte Verhaltensweisen ein. Bevor er sich an die Schularbeiten machte, mußte die Mutter bisher x-mal ermahnen, rufen, schimpfen und schreien. Simon fielen auf dem Weg ins Wohnzimmer, wo er seine Schularbeiten erledigte, 1000 Sachen ein, die wichtiger waren und die keinen Aufschub duldeten. Auch jetzt sitzt Simon in seinem Zimmer, spielt erneut mit seiner Katze und fährt mit seinem Matchboxauto um die Katze herum. Langes Schreien und Rufen bringt nur schlechte Stimmung. Am besten geht die Mutter in Simons Zimmer, wenn sie meint, es sei Zeit für die Schularbeiten, holt ihn samt seinem Schulranzen ab und führt ihn ins Wohnzimmer. Dort sollte sie geduldig warten, bis Simon seine Arbeitsmaterialien zurecht gelegt hat und während der Schularbeiten weiterhin bei ihm bleiben. Hat er diese dann in 30 Minuten statt in vier Stunden erledigt, ist ein kräftiges Lob der Mutter und eine kleine Belohnung angesagt.

Hält die Mutter diese bestimmte, aber liebevolle Führung ihres Kindes über mehrere Tage durch, wobei der Ablauf immer der gleiche sein sollte, damit sich Simon daran gewöhnen kann, wird er die eingeübten Tätigkeiten schließlich auch ohne Hilfe der Mutter erledigen. Auch der übrige Tagesablauf sollte anfänglich von der Mutter intensiv begleitet werden, da das Kind erst mit Hilfe der Mutter lernen muß, was von ihm erwartet wird und wie es die Erwartungen erfüllen kann. Wichtig ist, am Anfang viel Geduld zu haben, nicht mit Lob und Anerkennung zu sparen, auch wenn das Kind die Mutter durch alte Verhaltensweisen ärgert. Sie selbst sollte sich zurücknehmen und auch nicht in die eigenen alten Verhaltensweisen zurückfallen.

Empfehlungen für Schule und Lehrer

Auch für Lehrer gilt, daß sie das behandelte Kind liebevoll, aber bestimmt in den Schulalltag zurückholen sollten. Wenn Peter aus alter Gewohnheit von seinem Platz aufstehen und herumlaufen möchte, ist es viel besser, ihn sanft an den Schultern zu nehmen und ihn wieder hinzusetzen, als ihn ungeduldig zu ermahnen, sitzen zu bleiben. Auch wenn er unaufgefordert Zwischenrufe macht, wäre es gut, wenn der Lehrer zu Peter hinginge, ihm den Finger auf den Mund legte und ihm dabei sagen würde, daß er nicht gefragt worden ist. Wenn er beginnt, aus alter Gewohnheit zu singen, zu pfeifen oder andere Laute von sich zu geben, ist ein ruhiges, aber bestimmtes Verhalten des Lehrers, wie eben beschrieben, eine wertvolle Unterstützung auf dem Weg zur Eingliederung Peters in die Klassengemeinschaft.

Diese Eingliederung ist für Peter äußerst wichtig. Sie bedeutet, Freunde zu bekommen, wieder anerkannt und nicht ausgelacht zu werden. Verbessert werden könnte die Akzeptanz durch die Schulkameraden, wenn der Lehrer der Klasse erzählen könnte, daß Peter ein ADS hat, was das bedeutet und daß er sich nun unter der Behandlung völlig anders benehmen kann. Jetzt kann er sein Verhalten selbst steuern, was er bisher nicht konnte, und er wird dies noch besser können, wenn die Klassenkameraden ihn unterstützen, vor allem bei der regelmäßigen Einnahme des Medikaments. Vor einigen Jahren hatte ich einen Jungen, dessen Mutter voll hinter der Behandlung stand und genügend Rückgrat besaß, den Lehrern frank und frei zu erklären, ihr Sohn habe ein ADS, das behandelt werden müsse. Sie war der Meinung, daß die Klasse davon erfahren sollte. Es war nur die Frage, wer die Information geben sollte, das Kind selbst oder der Lehrer. Der damals neunjährige Junge, der die Diskussion mitbekommen hatte, entschied sich dafür, sein Anliegen selbst vorzubringen. Er stellte sich vor die Klasse und erklärte den Mitschülern, er wisse, daß er bisher viel dummes Zeug gemacht habe. Er habe jetzt aber eine Medizin bekommen, die seine Leitungen im Kopf, die wohl nicht richtig funktioniert hätten, schmiere, so daß er jetzt alles ganz klar sehen könne und jetzt alles ganz anders werde. Er wies noch darauf hin, er die Medizin ganz regelmäßig nehmen müsse und er seine Mitschüler bitte, ihm dabei zu helfen. Von Stund an war der Junge wieder voll akzeptiert, die Mitschüler erinnerten ihn sogar an die Einnahme des Medikaments, wenn er es vergessen hatte. Dieser Junge ist inzwischen ausgeheilt und besucht mit sehr gutem Erfolg ein Gymnasium, nachdem früher nicht einmal feststand, ob er die Hauptschule meistern würde.

Dieses Beispiel zeigt, daß es viel besser ist, offen mit dem ADS und der Medikamenteneinnahme umzugehen und es weder vor Lehrern noch vor Freunden und Bekannten zu verheimlichen. Dabei sollte man aber genügend Rückgrat haben, klarzustellen, daß man zu seiner Entscheidung steht und nicht gewillt ist, sich durch unqualifizierte Aussagen von anderen irritieren zu lassen. Allerdings erlebe ich immer wieder, daß die Entscheidung, den Lehrern und den Mitschülern die Diagnose mitzuteilen und sie über die Therapie zu informieren, nicht immer positiv aufgenommen wird. Manche Lehrer erklären vor den Kindern, daß sie diese Behandlung ablehnen und begründen dies mit angeblichen Nebenwirkungen oder meinen, daß man doch keine Drogen einnehmen sollte. Dies irritiert das betroffene Kind und natürlich auch die Klassenkameraden, die dann das ADS-Kind hänseln und auslachen, so daß es seine Medikamente nicht mehr einnehmen möchte. In solchen Fällen ist es sicher am besten, Methylphenidat im Pausengetränk oder -brot versteckt mitzugeben.

Derzeit ist das Wissen um das ADS noch sehr gering. Auch die meisten Lehrer sind nicht genügend informiert, obwohl gerade sie ausnahmslos mit dem ADS in seiner hypoaktiven und besonders in seiner hyperaktiven Form konfrontiert werden. Daher wäre zu wünschen, daß Lehrer über ihren Schatten springen könnten und sich ohne Scheu bei den Fachleuten informieren würden.

Das hätte mehrere Vorteile: Die Lehrer könnten erkennen, welche Kinder ein ADS haben, und die Eltern darauf hinweisen, damit eine wirksame Behandlung eingeleitet werden kann. Sie könnten dann bei dieser Behandlung mitwirken, da sie als Außenstehende viel besser erkennen können, ob und wie die Behandlung anschlägt. Sie könnten aber auch bei Kindern, deren Eltern die Notwendigkeit einer Behandlung nicht einsehen, den Kindern und sich das Leben erleichtern, indem sie ein bestimmtes Verhalten zeigen und bestimmte Regeln im Unterricht beachten.

Ich werde nun, in Anlehnung an Hallowell und Ratey, die wichtigsten Regeln für Lehrer im Umgang mit ihren ADS-Schülern vorstellen:

Wie das Kind am effektivsten lernen kann, weiß es selbst oft am besten. Daher könnte ein Gespräch unter vier Augen dem Lehrer wichtige Informationen geben.

Mit Lob und Anerkennung nicht sparen. Jedes Kind spricht darauf positiv an, das Kind mit einem ADS jedoch besonders intensiv. Positive Eigenschaften und Kenntnisse herausstellen. ADS-Kinder haben oft ein Steckenpferd, ein Fach, in dem sie Besonderes leisten können. Hier sollten sie dann auch ein besonderes Lob bekommen, was dazu führen kann, daß sie sich auch in weniger geliebten Fächern anstrengen.

Kinder mit einem ADS brauchen feste Regeln und genaue Vorschriften für ihr Verhalten. Das heißt, sie brauchen einen strukturierten Unterricht und einen strukturierten Tagesablauf, da sie selbst diese Struktur nicht in sich tragen. Am besten stellt der Lehrer verbindliche Regeln für das allgemeine Verhalten auf, die im Klassenzimmer aufgehängt und immer wieder vorgelesen werden sollten, damit sich das Kind diese Regeln einprägen kann.

Der Unterricht gestaltet sich einfacher, wenn das Kind den Lernstoff als Tischvorlage vor sich liegen hat. Das ist natürlich ein großer Aufwand, aber er lohnt sich, da nicht nur das Kind mit einem ADS davon profitiert, sondern auch alle anderen Kinder. Die Lerninhalte der einzelnen Stunden sollten dem Kind schon im voraus mitgeteilt werden. Je mehr es über den Lernstoff schon vor der Stunde weiß, desto besser kann es ihn bewältigen.

Auch ein festgelegter Zeitplan, der mehrfach besprochen und wiederholt und von dem es möglichst keine Abweichungen geben sollte, ist nützlich. Ist es dennoch notwendig, die Zeiteinteilung zu verändern, dann braucht das Kind eine Vorinformation zu einem möglichst frühen Zeitpunkt, damit es sich mit dem neuen Sachverhalt vertraut machen kann.

Es hilft dem Kind, bei der Sache zu bleiben, wenn der Unterrichtsstoff klar gegliedert und in einfacher Form angeboten wird. Schafft es der Lehrer auch noch, mit verschiedenen Farben die einzelnen Arbeitsabschnitte und Aufgabenstellungen herauszuarbeiten, dann kann das Kind wesentlich besser folgen und sich konzentrieren. Lerninhalte und Anweisungen sollten mehrfach wiederholt werden. Je öfter der Lehrer wiederholt, desto besser ist die Chance, daß das Kind die Information aufnimmt.

Lautes Lesen hilft dem Kind, am Text zu bleiben. Möglichst oft laut lesen oder rechnen lassen.

Kinder mit ADS sollten in Gruppen sitzen, die sich gut verstehen; sie sollten daher ihre Sitzgruppe selbst wählen dürfen. Wenn sich Gruppen gebildet haben, in denen es Probleme gibt, sollte der Lehrer diese Gruppierungen auflösen und neue kombinieren.

Das ADS-Kind sollte möglichst weit vorne sitzen, damit es nicht durch die Aktivitäten der anderen abgelenkt wird, aber auch damit der Lehrer mit ihm ständig Blick- und Körperkontakt halten kann. Das Kind mit ADS braucht diesen Blick- und Körperkontakt sehr viel mehr als andere Kinder. Es hilft, seine Aufmerksamkeit zu verbessern, da die Autorität des Lehrers verhindert, daß es in seine Tagträume versinkt oder unnötige Aktivitäten entwickelt. Wenn es vor sich hinträumt, kann es von großem Nutzen sein, wenn ihm der Lehrer die Hände auf die Schulter legt und es sehr bestimmt darauf hinweist, daß nicht Träumen, sondern Schule angesagt ist. Erheben eines Zeigefingers, eine entsprechende Mimik, dem Kind die Hand auf die Schulter legen und ihm die richtige Richtung geben, es an der

Hand nehmen und führen, sind alles bessere Möglichkeiten, als dem Kind zuzureden. Wenn allerdings gesprochen werden muß, dann sollte man laut und deutlich sprechen und das Gesagte am besten mehrmals wiederholen.

Das Kind braucht klare Grenzen. Wenn etwas getan werden muß, nicht lange mit ihm reden und verhandeln, sondern klare Anweisungen geben, am besten langsam und deutlich. Hat das Kind etwas angestellt, klar definieren, daß dies nicht in Ordnung war, das Kind aber nicht bloßstellen. Sich nicht auf lange Diskussionen einlassen, vor allem nicht über die Schuldfrage.

Bei Klassenarbeiten sollte der Lehrer die Zahl der Aufgaben so begrenzen, daß auch das ADS-Kind in der vorgegebenen Zeit damit fertig werden kann, sonst wird das Kind durch ständige Frustration noch unruhiger und unzufriedener. Bei langen Aufgaben ist es besser, sie in mehrere kleine zu unterteilen, dies gilt auch für die Aufgabenstellung während des Unterrichts und für die Hausaufgaben. Kinder mit ADS resignieren, wenn sie eine lange Aufgabe sehen, weil sie meinen, sie könnten diese ohnehin nicht bewältigen. Gibt man ihnen kurze Teilabschnitte der Gesamtaufgabe, dann sind sie viel eher bereit, daran zu arbeiten, und viel besser motiviert.

Kindern mit ADS sollte man nie zu umfangreiche Hausaufgaben aufgeben, da der Frust, der bei stundenlangem Sitzen an den Hausaufgaben entsteht, sich am Ende nur negativ auf die schulischen Leistungen auswirkt. Lieber wenige, aber dafür schwierigere Aufgaben und diese wieder in Teilabschnitte zerlegt. Wichtig ist es auch, die Hausaufgaben zu kontrollieren. Kinder mit ADS brauchen diese Kontrolle, da sie dann besser motiviert sind, die Hausaufgaben wirklich zu machen. Die Hausaufgaben sollten in ein Heft eingetragen werden, damit auch die Mutter Bescheid weiß, was zu erledigen ist.

Die Gliederung des Stoffes ist für ADS-Kinder besonders wichtig, weil sie, wenn ihnen der Stoff in kleinen Portionen angeboten wird, leichter zu einer Lösung finden. Auch sollte man die Kinder lehren, den Stoff selbst zu gliedern. Haben sie gelernt, eine große Aufgabe in kleine überschaubare Teilabschnitte zu zerlegen, dann brauchen sie vor großen Aufgaben nicht mehr zu resignieren, da sie in der Lage sind, sie in kleinen Schritten zu bewältigen.

Weil die Merkfähigkeit der Kinder meist gestört ist, sind Gedächtnishilfen wie Reime, Eselsbrücken, Verse oder Singspiele bei ihnen besonders wirksam.

Kinder mit einem ADS haben so viele Verhaltensauffälligkeiten, daß Lehrer häufig zu Maßnahmen greifen, die sie sonst nicht wählen, wie bloßstellen, auslachen, lächerlich machen, sarkastisch werden, die Kinder in eine Ecke oder vor die Türe stellen. Solche Maßnahmen sind absolut sinnlos, verstärken nur das oppositionelle, aggressive und hyperaktive Verhalten. Besser ist es, die Verhaltensauffälligkeiten entweder nicht zu beachten oder freundlich, aber dennoch klar und deutlich Stellung zu beziehen: z. B. dem Kind den Finger auf den Mund und den ständig gestreckten Arm auf den Tisch zurücklegen, das im Klassenzimmer herumwandernde Kind auf den Platz zurückführen, das Kind, das ständig aufsteht, hinzusetzen. Das gelingt natürlich nicht immer. Wichtig ist jedoch, daß der Lehrer selbst ruhig und gelassen bleibt, selbst wenn das Kind aggressiv wird. Eine starke Persönlichkeit wird von den Kindern immer akzeptiert. Schwächen erkennen sie sofort und nutzen sie zu ihren Gunsten aus.

Ist ein Kind in eine Rauferei verwickelt, nützt es wenig, es zu beschuldigen oder zu bestrafen, selbst wenn es die Rauferei begonnen hat. Besser ist es, das Kind sehr bestimmt aus dem Kreis herauszunehmen, ihm ruhig aber energisch zuzureden und zu warten, bis es sich beruhigt hat.

Beim Sport möglichst auf Spiele verzichten, bei denen getobt und gealbert werden kann, da ADS-Kinder dann über die Stränge schlagen und kein Ende finden. Zu Beginn der Sportstunde sollte der Lehrer fünf Minuten lang kräftig laufen lassen, damit Kinder mit einem ADS dann schon überschüssigen „Dampf" ablassen können. Man sollte sie nie beschäftigungslos herumstehen lassen. Es schadet auch nicht, wenn solche Beschäftigungen vor dem eigentlichen Sportunterricht recht anstrengend sind, z.B. das Herbeitragen von Matten oder das Aufstellen von Sportgeräten.

6. ADS in der Pubertät

Auch bei der Behandlung des ADS ist die Pubertät ein sehr schwieriges Alter. In dieser Phase verstärken sich die Symptome des ADS durch die Pubertät und umgekehrt. Bei den ehemals hypoaktiven Kindern kommt es zu depressiven Stimmungen, zu vermehrter Selbstkritik, zu einem oft starken Einbruch des Selbstwertgefühls und häufig auch zu Selbstmordgedanken. Vor allem die Mädchen leiden in dieser Zeit besonders intensiv, da ihr Selbstbild in der Pubertät mehr leidet als das der Jungen und die Probleme des ADS sie auch stärker belasten.

Die ehemals hyperaktiven Kinder werden äußerlich ruhiger, innerlich allerdings sind sie meist noch unruhiger als zuvor. Häufig verstärkt sich ihr oppositionelles Verhalten gegenüber Eltern und Lehrern. Die meisten jugendlichen ADS-Patienten haben ein Leben mit unzähligen Frustrationserlebnissen hinter sich. Häufig haben sie schon als Kinder begonnen zu resignieren, und ihre Resignation verstärkt sich während der Pubertät. Sie haben ein ausgeprägtes „Null-Bock“-Verhalten, zumal sie sich von Eltern, Lehrern und Freunden zunehmend unverstanden und abgelehnt fühlen. Sie waren schon als Kinder Außenseiter und werden es jetzt in den meisten Fällen noch mehr. Ihre Schulnoten sind von Jahr zu Jahr schlechter geworden, in der Pubertät spitzt sich die Situation schließlich zu. Es kommt zu Schulverweigerungen, da dies der einfachste Weg aus dem Dilemma ist. Entweder geben sie vor, krank zu sein, oder sie schwänzen die Schule. Werden sie zur Rede gestellt, ist oft nur ein Schulterzucken die Antwort. Häufig müssen sie eine Klasse wiederholen oder die Schule wechseln.

Gleichzeitig sind die Pubertierenden trotz massiver Probleme selten bereit, sich einer medikamentösen Behandlung zu unterziehen. Sie wollen sich von den Eltern abgrenzen, sich nicht mehr von ihnen bestimmen lassen und erst recht nicht die Einnahme von Medikamenten vorschreiben lassen, da sie weder eine Krankheitseinsicht haben noch einen Leidensdruck empfinden. Nach meiner Erfahrung sind nur Jugendliche mit einem hohen Bildungsniveau bereit, sich behandeln zu lassen, vor allem wenn sie merken, daß sie trotz überragender Intelligenz schulisch nur mäßige oder sogar schlechte Ergebnisse erzielen. Daher sollte vor der Pubertät die Diagnose gestellt und die medikamentöse Behandlung eingeleitet werden, da dies auch die Voraussetzung für andere notwendige Therapien schafft.

Dies ist um so wichtiger, weil ADS-Patienten in der Pubertät und Jugendzeit besonders labil sind und daher die Gefahr groß ist, daß sie zu Drogen verführt werden, in die Dissozialiät oder sogar in die Kriminalität abgleiten.

7. Erwachsene ADS-Patienten

Allgemeine Gesichtspunkte und Patientenberichte

Wenn man davon ausgeht, daß 6 bis 10 % der Bevölkerung an einem ADS leiden und davon wiederum bis zu 40 % drogen- und alkoholabhängig oder kriminell werden, kann man sicher sein, daß unsere psychiatrischen Kliniken und unsere Suchtkliniken sowie unsere Gefängnisse von zahlreichen ADS-Patienten bevölkert sind.

Daher kann man nicht oft und ausführlich genug über die Symptome des ADS berichten, zumal das Krankheitsbild bei Psychiatern fast unbekannt ist. Die betroffenen Patienten werden als Depressive, Dissoziale, Drogen- und Alkoholabhängige geführt und behandelt, und das meist ohne Erfolg, da die Grundkrankheit nicht erkannt wurde. Vermutlich ist das Krankheitsbild deshalb so wenig bekannt, weil sich die Symptome mit zunehmendem Alter verändern. Die Betroffenen werden ruhiger und fallen kaum noch auf, was zu dem Fehlschluß führt, das ADS könne spontan ausheilen. Ohne medikamentöse Behandlung ist dies jedoch nach meiner Erfahrung selten oder nie der Fall. Da das ADS autosomal dominant vererbt wird, muß bei Erkrankung eines Kindes immer mindestens auch ein Elternteil betroffen sein, der sich so gut wie immer spontan erkennt, wenn man ihm die Symptome schildert. Die Betroffenen haben oft eine Fülle von Problemen, sei es in den sozialen Bezügen, mit der Ordnung im Haushalt, mit der Bewältigung des Alltags, mit Depressionen und Schwierigkeiten am Arbeitsplatz, die sie aber bisher nicht mit einem ADS in Zusammenhang gebracht haben. Häufig wünschen auch sie eine Behandlung, da sie nun endlich ihre Probleme einordnen und ihren oft steinigen Lebensweg sowie die Partnerprobleme verstehen können. Aus diesem Grunde stelle ich nachfolgend die Symptome des ADS bei Erwachsenen dar, damit Eltern in die Lage versetzt werden, sich oder den Partner als Betroffenen zu erkennen und gegebenenfalls auch behandeln zu lassen, was nicht nur ihnen selbst, sondern der ganzen Familie zugute kommt.

Zur Verdeutlichung, was ADS im Erwachsenenalter bedeutet, beginne ich mit dem Bericht einer meiner erwachsenen Patientinnen, die eine gute Beschreibung der meisten Symptome gibt. Sie ist 45 Jahre alt und übt einen sehr anspruchsvollen Beruf aus.

Obwohl ich oft sehr unsicher im Kontakt mit anderen Menschen bin, habe ich einen unwiderstehlichen Rededrang. Ich kann einfach nicht verstehen, warum ich dieses Schwatzen und Herausplatzen nicht in den Griff bekommen kann. Obwohl ich es ganz schlimm finde, daß ich anderen das Wort nehme oder ihnen ins Wort falle, sie damit auch verletze, kann ich meinen Rededrang nicht kontrollieren. Ich habe so vieles gelernt, aber Schweigen gehört nicht dazu. Manchmal, bei guten Bedingungen, wenn ich mich entspanne, habe ich ihn für kurze Zeit im Griff, doch kaum konzentriere ich mich nicht mehr darauf, den Mund zu halten, sondern auf den Inhalt des Gesprächs, geht es wieder mit mir durch. Ich quatsche dem Teufel ein Ohr weg und rede alle in Grund und Boden.

Ich habe eine sehr schlechte Zeiteinteilung, allerdings gute Strategien entwickelt, um damit zurechtzukommen, z.B. einen Tagesplan. An diesen halte ich mich fast zwanghaft. Kommt aber etwas dazwischen, und ich kann die gewohnte Strategie nicht nutzen, bin ich schnell in Gefahr, völlig konfus zu reagieren. Wie schön wäre es, wenn ich gar nicht so viele Strategien bräuchte und nicht überall das Chaos lauern würde.

Ich habe eine besondere Wahrnehmung für Farben, Formen, Stimmung, Atmosphäre, kann vieles intuitiv erfassen, habe immer eine Fülle von Ideen und Gefühlen. Gleichzeitig nehme ich andere wichtige Signale nicht wahr. Das geht mir immer wieder in einzelnen Situationen so, im Grunde schon mein ganzes Leben lang. Ich habe meine ganze Schulzeit verschlafen und es dennoch irgendwie geschafft, und das nicht einmal schlecht. Mit zunehmendem Alter entwickelte ich immer mehr Leidensdruck aufgrund meiner sozialen Stellung. Obwohl mein Selbstmanagement besser wurde, ließ sich eben nicht alles managen, vor allem nicht mein Rededrang. Meine Energie ist äußerst schwankend. Ich kann völlig antriebslos sein, gleichzeitig unruhig und besorgt, den Berg der Aufgaben, der vor mir liegt, nicht zu schaffen. Bin ich dann aber in die Aufgabe eingestiegen, kann ich darin völlig aufgehen und habe plötzlich alles im Übermaß: Ideen, Konzentration, Weitsicht, Elan und auch rote Backen. Bin ich erst einmal drin, kommen mir sogar nachts noch Ideen für das jeweilige Projekt, obwohl ich schon längst keine mehr brauche.

In meinen Beziehungen hatte ich zeitweise große Probleme. Ich brauche auch viel zu viel Zeit für mich selbst, um mein eigenes Leben zu organisieren und zur Ruhe zu kommen. Trotzdem habe ich sehr viel Liebe erfahren und konnte auch Liebe geben, vor allem einem Partner, den ich nach allem, was ich jetzt weiß, auch als ADS-Patienten bezeichnen würde. Seit der Trennung von ihm habe ich niemanden mehr gefunden, mit dem es so harmoniert.

Meine Unordnung war schon seit meiner Kindheit ein Ärgernis. Dabei genieße ich es doch so, wenn es ordentlich und schön ist, die Dinge an ihrem Platz sind und nicht alles herumliegt. Ich bemühe mich um Ordnung. Es ist aber wie ein Zug, der ständig entgleist: Ich fange gut an, doch kurze Zeit danach ist es wieder beim alten.

Mit viel Selbstdisziplin, Druck und Ideenreichtum für Ordnungssysteme bringe ich es wieder hin und bin zuversichtlich. Doch ruckzuck liegen wieder überall Haufen unerledigter Dinge herum, die sich auf Tischen, Stühlen, Sesseln, Sofas und auf dem Boden häufen. Dann räume ich wieder auf und verstehe nicht, wie es gleich wieder eskalieren kann. Letztlich finde ich alles, was ich suche, oder weiß wenigstens, wie ich mir die Information wieder beschaffen kann, oft mit den abenteuerlichsten Eselsbrücken. Die Unordnung streßt mich, ist mir unangenehm, alles schreit stumm: Tu was mit mir, erledige mich endlich, du hast es wieder nicht geschafft, du bist eine Schlampe, das ist widerlich, nicht mal das kannst du. Diese Unordnung habe ich oft auch in meinem Kopf und in meinem Leben.

Die Zeit spielt für mich eine große Rolle. Unter einem bestimmten Zeitdruck kann ich gut arbeiten, hocheffizient sein, viel erledigen. Unter extremen Zeitdruck bin ich bei Entscheidungen blokkiert, bin leer, stottere, habe Formulierungsschwierigkeiten. Ohne Zeitdruck läuft nichts. Ich kann die Zeit nicht einteilen. Mein Hirn neigt dazu, immer vieles gleichzeitig zu machen. Doch es tut mir gut, wenn es mir gelingt, mich zu disziplinieren und möglichst nur eine Sache am Stück zu machen. Also versuche ich, eins nach dem anderen zu machen. Wenn ich dann drei Aufgaben zu erledigen habe, brauche ich für die ersten beiden soviel Zeit, daß es für die dritte wieder nicht reicht. Dann habe ich wieder Schuld- und Versagensgefühle.

Nichts-Machen: Ich brauche es dringend zur Erholung, zur Entspannung, zum Ausruhen von mir selbst und von meinen vielen Ideen.

Früher nahm ich meine Ängstlichkeit gar nicht wahr. Erst in den letzten Jahren spüre ich, wie eine leise, aber penetrante Ängstlichkeit, eine Besorgnis oder angespannte Unruhe über all meinem Denken liegt. Ich erwarte immer das Schlimmste. Mein Gehirn schafft es, mir in einer hundertstel Sekunde auszumalen, was wieder schiefgehen könnte. Ich habe immer eine Befürchtung, eine ängstliche Anspannung. Diese Angst ist zerstörerisch. Ich denke, es wäre sehr viel besser, einmal etwas falsch zu machen, als immer in der Angst zu leben, etwas falsch zu machen. Obwohl ich diese Ängstlichkeit unbegründet finde, da meinen hundert Ängsten auch Hunderte von Lösungsmöglichkeiten gegenüberstehen, kann ich sie nicht aufgeben, genau so wenig wie meinen Rededrang. In den letzten Jahren bin ich immer unzufriedener geworden, vor allem weil es mir nicht gelingt, banale Dinge wie Ordnung und Rededrang in den Griff zu bekommen, vor allem aber, eine gute, tragfähige Liebesbeziehung zu haben. Es ist äußerst schwierig, jemanden zu finden, der mit meiner Art zurechtkommen kann. Ich bin unpünktlich, wenn es jedoch darauf ankommt, kann ich ausnahmsweise pünktlich sein. In meinem Engagement bin ich überdurchschnittlich. Ich kann mit Leichtigkeit einen vorgegeben Rahmen verlassen und überraschend gut eigene Dinge initiieren, die auch gut gelingen. Doch hätte ich die Wahl, würde ich gern etwas davon hergeben zugunsten eines ausgeglicheneren Lebens mit mehr privater Harmonie.

Ich begann bei dieser Patientin eine Therapie mit 5 x 1/4 Tablette Methylphenidat, erhielt jedoch bald einen Anruf, daß es ihr damit nicht gut gehe. Daraufhin versuchte ich Desipramin mit dem gleichen schlechten Erfolg. Schließlich begann sie selbst mit den Medikamenten zu experimentieren, und fand eine wirksame Dosis heraus, die bei nur 5 x 1 mg, also 5 x 1/10 Tablette Methylphenidat lag.

Während dieser Zeit erreichte mich folgender Brief:

Mir geht es überwiegend sehr gut. Ich fühle mich wohl, ein ganz anderes Lebensgefühl. Die Veränderung ist ganz anders, als ich erhoffte, deshalb glaube ich auch, daß es kein „Placebo"-Effekt ist, außerdem hält sie nun schon lange an. Am eindrücklichsten ist es für mich, daß statt der beständigen, leisen, fast zwanghaften Ängstlichkeit, dem mich selbst unaufhörlich „An-die-Kandare-Nehmen", ein ganz neues Lebensgefühl erwachte, ein Gefühl von Zuversicht, voll „gesunder Angriffslust" dem Leben gegenüber. Ich erlebe viel Freude und fühle mich voller Energie. Natürlich gibt es ab und zu auch schwierige Tage, wo die Dinge nicht so von der

Hand gehen, aber das finde ich fast beruhigend „normal", zeigt es mir doch, daß ich durch das Methylphenidat nicht in einen realitätsfernen, glückseligen Wattebausch gepackt bin.

Meine Freundschaften intensivieren sich. Nur noch selten gibt es mal eine mißlungene Situation. Das Gefühl, auf eine bestimmte Art anders zu sein als die anderen, hat sich verloren. Meine Wohnung ist die überwiegende Zeit geordnet und schön, und ich trage geduldig die angesammelten Berge ab. Vor allem fühle ich mich selbst am meisten aufgeräumt und wohl. Gute Ideen sind nach wie vor genug da, aber ich muß nicht mehr allem nachgehen, genauso wie ich nicht mehr alles aussprechen muß. Für mich ist das eine spektakuläre Veränderung, die zwischen dem ADS-Fragebogen am Anfang und meinem jetzigen Zustand steht. Daher kann ich meinen Dank gar nicht genug ausdrücken. Die Veränderung kam, als ich den dritten Tag 5 x 1 mg Methylphenidat nahm. Ich hatte die Hoffnung schon fast verloren, da die höhere Dosierung eine Plage war. Ich möchte dieses Medikament gerne so weiter nehmen.

Ich denke, der Bericht der Patientin umfaßt wesentliche Symptome. Vor allem wird sehr gut die ausgeprägte Redefreudigkeit, besser der Redezwang vieler Menschen mit einem ADS geschildert. Sie beschreibt auch eindrücklich die besonderen Fähigkeiten des ADS-Patienten, ebenso wie seine Unzulänglichkeiten und seine Ängste. Auffallend ist, daß die Patientin mit einer minimalen Medikamentendosis ein so gutes Ergebnis erzielte, was ich aber inzwischen bei einigen anderen Betroffenen auch feststellen konnte. Erwachsene brauchen oft sehr viel geringere Dosen als Kinder.

Im folgenden eine weitere Schilderung einer erwachsenen Patientin über ihre Probleme:

Ich springe von einer Idee, von einer Tätigkeit zur anderen, niemals ist etwas fertig, nie komme ich zur Ruhe, nie kann ich etwas in Ruhe tun. Das geht nun seit 40 Jahren so, ohne Pause. Mein Blutdruck ist bei 200/150. Ich kann nicht mehr. Alles ist mühsam. Ich brauche unendlich viel Kraft für Dinge, die andere Frauen mit links erledigen. Ich beherrsche mich den ganzen Tag und explodiere dann doch bei Kleinigkeiten, tobe und brülle, weil ich diese Unruhe in mir nicht mehr aushalte. Was ist los in meiner Familie? Was stimmt nicht bei uns? Warum sind wir nach zehn Minuten Frühstück miteinander so erledigt, daß mein Mann und ich unsere zwei Kinder aus dem Raum schicken müssen, um in ein „stummes Nichtssagen" verfallen zu können? Warum ist unsere Wohnung niemals aufgeräumt? Warum kann ich mich nicht als Frau empfinden? Warum fallen mir Muttergefühle so schwer? Warum kann ich mich nicht mit anderen unterhalten, keine Freunde einladen? Warum explodiere ich, wenn jemand nur den Wunsch äußert, mich zu besuchen? Warum werde ich dann unverschämt und sage, daß das wohl das Letzte wäre, was mir noch zu meinem Glück fehlt? Ich habe keine Ruhe, wir haben keine Ruhe, wir haben alle ein ADS. Ich habe endlich eine Erklärung für unser chaotisches Leben, für unsere unsinnigen Verhaltensweisen und mit den Stimulanzien die Lösung gefunden. Diese Ruhe in meinem Hirn, endlich nach all den Jahren. Jetzt ist es mir möglich, klare Gedanken zu fassen, ein Ding nach dem anderen zu Ende zu bringen, Strukturen zu erkennen. Nun weiß ich auch, was die Worte „Müßiggang" und „Feierabend" bedeuten. Ich habe Zeit für mich, für meine Familie, ja sogar für Freunde. Ich kann empfinden, was Langeweile ist – das war früher für mich unvorstellbar.

Diese Patientin beschreibt besonders gut ihre innere und äußere Unruhe. Während letztere oft im Erwachsenenalter verschwindet, bleibt die innere Unruhe fast immer bestehen. Ein Erwachsener berichtete mir, seine innere Unruhe sei so groß, daß er sie durch ständiges Laufen abbauen müsse. Er könne auch kein Buch und keine Zeitung lesen oder etwas lernen, ohne sich zu bewegen. Dies führe dazu, daß er in seinem Zimmer oft stundenlang umherlaufe und sich die Mieter in der Wohnung darunter schon darüber beschwert hätten. Zudem müsse er, um sich das Gelesene merken zu können, es sich laut vorlesen. Dadurch sei ihm Lesen und Lernen nur in einem abgeschiedenen Raum möglich.

Nachdem ich zwei Erwachsene zu Wort kommen und ihre Symptome schildern ließ, möchte ich nun systematisch die Symptome des Erwachsenen-ADS darstellen:

Symptome des ADS bei Erwachsenen

Wie bei Kindern sind auch bei Erwachsenen die verschiedensten Symptomkombinationen möglich, wobei nicht alle Symptome nachweisbar sein müssen; manchmal sind es sogar nur wenige. Das Hauptsymptom der Kinder, die Aufmerksamkeitsstörung, ist auch bei Erwachsenen immer anzutreffen. Sie können sich wohl auf Dinge konzentrieren, die sie interessieren, und wie Kinder dabei die Zeit vergessen, empfinden aber bei uninteressanten Tätigkeiten eine gähnende Langeweile. Häufig höre ich von Erwachsenen, daß auch sie, wohl aus dem gleichen Grund wie die Kinder, nur ungern lesen und statt dessen sehr gerne fernsehen. Patienten mit leichten Formen des ADS, vor allem hypoaktive, kommen ganz gut durch die Schule, bestehen auch relativ problemlos ihre schulischen Prüfungen, haben aber später oft Probleme, wenn sie sich bei größeren Prüfungen stundenlang konzentrieren müssen. Die Aufmerksamkeitsstörung zeigt sich ebenfalls im zwischenmenschlichen Kontakt. Sie können Unterhaltungen nicht folgen, sind abgelenkt, machen Zwischenbemerkungen, die eindeutig zeigen, daß sie nicht zugehört haben, reißen das Gespräch an sich oder reden ständig dazwischen. Sie lassen andere selten ausreden und finden ihre eigenen Beiträge so wichtig, daß sie mitten in den Satz eines anderen hineinplatzen. Von jeder Kleinigkeit werden sie abgelenkt, ein Papierrascheln läßt sie die Unterhaltung vergessen und den Faden verlieren. Ihre Konzentrationsfähigkeit ist gering, ihr Hörgedächtnis schlecht, und sie erinnern sich häufig nicht mehr an Aufträge ihrer Ehepartner oder Vorgesetzten. Einer meiner Patienten wurde mit dem Auftrag in die Stadt geschickt, noch einige Dinge für die am Abend stattfindende Party einzukaufen. Ein Freund lud ihn zum Bier ein, er vergaß den Auftrag. Stunden später erschien er wieder zu Hause und wunderte sich, daß so viele Leute anwesend waren. Man kann sich leicht vorstellen, wie die Ehefrau reagiert hat.

Ein anderer ADS-Patient lud alle seine Mitarbeiter zu einer Party ein, ohne seine Ehefrau zu informieren. Als diese abends auf Klingeln die Türe öffnete, streckte ihr ein Mitarbeiter ihres Mannes einen Blumenstrauß entgegen und bedankte sich herzlich für die Einladung. Die völlig verdutzte Ehefrau, die im Morgenmantel vor ihrem ersten Gast stand, erfuhr, daß die restlichen 15 Gäste gleich kommen würden. Auch hier kann man sich vorstellen, daß bei ihr wenig Freude aufkam, zumal ihr Mann als Letzter der Runde zur Party erschien.

Erwachsene ADS-Patienten, vor allem hyperaktive, sind häufig Mittelpunkt von Gesellschaften. Sie schildern frühere Erlebnisse und Ereignisse oft so lebhaft und lebensnah, daß man glaubt, dabei gewesen zu sein. Es kümmert sie wenig, daß sie das Erlebte mit Erfundenem ausmalen und am Ende kaum mehr etwas von der Wirklichkeit übrig bleibt. Vor allem Männer fallen in dieser Weise bei Partys auf, während die Frauen dies mehr im intimeren Freundeskreis tun, sich dort aber ähnlich verhalten. Erwachsene mit einem ADS können ihre Freundinnen und Freunde so faszinieren, daß diese gleich über feste Bindungen nachdenken und häufig auch voll Glück und Erwartung in eine Ehe hineinstolpern, die dann zum Stolperpfad wird. Sobald die Zeit der Werbung vorbei ist, und der eheliche Alltag ohne leuchtende Höhepunkte beginnt, werden Menschen mit einem hyperaktiven ADS von Langeweile geplagt und versuchen, ihr Leben durch die verschiedensten Aktivitäten, vorwiegend außer Haus, abwechslungsreicher zu gestalten.

Die Hyperaktivität, welche bei Kindern oft im Vordergrund steht, ist bei Erwachsenen nicht so offensichtlich, auch wenn es sich um ehemals hyperaktive Kinder handelt. Man kann ihre Unruhe jedoch an dauernd wippenden Beinen, trommelnden Fingern, am Spiel mit den Haaren oder den Ohren, am Grimassieren und auch am Nägelkauen sehen, das bei ADS-Patienten bis ins Erwachsenenalter anhalten kann. Sie können nicht längere Zeit irgendwo sitzen, müssen ständig von ihren Stühlen aufstehen und umherwandern. Daher meiden sie Theater-, Konzert- und Opernvorstellungen.

Häufig verlagert sich ihre Unruhe nach innen. Sie berichten, daß sie sich innerlich sehr unruhig, ja geradezu getrieben fühlen. Solche Menschen versuchen dann häufig ihre Unruhe als Workaholic am Arbeitsplatz oder in der heimischen Werkstatt, durch abendliche Partys oder intensive Vereinstätigkeit zu bekämpfen. Häufig sind sie Vorsitzende mehrerer Vereine, reißen sich um jeden Posten und fühlen sich erst glücklich, wenn ihnen wirklich keine Minute zum Ausruhen bleibt. Die Ehefrauen berichten oft, daß ihre Männer weder am Abend noch am Wochenende entspannen können. Auch im Urlaub finden sie keine Ruhe und sehnen sich schon am ersten Tag nach Hause zurück.

Auch Frauen mit einem ADS werden oft von ihrer inneren Unruhe getrieben und entwickeln eine hektische Arbeitswut. Eine meiner ADS-Patientinnen von etwa 30 Jahren erzählte mir, daß sie schon vier Häuser gebaut habe. Als ich völlig verständnislos fragte, wozu sie diese denn brauche, erklärte sie mir, daß diese Tätigkeit am meisten Streß verursache und daß sie diesen Streß benötige. Außerdem verkaufe sie die fertiggestellten Häuser anschließend mit gutem Gewinn, so daß sich diese Tätigkeit auch als Nebenbeschäftigung lohne.

Daher weisen Berufsgruppen, die eine abwechslungs- und streßreiche Tätigkeit haben, wie Unternehmer, Ärzte, Politiker, Juristen, Journalisten einen höheren Prozentsatz an Personen mit einem ADS auf als die Durchschnittsbevölkerung, besonders hoch ist er unter Schauspielern.

Auch die Impulsivität ist bei Erwachsenen mit einem ADS noch nachweisbar. Nicht nur, daß sie andere im Gespräch dauernd unterbrechen, sie fällen auch Entscheidungen, die später kaum nachvollziehbar sind. Sie handeln häufig, bevor sie denken. Sie sagen, was ihnen gerade einfällt, auch wenn sie den anderen dadurch kränken. Ein Betroffener erklärte der Freundin seiner Ehefrau, sie würde sicherlich keinerlei Probleme mehr mit ihrem Leben haben, wenn sie endlich den richtigen Mann im Bett hätte. Man kann sich vorstellen, daß die Freundschaft damit beendet war. Solche Dinge können Personen mit einem ADS auch völlig Fremden sagen, ohne zu begreifen, daß sie diese dadurch beleidigen. Ein Gastgeber mit einem ADS erklärte einem Gast der Familie im Gespräch so nebenbei, es sei kein Wunder, daß er es bei seinem Aussehen nicht weit gebracht hätte. Die völlig entsetzte Ehefrau trat ihn gegen das Schienbein, worauf er ganz irritiert fragte: „Warum trittst du mich denn?" Alle hatten die Situation verstanden und begannen zu lachen, nur er selbst nicht.

Auch Erwachsene können, ebenso wie die Kinder, Frustrationen schlecht aushalten. Sie neigen in solchen Situationen schon beim geringsten Anlaß zu Wutanfällen, können ausrasten und dabei auch aggressiv werden. Der Vater einer meiner Patientinnen bat mich kürzlich darum, auch ihn zu behandeln, da er zu aggressiven Handlungen neige, vor allem seinem Chef gegenüber, den er schon einmal niedergeschlagen habe. Dies eine Mal habe ihm sein Chef noch verziehen, ihm aber im Wiederholungsfall die Entlassung angedroht. Unter der eingeleiteten Stimulanzientherapie verlor er seine aggressiven Impulse.

Auch Erwachsene mit einem ADS haben Probleme mit der Organisation. Ihr Arbeitsplatz und ihre Wohnung sehen häufig chaotisch aus, sie suchen ständig etwas und finden es selten. Sie können nicht bei der Sache bleiben, pendeln von einer Tätigkeit zur anderen, ohne irgendeine zu Ende zu bringen und verhalten sich oft völlig planlos. Sie vergessen Verabredungen, Termine, Aufträge und häufig auch die Bezahlung von Rechnungen.

Sie haben wenig Selbstkritik, können aber, wie die Kinder, andere äußerst gut kritisieren und haben auch ein besonders feines Gespür für die Empfindlichkeiten ihrer Mitmenschen, die sie dann ganz gezielt zu treffen versuchen. Sie fühlen sich für auftretende Probleme selten verantwortlich und suchen immer einen Schuldigen.

Daß es nach den dargestellten Eigenschaften schwierig ist, mit einem ADS-Partner zu leben, erscheint offensichtlich. Daher stimmt es auch in vielen Ehen nicht – die Scheidungs- und Trennungsquote dürfte bei den Betroffenen sicherlich recht hoch sein. Ihre Unzuverlässigkeit, Vergeßlichkeit, Unruhe, Impulsivität und ihre Stimmungsschwankungen machen den Ehealltag zu einer ständigen Herausforderung. Nach oft jahrelangem Kampf gegen Windmühlen resigniert der gesunde Partner und trennt sich. Nach meiner Erfahrung scheinen Ehen, in denen beide Partner an ADS leiden, wesentlich besser zu funktionieren. Ob es damit zusammenhängt, daß sie den anderen aufgrund der eigenen Störung besser verstehen und ihm eher verzeihen können, oder ob es einfach die Unfähigkeit ist, sich an die gegenseitigen Verletzungen zu erinnern, mag dahingestellt bleiben. Auch könnte es sein, daß sie große Schwierigkeiten bei der Partnersuche hatten und daher froh sind, einen Lebensgefährten gefunden zu haben.

Stimmungsschwankungen sind bei Erwachsenen mit einem ADS noch häufiger als bei Kindern. Sie können einerseits auch aus wenig verständlichem Anlaß in ein Stimmungshoch geraten und die Welt umarmen wollen, andererseits sind sie häufig depressiv. Vor allem die ehemals Hypoaktiven können ihre Arbeit oft nicht leisten. Ihnen wird alles zuviel. Viele meiner erwachsenen Patienten erzählten mir, daß der anhaltende Frust bei ihrer Arbeit und in der Familie sie immer wieder daran denken lasse, sich das Leben zu nehmen. Außerdem leiden sie häufig unter Angstzuständen. Nach Hallowell haben 30 % der Erwachsenen mit einem ADS eine Angststörung.

Daher behandele ich Erwachsene, besonders wenn sie depressiv wirken, zunächst nur mit einem Antidepressivum. Schon in kleinsten Dosierungen kann es die Botenstoffe und gleichzeitig die Stimmung heben und Ängste vertreiben. Erst nach Beseitigung der depressiven Symptomatik beginne ich mit kleinen Dosen Methylphenidat und setze das Antidepressivum langsam ab. Dieses Vorgehen hat sich sehr bewährt, da es die meisten Patienten vor stärkeren Depressionen bewahrt, die auch vom Methylphenidat verursacht werden können, wie folgendes Beispiel zeigt: Die Mutter von vier Kindern, von denen drei ein ADS haben, rief mich kürzlich an und erklärte mir, sie werde sich jetzt das Leben nehmen. Sie habe erlebt, wie gut es ihren Kindern während der Behandlung mit Methylphenidat gegangen sei und habe daraufhin beschlossen, sich selbst zu behandeln, obwohl ich sie zuvor dringend vor einer Selbstmedikation gewarnt hatte. Sie habe gleich 5 x 1 Tablette genommen und sich einige Tage sehr wohl gefühlt. Dann aber habe sie plötzlich ihre Situation ganz anders gesehen, und ihr sei klar geworden, daß ihr Ehemann sich von ihr habe scheiden lassen, weil sie mit ihrem ADS alles vermasselt habe. Sie habe erkannt, daß ihre Söhne und ihre Tochter in der Schule und in ihren zwischenmenschlichen Beziehungen deswegen so große Schwierigkeiten hatten, weil sie ihnen die „Gene“ mitgegeben habe. Sie habe daher beschlossen, ihre Familie von sich zu erlösen. Ich konnte diese Frau nach einem langen Gespräch davon überzeugen, daß gerade ihre ADS-Kinder sie dringend brauchen und sie daher, wenn sie schon von Schuld rede, die Möglichkeit habe, alles wieder gutzumachen. Noch am selben Abend begann sie mit einer kleinen Dosis eines Antidepressivums und setzte Methylphenidat ab. Sie rief mich einen Tag später wieder an, als sie sich schon wesentlich besser fühlte.

Ich möchte bei dieser Gelegenheit alle Erwachsenen vor einer Selbstmedikation warnen. Allerdings kann die einmalige Einnahme einer halben oder einer ganzen Tablette Methylphenidat dem Erwachsenen oft recht rasch zeigen, ob er betroffen ist oder nicht.

Ich selbst habe vor über zwei Jahren eine Tablette Methylphenidat eingenommen, da ich eine ganze Reihe von Eigenschaften eines ADS-Patienten besitze. Ich bin vergeßlich, oft eher hyperaktiv, gelegentlich impulsiv und weise auch sonst noch einige Merkmale auf, die mit einem ADS vereinbar wären. Etwa 20 Minuten nach der Einnahme einer Tablette Methylphenidat begann ich, Dinge zu tun, die ich vorher nie getan hatte. Mein Gehirn arbeitete glasklar, aber in meinen Aktivitäten war ich total überdreht. Mein Körper litt während dieser drei Stunden entsetzlich. Ich hatte Herzklopfen, Kopfschmerzen und das Gefühl, als würden ganze Armeen von Ameisen durch mich hindurchkriechen. Ich fühlte mich miserabel und war sehr froh, als nach drei Stunden die Wirkung abklang. Einerseits würde ich nie mehr freiwillig eine Tablette Methylphenidat einnehmen, andererseits hatte ich eine Fülle wichtiger Erfahrungen gesammelt. Ich begriff, daß Stimulanzien nur bei Menschen mit einem ADS eine positive Wirkung zeigen, bei solchen ohne jedoch äußerst negativ wirken. Da es keine sicheren Kriterien für ein ADS gibt, hatte ich bis dahin immer große Angst, möglicherweise einem Kind ohne ADS das Medikament zu verordnen. Mit der eigenen Erfahrung schwand diese Angst, da ich nun wußte, daß gesunde Menschen das Medikament nicht vertragen und dabei sogar die Symptome eines hyperaktiven ADS entwickeln würden. Sie wären unruhig, aggressiv, impulsiv und hyperaktiv und hätten außerdem noch Kopfschmerzen, Herzklopfen und ein allgemeines Spannungsgefühl, also Symptome, die man von einem Aufputschmittel erwartet. Welche Mutter würde bei einer solchen Symptomatik ihrem Kind wohl Methylphenidat über längere Zeit geben? Allerdings kann es von Menschen ohne ADS vertragen werden, wenn sie sehr müde sind und daher einen Mangel an Botenstoffen haben, z.B. Fernfahrern nach einer langen Fahrt oder Jugendlichen nach nächtelangen Technopartys. Bei diesen regt es die Bildung der fördernden Botenstoffe an und macht diese Menschen munter. Bei ADS-Patienten dagegen kommt es zu einer vermehrten Bildung von hemmenden Botenstoffen, was zu einer Beruhigung des Betroffenen führt. Diese paradoxe Reaktion auf Aufputschmittel, aber auch auf Beruhigungsmittel kann man als Baustein bei der Diagnosestellung verwenden. Menschen mit einem ADS können nach Kaffee, Tee und Cola hervorragend schlafen, Schlafmittel wirken auf sie jedoch erregend. So kann das Beruhigungsmittel Diazepam bei ihnen zu einem Tobsuchtsanfall führen.

Auffallend ist schließlich auch, daß man unter Erwachsenen mit einem ADS überproportional häufig extreme Raucher findet. Dies wird verständlich durch eine Untersuchung von Pontieri (1996), der nachweisen konnte, daß im Tierversuch Nikotin eine ähnliche Wirkung wie Methylphenidat hat. Meistens trinken solche Personen auch noch unmäßig viel Kaffee und erreichen durch diese unbewußt durchgeführte Selbstmedikation, daß sie die Symptome des ADS einigermaßen im Griff haben.

Ich habe diesen Abriß über die wichtigsten Symptome des Erwachsenen-ADS dargestellt, damit Eltern von ADS-Kindern sich selbst erkennen und sich bei ausgeprägten Symptomen einer Therapie unterziehen können, um damit sich und die gesamte Familiensituation zu entlasten.

8. Bisher wenig bekannte Auffälligkeiten von Kindern mit einem ADS

Bei der Diagnose des ADS sind für mich neben der Vorgeschichte, der Auswertung verschiedener Fragebogen, der psychiatrischen Untersuchung des Kindes und der Beobachtung seines Verhaltens auch noch einige weitere kleine, aber wichtige Bausteine von Bedeutung.

So fiel mir schon vor 20 Jahren auf, daß Kinder mit einem Hyperaktivitätssyndrom auffallend schöne und ausdrucksvolle Gesichter haben. Sie wirken ausgesprochen intelligent, und das mag auch ein Grund dafür sein, daß die Lehrer fast allen diesen Kindern sagen, sie könnten wesentlich mehr leisten, wenn sie nur wollten. Die Erwartungshaltung von Lehrern und auch von Eltern dürfte bei intelligent aussehenden Kindern wesentlich höher sein als bei solchen, die undifferenziert dreinschauen.

Ein weiteres so gut wie immer vorhandenes Zeichen sind die „müden" Augen. Darunter verstehe ich Oberlider, die über die obere Begrenzung der Iris, häufig bis zur Pupille nach unten reichen. Müde Menschen sehen ähnlich aus, und auch sie haben einen Mangel an Botenstoffen. Werden die Kinder behandelt, dann fällt den Eltern häufig der völlig veränderte Ausdruck der Augen auf, den sie oft nicht richtig einordnen können. Sie meinen, die Kinder hätten nun Augen, als ob sie unter Drogen ständen, was ihnen natürlich Angst macht. Ich persönlich wage inzwischen, am Ausdruck der Augen die Güte der Therapie zu beurteilen. Kommen die Kinder zur Kontrolluntersuchung mit offenen, wachen Augen, dann weiß ich, daß die Therapie angeschlagen hat. Sehen die Kinder müde aus, hängen die Lider bis zu den Pupillen, dann stimmt etwas nicht.

Eine weitere, so gut wie immer feststellbare Eigenschaft sind gute Zähne. Fast alle meine Kinder und Jugendlichen mit ADS haben ein ausgesprochen kariesarmes oder -freies Gebiß, und das trotz schlechter Zahnpflege. Ich habe bisher noch nirgendwo in der Literatur einen Hinweis darauf gefunden, warum das der Fall ist. Bei erwachsenen ADS-Patienten ist dies aber oft gerade umgekehrt. Sie haben ein schlechtes Gebiß und oft einen üblen Mundgeruch, da die vielen Kronen und Brücken überall Nischen schaffen, in denen sich Nahrungsreste zersetzen. Ich habe versucht herauszufinden, wann der Übergang von gutem zu schlechtem Gebiß stattfindet. Die meisten Erwachsenen gaben an, daß sie größere Zahnprobleme zu Beginn des Erwachsenenalters hatten. Als Grund erscheint mir am einleuchtendsten, daß auch das widerstandsfähigste Gebiß einer anhaltend schlechten Zahnpflege nicht standhalten kann.

Eine weitere, fast immer vorhandene Auffälligkeit ist eine scheinbare Beinlängendifferenz. Ein Orthopäde, dessen Kind ich vor längerer Zeit behandelte und dem ich mitteilte, daß sein Kind eine deutliche Beinlängendifferenz habe, wollte mir das nicht glauben. Als er sich von den Tatsachen überzeugt hatte, erkannte er, daß es sich um eine Blockade im Ileosacralgelenk, das heißt zwischen Kreuzbein und Becken, handelte, und führte eine chirotherapeutische Behandlung durch, nach der beide Beine wieder gleich lang waren. Eine mögliche Ursache dieser Blokkade ist eine Störung im Gleichgewicht der Muskeln zwischen Becken, Hüften und Oberschenkeln, die zu einer Art Verwringung des Beckens führt. Dadurch verschieben sich die kleinen Gelenke zwischen Kreuzbein und Becken etwas gegeneinander, so daß es zu einer Beinlängendifferenz kommt. Diagnostizieren kann man diese Auffälligkeit, indem man am liegenden Kind die Innenknöchel mit den Daumen festhält und es bittet, sich aufzusetzen. Dabei kommt es zu einer scheinbaren Verlängerung eines Beines, die durch die Verwringung im Becken bewirkt wird. In etwa zwei Drittel der Fälle verlängert sich das linke Bein. Da es sich um keine echte Beinlängendifferenz handelt, kann sie durch die Lösung der Blockade beseitigt werden. Zahlreiche Eltern haben mir berichtet, daß die chirotherapeutische Lösung der Blockade sofort zu einem andern Gangbild des Kindes geführt habe oder zum Abklingen schon lange bestehender Kreuzschmerzen.

Ein benachbarter Orthopäde, der zahlreiche dieser Kinder behandelt hat, teilte mir mit, daß er bei der Kontrolluntersuchung nach einem halben bis einem Jahr nur in ca. 20 % der Fälle einen Rückschlag feststellen mußte. Bei meinen eigenen Wiederholungsuntersuchungen nach vier bis fünf Monaten konnte ich vor allem dann erneut eine Blockade diagnostizieren, wenn die Kinder ihre Medikamente nur unregelmäßig eingenommen oder längere Pausen eingelegt hatten. Daher denke ich, daß die durch den Mangel an Botenstoffen verursachte Koordinationsstörung der Muskulatur die entscheidende Rolle spielt. In der Literatur habe ich bisher nirgendwo einen Hinweis auf diese Auffälligkeit gefunden, die ich bei so gut wie allen Kindern und auch Erwachsenen mit einem ADS feststellen konnte. Sie ist für mich sogar zu einem wichtigen Baustein in der Diagnose geworden. Bei einem Patienten, der diese Störung nicht hat, bin ich in der Diagnosestellung besonders vorsichtig. Ich prüfe inzwischen auch bei allen anderen Kindern, ob sie eine solche Blockade haben, und finde diese bei Patienten ohne ADS nur selten.

Über die Ursachen dieser Blockade habe ich mich mit einem befreundeten Orthopäden sehr ausführlich unterhalten. Er meinte, daß die Blockierung im Gelenk zwischen Kreuzbein und Becken durch die Störung der Muskelkoordination der Betroffenen zustande kommen könnte, aber auch zusätzlich durch die heutige allgemeine Bewegungsträgheit. Wichtig ist, daß die Blockade erkannt und beseitigt wird. Geschieht dies nicht, hat der Betroffene oft ein Leben lang Probleme mit der Wirbelsäule, einerseits durch die Schmerzen aufgrund der Blockade, andererseits durch die Fehlbelastung der Wirbelsäule mit später auftretenden degenerativen Veränderungen. Gleicht man die Beinlängendifferenz durch eine Absatzerhöhung aus, dann wird die Blockade fixiert und die Wirbelsäule noch mehr belastet. Die Blockade im Ileosacralbereich scheint im Kindesalter eine nur selten gestellte Diagnose zu sein, denn fast alle Orthopäden, denen ich die Kinder überwiesen habe, riefen mich ganz erstaunt an und fragten, wie ich denn auf diese Diagnose gekommen sei. Ein Kollege war so interessiert, daß ich ihm mein ganzes Informationsmaterial über das ADS zukommen ließ. Einige Wochen später berichtete er, daß er sein erstes ADS diagnostiziert habe: Ein Kind wurde ihm wegen Schmerzen in der Kreuzgegend vorgestellt. Er fand eine Blockade im Ileosoacralgelenk und erinnerte sich an meine Ausführungen. Als er dann die Symptome des hyperaktiven ADS abfragte, schien er mit jeder Frage ins Schwarze zu treffen, worauf er der Mutter empfahl, ihren Kinderarzt wegen des Verdachts auf ein ADS zu konsultieren. Bei Erwachsenen mit einem ADS hat diese Blockade sehr häufig schon zu mehr oder minder starken Beschwerden geführt, so daß ich den betroffenen Elternteil oft daran erkennen kann, daß er über Kreuz- oder Rückenschmerzen klagt.

Eine weitere, so gut wie immer vorhandene, Auffälligkeit ist der Rundrücken im Sitzen mit gestreckten Beinen. Die Kinder können nur dann ihren Rücken einigermaßen senkrecht zur Unterlage halten, wenn sie ihre Knie beugen. Sobald die Knie gestreckt werden, entsteht wieder ein starker Rundrücken, der die Kinder zwingt, ihre Oberkörper mit den Händen nach hinten abzustützen. Diese Auffälligkeit ist durch eine Verkürzung im Bereich der Streckmuskulatur der Hüften und des Beckens bedingt, die auch Kinder ohne ADS haben können. Sie kommt wohl durch unsere vorwiegend sitzende Lebensweise zustande, die zu einer sehr einseitigen Beanspruchung der Muskulatur führt, wodurch sich nicht beanspruchte Muskelgruppen verkürzen. Bei Menschen mit einem ADS, die ohnehin eine Koordinationsstörung der Muskulatur haben, wirkt sich dies noch stärker aus. Aber auch die Beugemuskeln der Hüfte sind bei diesen Kindern häufig verkürzt, wodurch das Becken nach vorne gekippt wird und beim Stehen ein Hohlkreuz entsteht.

Die beschriebenen Auffälligkeiten im Hüft-/Beckenbereich, zusammen mit der bestehenden Koordinationsstörung der Muskulatur, verursachen einen plumpen, etwas tollpatschig wirkenden Gang und auch Probleme beim Sport. Eine Mutter berichtete mir, daß ihr Kind nach Lösung der Blockade zwischen Kreuzbein und Becken sowie einer Stimulanzientherapie eine ganz wesentliche Verbesserung seiner sportlichen Leistungen gezeigt habe.

9. Ergebnisse meiner Umfrage bei den eigenen Patienten

Um einen statistischen Überblick über die Entwicklung, die Vorgeschichte, die Symptome, die Behandlung mit Stimulanzien und die damit verbundenen Probleme meiner Patienten mit ADS zu erhalten, habe ich die Eltern aller Kinder, die von mir im Zeitraum von Januar 1997 bis April 1999 mindestens einmal Methylphenidat rezeptiert bekamen, angeschrieben und gebeten, mir verschiedene Fragen zu beantworten. Die Auswertung wird im Folgenden dargestellt. Sofern die Fragen Besonderheiten der Altersgruppe oder des Geschlechts betrafen, erfolgte sie getrennt nach Altersgruppen und nach Geschlecht. Waren Geschlecht und Alter für die Auswertung ohne Bedeutung, erfolgte eine Gesamtauswertung.

Genau 25 % der zurückgesandten Fragebogen stammen von weiblichen, 75 % von männlichen Patienten.

Verlauf von Schwangerschaft und Geburt

Bei 83 % der Mädchen und 86 % der Jungen verlief die Schwangerschaft der Mutter normal. Diese Prozentzahlen entsprechen dem Durchschnittswert der Bevölkerung. Gab es Komplikationen, so standen übermäßige Übelkeit und Erbrechen an erster Stelle, gefolgt von Blutungen während der Schwangerschaft, hohem Blutdruck, akuten Erkrankungen wie Lungenentzündung, Grippe, Blinddarmoperation, Schwangerschaftsvergiftung und Zuckerkrankheit.

53 % der Mädchen und 52 % der Jungen waren schon im Mutterleib auffallend unruhig, besonders ruhig waren 33 % der Mädchen und 29 % der Jungen. Dieses Ergebnis hat mich sehr überrascht. Ich hätte erwartet, daß die Jungen sehr viel häufiger unruhig und die Mädchen ruhig gewesen wären – entsprechend den bisherigen Erkenntnissen über die statistische Verteilung. Daß sich Mädchen und Jungen im Mutterleib etwa gleich verhalten, könnte bedeuten, daß auch die Veranlagung beider Geschlechter zu Hyper- und Hypoaktivität gleich ist. Dies wäre auch zu erwarten, da das ADS eine autosomal vererbte Erkrankung ist und sich daher unabhängig vom Geschlecht überträgt. Die bisherigen Statistiken ergeben jedoch ein völlig anderes Bild. Danach sind insgesamt wesentlich mehr Jungen hyperaktiv und wesentlich mehr Mädchen hypoaktiv. Diese unterschiedliche Verteilung könnte durch die Erziehung und auch durch die größere psychische Stabilität der Mädchen zustande kommen. Jungen wurde schon immer mehr Temperament, eine größere Unruhe und Aggressivität zugestanden, während bei Mädchen solche Eigenschaften weniger geduldet wurden. Daher können Jungen diese Eigenschaften ungehemmter ausleben, während Mädchen versuchen, sie zu unterdrücken. Dadurch würde die Hyperaktivität der Jungen verstärkt, die der Mädchen dagegen abgeschwächt, die Hypoaktivität der Jungen vermindert, die der Mädchen verstärkt. Dieser Mechanismus könnte zu der scheinbar unterschiedlichen Verteilung von Hyperaktivität und Hypoaktivität bei den Geschlechtern führen. Für diese Einschätzung spricht auch, daß

Hallowell und Ratey feststellten, daß im Erwachsenenalter gleich viele Männer und Frauen wegen eines ADS psychotherapeutische Hilfe suchen.

Die Geburt war in 25% der Mädchenschwangerschaften und 18% der Jungenschwangerschaften durch vorzeitige Wehen kompliziert. Zu einer Geburt mehr als zwei Wochen vor dem errechneten Geburtstermin kam es in 7% der Mädchenschwangerschaften und in 10% der Jungenschwangerschaften.

Die Frage nach den vorzeitigen Wehen stellte ich, um zu sehen, ob die immer wieder beschriebene Unruhe der Kinder im Mutterleib frühzeitige Wehen auslösen kann. Das Umfrageergebnis scheint dies zu bestätigen, da nach einer umfangreichen Erhebung in Bayern vorzeitige Wehen in nur 6,2% der Fälle auftraten. Daß die vorzeitigen Wehen nicht auch zu vorzeitigen Geburten der ADS-Kinder geführt haben, läßt sich dadurch erklären, daß sie medikamentös unterbunden werden können.

Kompliziert wurde die Geburt bei 3% der Mädchen und 0% der Jungen durch die Saugglocke und bei 0% der Mädchen sowie 1% der Jungen durch die Zange. Diese Prozentangaben liegen im normalen Rahmen.

Rund 15% der Mädchen und 5% der Jungen kamen durch einen Kaiserschnitt zur Welt. Dieses Ergebnis finde ich erstaunlich, da nach der erwähnten umfangreichen Erhebung in Bayern 18,7% der Kinder durch einen Kaiserschnitt geboren wurden. Warum ausgerechnet Jungen mit einem ADS wesentlich seltener als andere Kinder durch Kaiserschnitt zur Welt kommen, läßt sich kaum erklären. Ich hätte viel eher vermutet, daß unruhige Kinder vermehrt Komplikationen machen.

80% der Mädchen und 86% der Jungen sahen nach der Geburt rosig aus und schrien gleich, 14% der Mädchen und 14% der Jungen mußten in einer Kinderklinik weiterbetreut werden. Obwohl dieser Prozentsatz zunächst hoch erscheint, weicht die bayrische Statistik mit gut 10% nur wenig von den Werten bei Kindern mit einem ADS ab. Die Einweisungs- bzw. Entlassungsdiagnose lautete nach Häufigkeit: Frühgeborenes, Gelbsucht, Atemnotsyndrom, Lungenentzündung, Mangelgeborenes, Zittern, Herzrhythmusstörungen, erhöhter Muskeltonus des Kindes, Zuckerkrankheit der Mutter, Rotavirusinfektion des Kindes.

Während der ersten Wochen und Monate ihres Lebens schrien 46 % der Mädchen und 47 % der Jungen besonders viel. 36 % der Mädchen und 25 % der Jungen waren dagegen besonders ruhig. Dieses Ergebnis entspricht den oben angeführten Prozentzahlen über die besondere Unruhe bzw. Ruhe im Mutterleib. Es zeigt, daß in einem Alter, in dem sich die Erziehung noch nicht ausgewirkt hat, noch kein wesentlicher Unterschied zwischen den Geschlechtern besteht. Daß bei den Mädchen der Prozentsatz der besonders ruhigen höher ausgefallen ist als bei den Jungen, dürfte mit der größeren Stabilität und geringeren Empfindlichkeit ersterer zusammenhängen.

Motorische Entwicklung

Zur motorischen Entwicklung der Kinder ist zu sagen, daß die Mädchen im Schnitt mit 13 Monaten, die Jungen mit 12,6 Monaten laufen lernten. Diese Mittelwerte liegen völlig im Normbereich. Nach Griffiths Entwicklungsskalen laufen Kinder im Schnitt mit 13 Monaten allein. Damit widerlegt die vorliegende Statistik die vorherrschende Meinung, daß Kinder mit einem ADS besonders früh laufen lernen. Auffallend ist aber, daß Jungen etwas früher laufen lernen als Mädchen; normalerweise ist das umgekehrt.

Rund 21 % der Mädchen und 32 % der Jungen begannen zu laufen, ohne je gekrabbelt zu haben. Dieses Ergebnis überrascht, da in der Literatur immer wieder beschrieben wird, daß ein Großteil der Kinder laufen lernt, ohne vorher zu krabbeln. Dies scheint nach meiner Erhebung nur für einen kleineren Teil zuzutreffen. Interessant ist dennoch, daß das Krabbeln, ein wichtiger Meilenstein in der normalen Entwicklung des Kindes, im Mittel bei immerhin mehr als 25 % der Kinder übergangen wird.

Sprachentwicklung

Die Sprachentwicklung war bei 32% der Mädchen und 31% der Jungen verzögert. Einen Sprachfehler hatten 46% der Mädchen und 50% der Jungen. Bei den Sprachauffälligkeiten stand die mangelhafte Aussprache von Buchstaben bei Mädchen mit 83%, bei Jungen mit 73% an erster Stelle. Es folgten Probleme mit der Grammatik (41% bei Mädchen und 45% bei Jungen), 17% der Mädchen und 21% der Jungen nuschelten, und 14% der Mädchen sowie 16% der Jungen stotterten. Zahlreiche Kinder zeigten mehrere Sprachauffälligkeiten gleichzeitig. 34% der Mädchen und 28% der Jungen erhielten eine logopädische Behandlung. Es ist bekannt, daß Kinder mit einem ADS sehr häufig Sprachentwicklungsverzögerungen und Sprachauffälligkeiten zeigen. Dennoch überraschte mich der hohe Prozentsatz von immerhin rund 50 % und auch, daß bei rund 30% der Kinder eine logopädische Behandlung erforderlich war.

Nach meiner Erfahrung muß man immer an ein ADS denken, wenn Kinder besonders ausgeprägte Sprachauffälligkeiten zeigen und diese trotz Sprachtherapie auch noch bis ins Schulalter bestehen bleiben. Unter Stimulanzientherapie machen diese Kinder erstaunlich rasch große Fortschritte.

Sauberkeitsentwicklung

Die Umfrage über die Sauberkeitsentwicklung ergab, daß Mädchen im Durchschnitt tagsüber bis 29 Monate, Jungen bis 34 Monate, Mädchen nachts bis 36 Monate und Jungen bis 44 Monate einnässten. Tagsüber koteten die Mädchen im Durchschnitt bis 28 Monate, die Jungen bis 33 Monate, nachts die Mädchen bis 30 Monate und die Jungen bis 34 Monate ein. Bei diesen Ergebnissen fällt auf, daß Jungen im Mittel deutlich später sauber wurden als Mädchen. Die Mädchen liegen in ihren Mittelwerten im erwarteten statistischen Rahmen, die Jungen jedoch deutlich darüber, vor allem was das nächtliche Einnässen anbetrifft.

Bei der Frage, ob das Kind noch gelegentlich einnässe und einkote, ergab sich in der Gruppe der 7- bis 12jährigen ein erstaunlich hoher Prozentsatz. 16 % der Mädchen und 25 % der Jungen näßten nachts noch gelegentlich ein, 6 % der Mädchen und 2 % der Jungen zusätzlich auch am Tag. Bei den Mädchen wurde die Hälfte, bei den Jungen ein Drittel unter der Behandlung trocken. 2 % der Mädchen und 7 % der Jungen koten sogar noch gelegentlich ein. Bei den Mädchen wurden unter der Methylphenidattherapie alle sauber, bei den Jungen etwa die Hälfte.

Beurteilung der Kinder durch die Eltern bezüglich Hyper- und Hypoaktivität

Die Eltern wurden gefragt, ob sie ihr Kind eher für hyperaktiv, hypoaktiv oder beides halten würden. Das Ergebnis der Umfrage wird in folgender Tabelle dargestellt:

Alter		Hyperaktiv	Hypoaktiv	Hyper- und hypoaktiv
Bis 6 Jahre	Mädchen	33 %	33 %	33 %
Bis 6 Jahre	Jungen	66 %	12 %	22 %
7 – 12 Jahre	Mädchen	40 %	36 %	24 %
7 – 12 Jahre	Jungen	60 %	20 %	20 %
13 – 18 Jahre	Mädchen	15 %	57 %	28 %
13 – 18 Jahre	Jungen	50 %	26 %	24 %

Wie die Tabelle zeigt, lassen sich Kinder mit einem ADS nicht einfach in hyperaktiv oder hypoaktiv unterteilen. Viele Kinder besitzen beide Eigenschaften. Häufig geben die Eltern an, ihre Kinder seien in ruhiger Atmosphäre oft sehr still und könnten sich zu Hause stundenlang in Ruhe beschäftigen. Daher sei es um so verwunderlicher, daß sie in Gemeinschaften, besonders bei Geburtstagsfeiern und anderen Veranstaltungen mit Kindern, übermäßig unruhig und hyperaktiv würden.

Mit zunehmendem Alter nimmt die Hyperaktivität bei Jungen ab, was allgemein bekannt ist, die Hypoaktivität bei beiden Geschlechtern zu.

Symptome, die den Eltern selbst aufgefallen sind

Bis sechs Jahre:

Bei Mädchen: *quengelig, weinerlich, unzufrieden, will nicht sprechen, schwer zu beruhigen, aggressiv, unruhig, viel Aktivität, zu ernst, zu ruhig, Entwicklung verzögert, Heißhunger auf Süßes.*

Bei Jungen: *aggressiv, laut, unruhig, quengelig, unzufrieden, kann nicht stillsitzen, Wutausbrüche, trotzig, extrem eifersüchtig, schreit viel, hört nicht zu, zerstörerisch, folgt nicht, kann sich nicht allein beschäftigen, braucht immer die Mutter, Trennungsangst, bleibt nicht allein, schläft wenig, lustlos, Eigenbrödler, Anpassungsschwierigkeiten.*

7 bis 18 Jahre:

In dieser Altersgruppe war eine Unterscheidung von Mädchen und Jungen und der Gruppe der 7- bis 12- und der 13- bis 18jährigen nicht mehr sinnvoll, da die von den Eltern angegebenen Auffälligkeiten bei allen Gruppen fast identisch waren. Folgende Symptome fielen den Eltern auf: *unkonzentriert, zappelig, unruhig, ablenkbar, keine Ausdauer, übermäßiges Reden, störend, aggressiv, stur, vorlaut, frühentwickelt, verbohrt, Wutausbrüche, explosiv, verträgt keine Kritik, unzufrieden, lügt, stiehlt, spielt den Hampelmann, will im Mittelpunkt stehen, nervt, hört nicht zu, macht alles kaputt, schreit viel, beißt andere, spielt sich in den Mittelpunkt, will nicht allein ins Bett, Schlafstörung, kapselt sich ab, folgt nicht, träge, langsam, verträumt, keine Freunde, geht kaum auf andere zu, bleibt nur zu Hause, ruhig, unselbständig, langsam, schläft viel, ist anders, ängstlich, weinerlich, vergeßlich, unreif, sensibel, zurückgezogen, traurig, leicht zu beeinflussen, wirkt unreif, babyhaft, keine richtige Wahrnehmung, Sprachentwicklungsverzögerung, schwieriges Abstillen, Lernprobleme, Beziehungsprobleme, möchte gerne sterben, eifersüchtig, hält sich nicht an die Regeln, findet kein Ende, weiß nicht, wann Schluß ist, weiß nicht, worauf es ankommt, Probleme bei den Hausaufgaben, braucht immer die Mutter, kein Selbstbewußtsein, verursacht Chaos, geht auf andere los.*

Wer hat die Eltern auf die Auffälligkeiten des Kindes hingewiesen?

50 bis 60 % der Eltern gaben an, daß schon die Erzieherinnen sie auf die Auffälligkeiten ihrer Kinder hingewiesen haben. Die Klagen waren wie folgt: *Probleme mit anderen, kann nicht stillsitzen, unruhig, sehr lebhaft, laut, zerstörerisch, aggressiv, schlägt, Wutanfälle, eigensinnig, verwöhnt, will nicht mitmachen, unkonzentriert, fügt sich nicht in Gruppe ein, Sprachstörungen, hört nicht, stört andere, verträumt, schüchtern, entwicklungsverzögert, nicht schulreif, schlechte Koordination und Motorik, Eingliederungsschwierigkeiten, gestörtes Sozialverhalten, Clownerien, kein Gruppenverhalten, hält sich nicht an Regeln.*

Auch die Lehrer haben die Auffälligkeiten der Kinder nicht übersehen und die Eltern bei knapp der Hälfte der Mädchen und 80 % der Jungen auf deren Auffälligkeiten aufmerksam gemacht. Folgende Klagen wurden von den Lehrern geäußert: *unkonzentriert, stört, hyperaktiv, kann nicht sitzen bleiben, unruhig, schlechter Umgang mit anderen Kindern, streitsüchtig, koordinationsgestört, verwöhnt, lügt, Leistungsprobleme, hört nicht zu, verträumt, sehr ruhig, langsam, unzugänglich, isoliert, Leistungen entsprechen nicht der Intelligenz, aggressiv, Wutausbrüche, Raufereien, kein Gruppenverhalten, hält sich nicht an Regeln, spielt den Klassenclown, redet dazwischen, weigert sich zu lernen, schubst, macht Unfug, Anpassungs- und Einfügungsprobleme, macht nicht mit, verspielt, vergißt, tolpatschig, kommt zu spät, schlechte Schrift.*

Welche diagnostischen Aktivitäten haben die Eltern unternommen?

Fast alle Eltern hatten ihre Kinder wegen der beschriebenen Auffälligkeiten schon einem Arzt, einem Kinderpsychiater, einem Psychotherapeuten oder einem Psychologen vorgestellt. Je älter sie waren, um so häufiger, in einzelnen Fällen auch allen und mehrfach.

Die gestellten Diagnosen bei Jungen und Mädchen ergaben in knapp 20 % entweder den Verdacht auf ein ADS oder auf Hyperaktivität. Eine Stimulanzientherapie wurde in keinem Fall eingeleitet. Die übrigen Diagnosen beschrieben alle Teilaspekte des ADS, wie Konzentrationsschwäche, Sprachentwicklungsverzögerung, Teilleistungsschwäche, Schwäche im Hör- und Sehgedächtnis, Konzentrationsstörungen, Störung der Feinmotorik.

Je nach Altersgruppe wurden in 20 bis zu 32 % folgende Therapien eingeleitet: Ergotherapie, Heilpädagogik, Krankengymnastik, Lese-Rechtschreib-Therapie, Psychotherapie, Logopädie, Homöopathie, Kinesiologie, autogenes Training. Die Therapiedauer betrug bis zu Hunderten von Stunden. In der Gruppe der 13- bis 18jährigen betrug z. B. die Behandlungsdauer der Ergotherapie im Durchschnitt 78 Stunden. Die Befragung der Eltern in dieser Gruppe über den Erfolg der Therapie ergab, daß sie bei 25 % keine Wirkung feststellen konnten, leichte Verbesserungen gaben 50 % an, und deutliche Verbesserungen sahen 25 %.

Probleme mit der Medikamenteneinnahme und Nebenwirkungen

Die Tatsache, daß die Eltern Stimulanzien verabreichten, hat in etwa 30 % der Fälle zu Auseinandersetzungen mit Familienangehörigen, Freunden, Lehrern, und Erzieherinnen geführt. Das Ergebnis dessen war nicht selten – trotz guter Wirkung – das Absetzen von Methylphenidat. Es ist eben schwierig, den ständigen Diskussionen und abwertenden Äußerungen nahestehender Menschen zu widerstehen, vor allem dann, wenn man selbst unsicher und voller Ängste ist. Etwa 10 % der Erzieherinnen und Lehrer weigerten sich, die Medikation zu überwachen oder sich in irgendeiner Form in die Therapie einbinden zu lassen. In solchen Fällen hat häufig das Schreiben des Oberschulamts Stuttgart geholfen. Ich denke, daß weder Erzieherinnen noch Lehrer das Recht haben, eine Medikation zu unterlaufen, die dem Kind hilft, seine Probleme zu bewältigen, die die Eltern wünschen, und die der Arzt verordnet hat. Es ist allein Sache der Eltern und des behandelnden Arztes, ein Medikament anzusetzen.

Bei der Verabreichung von Methylphenidat war für die Eltern

die engmaschige Tabletteneinnahme das größte Problem. Entweder wurde sie vergessen, oder die Kinder weigerten sich, die Tablette in der Schule oder am Nachmittag zu nehmen. Das wäre an sich nicht so schlimm, wenn die Kinder in dieser Zeit nicht eine Verstärkung ihrer Symptome zeigen würden. Daher bedarf es in solchen Fällen einer eingehenden Beratung, um einen Weg zu finden, der die regelmäßige Einnahme gewährleistet.

An Nebenwirkungen gaben die Eltern am häufigsten Appetitlosigkeit und Einschlafprobleme an. Weitere Nebenwirkungen wie Zittern, Kopf- und Bauchschmerzen, Neigung zu Durchfall, trockener Mund und trockene Lippen, Depressionen, Traurigkeit wurden nur ganz selten genannt.

Was hat sich während der Therapie am stärksten verändert?

Ich habe alle Patienten gebeten, den Fragebogen nach Just auszufüllen, und zwar über die Symptome vor, während und nach der Therapie. Dabei ergab sich, daß sich alle Symptome unter der Stimulanzientherapie deutlich bis sehr deutlich verbessert hatten. Viele Patienten waren mit dieser Therapie symptomfrei geworden.

Am stärksten hat sich nach der Erfahrung der Eltern das Verhalten geändert. Die Patienten waren aufgeschlossener, ausgeglichener, aufmerksamer, konzentrierter, hatten mehr Selbstvertrauen, waren aktiver, vernünftiger, seelisch stabiler, fröhlicher, zeigten mehr Interesse, kamen besser mit anderen aus, standen morgens leichter auf, hatten mehr Ausdauer und wurden schneller.

Auch die Schulleistungen haben sich deutlich verbessert. Etwa 40 % der befragten Eltern machten darüber Angaben, wobei sich die Noten in Deutsch, Mathematik und Englisch um 1,2 bis 1,5 Punkte verbessert hatten.

Aussagen von Eltern über die Auswirkungen der Therapie auf Familie und Umfeld

Wir haben zwei Jahre für die Entscheidung „Methylphenidat" gebraucht, aber sind jetzt wirklich davon überzeugt, daß es für unseren Sohn die richtige Entscheidung war, auch im Hinblick auf die Schule. Unser Familienleben ist seitdem wieder viel harmonischer. Wir müssen nicht mehr den ganzen Tag schimpfen, und auch unser Sohn ist viel ausgeglichener. Ganz am Anfang der Therapie hat mir mein 5jähriger Sohn gesagt: „Mama, jetzt muß ich nicht mehr so wild rumrennen, jetzt kann ich auch mal ganz ruhig sein." So eine Aussage überzeugt.

Es ist so schön, daß es das Medikament Methylphenidat gibt. Unser Sohn zeigt jetzt eine nie gekannte Ausdauer bei den Hausaufgaben, ist aufmerksamer geworden, nimmt an allem teil, interessiert sich für fast alles, redet viel mehr, erzählt von der Schule, hat ein viel größeres Durchhaltevermögen, flippt nicht mehr so schnell aus und bekommt mehr mit. Wir haben das Gefühl, er ist jetzt so, wie er eigentlich ist. Wir vergessen fast, wie schlimm es war, als er noch keine Tabletten nahm. Er hat mehr Selbstbewußtsein und wird demnächst zur Realschule wechseln, was früher für uns unvorstellbar war.

Als wir mit Methylphenidat anfingen, hatten wir einen nervigen Sohn. Er hat nie das getan, was er sollte, hatte nur Blödsinn im Kopf und war von unseren drei Kindern das unbeliebteste. Schon nach kurzer Behandlungszeit bemerkten wir im Verhalten unseres Sohnes eine deutliche Besserung. Nach vier Monaten waren wir begeistert. Wir hatten ein liebenswertes Kind, das in der Schule gute Leistungen erbrachte und sich zu Hause besser benahm als seine Geschwister. Auch die Lehrerin sagte, daß er in der Klasse gut akzeptiert werde.

Mit Methylphenidat ist sein Verhalten jetzt richtig gut geworden. Er hilft in Haus und Garten, ist viel gesprächiger als vorher und zeigt sich auch sensibler im Umgang mit anderen. Wenn das Thema Schule nicht wäre, hätten wir ein sehr harmonisches Familienleben. Für die Schule macht er allerdings nur die allernotwendigsten Hausaufgaben. Für eine Klassenarbeit lernt er nur auf Druck von uns.

Seit Beginn Ihrer Therapie ist aus unserem Kind ein völlig neuer Mensch geworden. Es hatte vor der Behandlung in der Schule vollkommen versagt. Das Wiederholen der fünften Hauptschulklasse war unumgänglich. Er hatte wenig Freunde und mit diesen ständig Konflikte. So war es auch im Umgang mit seinen Geschwistern. Er war aggressiv und streitsüchtig, schnell beleidigt und weinerlich. Für die Hausaufgaben benötigte er täglich vier bis fünf Stunden. Jeder Handgriff mußte ihm gesagt werden. Wir alle, seine Eltern und Geschwister, waren am Ende unserer Kräfte. Meine fast 80jährige Mutter hörte und las vom Arbeitskreis der ADS-Kinder und drängte uns zu Ihrer Therapie. Die Erfolge sind großartig. Unser Sohn ist ein völlig normales Kind geworden. Seine schulischen Leistungen sind durchschnittlich bis gut, seine Hausaufgaben erledigt er schnell. Dafür sind wir Ihnen unendlich dankbar.

Wir hätten nie geglaubt, daß es in unserer Familie einmal so friedlich würde, wie es jetzt nach der Gabe von Methylphenidat ist. Vorher war jeder Schultag ein Tag mit Ängsten: Was kommt heute wieder auf uns zu? Während der medikamentösen Behandlung erlebten wir einen gewaltigen Umschwung. Die Lehrer sind mit seinen schulischen Leistungen sehr zufrieden. Für uns aber ist sehr viel wichtiger, daß er nicht mehr als Schläger und Unruhestifter abgestempelt wird. Er selbst fühlt sich nun auch wohl, und all seine guten Eigenschaften können sich entfalten. Seine Geschwister und auch wir Eltern profitieren davon, denn dieses Kind kann uns allen so viel an positiver Kraft geben. Nach nur zwei Monaten Behandlung fiel es uns schwer, die Fragen zu beantworten, denn das Chaos zuvor war für uns schon Vergangenheit.

Die Behandlung ist bei uns noch nicht abgeschlossen, aber ich kann sie nur jeder Mutter empfehlen, da sie zu einer nervlichen und psychischen Entlastung der Mutter und aller anderen Familienangehörigen führt. Leider ist die Therapie noch viel zu unbekannt, und viele Mütter, Lehrer und Kindergärtnerinnen würden aufatmen, wenn sie davon wüßten und sie einsetzen könnten.

Für mich ist das Positivste an dieser Behandlung, daß ich mein

Kind wieder richtig innig umarmen kann. Es ist mir endlich wieder möglich zu sagen: „Ich hab' dich lieb." Da ich glaube, daß es für die Entwicklung des Kindes am wichtigsten ist, daß es von seinen Eltern wirklich geliebt wird, bedeutete es für mich persönlich nie ein wirklich großes Problem, meinen Sohn mit Tabletten zu behandeln.

Schon kurze Zeit nach der Gabe von Methylphenidat erlebte meine Tochter einen richtigen Aufschwung in der Schule. Sie konnte sich wieder konzentrieren, beteiligte sich am Unterrichtsgeschehen, was zur Folge hatte, daß sich ihre Noten verbessert haben. Eine Lehrerin sagte mir sogar, daß meine Tochter fröhlicher geworden sei. Beim Aufräumen ihres Zimmers fiel mir auf, daß ihr Zimmer bis dahin noch nie so sauber gewesen war.

Unsere Tochter möchte immer alles perfekt machen. Gelingt ihr das manchmal nicht, dann sagt sie: „Ich kann das nie, ich bin zu dumm." Wenn fremde Menschen sie ansprechen, kann sie sie nicht direkt anschauen. Sie sagt z. B. „guten Morgen" und schaut dabei auf die Erde. Am auffälligsten sind ihr Negativdenken und ihre Unzufriedenheit. All dies hat sich unter der Methylphenidatbehandlung schon deutlich gebessert.

Das hypoaktive ADS eines Kindes ist für Eltern sehr schwer zu erkennen. Unsere Tochter war ruhig und verträumt und ließ vieles mit sich machen, ohne ihre Meinung zu äußern. Mit Beginn der Behandlung spürten wir eine große Veränderung. Am meisten litt ihre kleine Schwester darunter, denn nun fing unsere Tochter an zu sagen, was sie nicht wollte. Sie entwickelte plötzlich ein Selbstbewußtsein, das viele verunsicherte, da sie es von ihr nicht kannten. Auch wenn es nun oft intensive Diskussionen gibt, sind wir doch sehr froh, daß sie nun anfängt zu leben und sie selbst zu sein. In der Schule wurde ihre Schrift deutlich besser, und auch Mathematik macht ihr jetzt keine Schwierigkeiten mehr.

Mit der Schulzeit begann früher das Chaos. Morgens lief nichts mehr. Zu allem mußte unsere Tochter „geschoben" werden, und zum Schluß schob ich sie fast jeden Tag zur Tür hinaus, damit sie überhaupt ging. Nach der Schule war sie schlecht gelaunt, und ich konnte sie auf keine Weise dazu bringen, daß sie ihre Schulaufgaben freiwillig machte. Durch die Gabe von Methylphenidat konnte sie sich in der Schule besser konzentrieren, sich die Dinge besser merken, Diktate wurden besser, sie ließ sich eher zu Hausaufgaben bewegen. Sie bekam auch ihr chaotisches Leben wieder besser in den Griff.

Seit der Diagnosestellung verstehen wir als Eltern besser, warum Anna-Lena so ist, warum sie sich in manchem schwer tut. Als Mutter kann ich seitdem Schwierigkeiten annehmen. Es wird leichter durch das Wissen um die Sache. Bei Ihrem Vortrag über das ADS erkannte ich, daß das, was ich an meiner Tochter als nervend empfand, klassische Symptome des ADS sind. Unter der Einnahme von Methylphenidat hat sich Verschiedenes geändert. Ganz banale Dinge wie das Aufstehen und das Anziehen klappen jetzt. Die Hausaufgaben waren bisher ein Trauma, dauerten Stunden und führten zur Verzweiflung. Jetzt macht sie die Hausaufgaben allein. Auch die Beziehung zu anderen Kindern ist besser geworden. Sie geht noch immer nicht gern zu anderen Kindern nach Hause, aber sie lädt oft ein und empfängt Besuch. Sie hat sich sogar Zugang zu einer Clique verschafft und genießt Respekt. Sie war sogar fähig, die Klasse zum Theaterspielen zu motivieren. Die Beziehungen zu unserer Tochter innerhalb der Familie haben sich entspannt. Auch macht sie jetzt Dinge, die ich nicht von ihr erwartet hätte. Eines Tages bat mich meine Mutter um zwei Besorgungen im Dorfladen. Ich kam nicht dazu. Unsere Tochter aber hatte die Bitte ihrer Großmutter mitbekommen. Als sie in den Laden geschickt wurde, um Brötchen zu kaufen, brachte sie unaufgefordert und selbständig die Besorgungen für ihre Großmutter mit. Dies wäre früher nicht denkbar gewesen und war für mich wie ein Meilenstein auf einem langen Weg. Ich habe sie in den Arm genommen, und wir beide haben uns gefreut wie über einen großen Sieg. Was mich auch sehr freut, ist ihr neues Selbstbewußtsein. Obwohl sie mithörte, wie Kritik an dem Medikament Methylphenidat geäußert wurde, hat sie einem Schulkameraden, der ähnliche Symptome wie sie selbst aufwies, geraten, sich nicht verunsichern zu lassen und zur Behandlung zu gehen. Demnach spürt sie selbst, daß sich Positives in ihr tut. Auch wenn sie öfters das Einnehmen von Methylphenidat vergißt, hat sie ein positives Verhältnis dazu.

Ich möchte Ihnen als erstes von ganzem Herzen dafür danken, daß Sie sich für die ADS-Kinder einsetzen. Sie haben dazu beigetragen, daß unser Leben leichter geworden ist. Immer wieder kamen von der Schule Rückmeldungen über schlechte Leistungen und Konzentrationsstörungen unserer Kinder Sven und Arne. Bei Sven hat die Lehrerin spätestens alle zwei bis drei Wochen angerufen und mir erklärt, wie unselbständig und unkonzentriert er sei. Seit der Behandlung mit Methylphenidat ging es dann langsam bergauf. Sven holt seitdem in der Schule unwahrscheinlich auf. Er geht ab wie eine Rakete. Jetzt staunt die Lehrerin, sie lobt ihn häufig und hat sich seitdem auch nicht mehr bei mir gemeldet. Sven muß uns am Sonntag immer im Stall helfen. Immer fragte er, was er tun müsse, die Antwort war immer die gleiche. Nachdem er Methylphenidat erhielt, hat er die Frage gar nicht mehr gestellt, sondern die Dinge erledigt, bevor der Vater ihn dazu aufforderte. Bei Arne war es ähnlich. Er erhielt von der Schule einen Wochenplan, für den die Kinder in der Schule drei Stunden Zeit bekamen. Damit wurde er nie fertig und hat oft das ganze Wochenende gebraucht, um über die Runde zu kommen. Jetzt hat er schon am Dienstag den halben und bis Donnerstag den ganzen Wochenplan erledigt. Früher ging Arne nie allein weg. Jetzt aber ging er doch wahrhaftig allein durch den ganzen Ort, um Krötenzäune aufzustellen. Nie mochte er lesen. Kürzlich nahm er nach dem Mittagessen sein Buch und las es fertig, weil es so spannend war.

Erfahrungen mit der Stimulanzientherapie, die betroffene Eltern anderen Eltern mitteilen möchten

In meiner Elternumfrage lautete eine Frage: „Gibt es irgendwelche Erfahrungen, die Sie während der Behandlung gemacht haben und die Sie anderen Eltern mitteilen möchten?“ Die wichtigsten Erfahrungen von schon behandelnden Eltern werden nachstehend wiedergegeben.

Das ganze Verhalten meines Kindes hat sich sehr rasch gebessert Auch die Leistungen in der Schule wurden schon nach drei Wochen besser Es müßte sehr viel mehr Öffentlichkeitsarbeit geleistet werden, da es sehr schwer ist, den richtigen Ansprechpartner zu finden. Nachdem ich mein Kind seit vier Monaten mit Methylphenidat behandele, kann ich allen Eltern nur empfehlen, es auch damit zu versuchen. Die Meinung, daß es eine Droge oder ein Aufputschmittel sei, kann ich nicht teilen. Leider wird es teilweise falsch dosiert und verabreicht. Das Problem für uns war die nachmittägliche Gabe, da unser Sohn wegen seines Alters noch nicht selbständig einnehmen konnte.

Die Reaktion auf Methylphenidat im Bekannten- und Freundeskreis ist leider furchtbar. Wir wollten niemandem sagen, daß unser Kind Methylphenidat bekommt, sonst hieße es, wir seien schlechte Eltern, die ihre Kinder mit Medikamenten vollstopfen, nur damit sie Ruhe haben.

Man muß den Eltern nahebringen, daß sie sich nicht nur auf die Tabletten verlassen. Mit der Einnahme von Methylphenidat hat das Kind die Möglichkeit, sich in den Griff zu bekommen, sich zu konzentrieren. Es muß sich aber trotzdem anstrengen, sich bemühen beim Lernen in der Schule, beim Ordnunghalten im Zimmer usw. Es darf nicht denken, jetzt ginge alles von selbst. Das Kind hat nun die Chance, sich alles zu erarbeiten, das festgefahrene negative Verhalten langsam aufzulösen. Eltern müssen Hilfestellung leisten, mit dem Kind gemeinsam Verhaltensmuster, Regeln, Ansätze, Grenzen erarbeiten, damit das Kind normales Verhalten erlernen kann. Man muß dem Kind helfen, pünktlich zu sein, ihm erklären, warum etwas so oder anders gemacht werden muß. Man darf von ihm nicht gleich Perfektion verlangen. Mit viel Geduld, Zeit und Liebe kann sich das Kind langsam positiv entwickeln.

Vorwürfe, man würde es sich leicht machen und die Erziehung dem Methylphenidat überlassen, muß man einfach ignorieren, vor allem dann, wenn sie von Eltern kommen, die keine ADS-Kinder und keine Ahnung von der Behandlung haben.

Mit der Therapie sollte man so früh als möglich beginnen. Das Einholen von mehreren Meinungen ist wichtig. Bei Stillstand der Verbesserungen darf man sich nicht gleich entmutigen lassen. Dem Widerstand anderer „Fachärzte" gegen Methylphenidat muß man standhalten, Fachliteratur lesen und Selbsthilfegruppen besuchen. Das Kind braucht viel Geduld und Liebe.

Ich wünschte, daß Hausärzte, Kinderärzte und Eltern besser über hyperaktive Kinder informiert würden. Früher wußte ich auch nichts davon. Ich habe mehrere Bekannte, deren Kinder die gleichen Symptome aufweisen, die aber nicht glauben wollen, daß es dagegen ein Medikament gibt.

Wir haben immer wieder Schwierigkeiten mit den Lehrern. Als ich einer Lehrerin sagte, daß ich Arne jetzt behandeln lasse, war sie schockiert und fragte mich, wie ich meinem Kind das antun könne. Ich fragte sie, ob ich ihm nicht mehr antue, wenn ich ihn nicht therapieren ließe. Meine Freundin mit ebenfalls zwei ADS-Kindern und ich sind uns einig, daß die Lehrer, aus welchem Grund auch immer, keine Besserung der Kinder wollen. Am besten ist, man erzählt es niemandem, sonst wird man nur verurteilt.

Das ADS kann jeden treffen, aber man kann auch etwas dagegen tun. Eltern sollten sich selbst informieren, die Therapie versuchen und, wenn ein Erfolg sichtbar ist, sich von der unwissenden Umwelt nicht beeinflussen lassen. Die Verantwortung für unsere Kinder tragen nur wir Eltern. Ob es der richtige Weg ist, wissen wir erst in 20 Jahren, aber dann müssen nicht nur unsere Kinder, sondern auch deren Partner und deren gemeinsame Kinder mit dem ADS leben. Durch eine erfolgreiche Therapie können wir unseren Kindern und deren künftigen Familien viel Leid, Kummer und Verletzungen ersparen. Ich sehe dies als meine Verantwortung an. Ich bin froh, daß ich relativ früh zur Behandlung gefunden habe. Für mich gehörte viel Mut dazu, mit der Behandlung zu beginnen, da ich eine der ersten war. Niemand wußte damals Bescheid, weder Ärzte, noch Lehrer, Erzieher oder Ergotherapeuten, geschweige denn Mütter. Durch Aufklärung hat sich in den letzten zwei Jahren einiges verändert. Allerdings sind Fachleute, von denen die Eltern Hilfe erwarten können, noch immer zu wenig informiert.

Das größte Problem stellen die unspezifischen Symptome sowie die Unkenntnis der meisten Ärzte dar, ebenso die Belastung, ein psychisch krankes oder einfach nur ein „dummes" Kind zu haben. Bei meiner Tochter dauerte es fast acht Jahre bis zur Diagnosestellung. Mir tut es leid um all die verpaßten Chancen in ihrem Leben und um die Zeit, während der sie am meisten unter den Problemen zu leiden hatte. Ist die Diagnose gestellt und hat die Behandlung begonnen, sollte man diese ohne Rücksicht auf negative Meinungen durchziehen. Ich finde es wichtig zu begreifen, daß diese Kinder zwar anders sind, aber deshalb nicht schlechter und weniger wert als andere. Nicht zu vergessen ist das schöne Gefühl, wenn sich das Kind wieder in die Familie einfügt. Meiner Tochter geht es jetzt besser, und manchmal habe ich das Gefühl, ein neues Kind zu haben. Grundsätzlich waren die Lehrer froh, daß eine Diagnose gestellt worden war, aber allen war ADS unbekannt, wenngleich einige auch schon von hyperaktiven Kindern gehört hatten. Gegenüber der Methylphenidatbehandlung waren die meisten positiv eingestellt, aber erst nachdem ich ihnen Ihre Unterlagen über das ADS gezeigt hatte und sie feststellten, daß es sich bei dieser Krankheit nicht um „neumodischen Psychokram" handelt. Lassen Sie sich nicht von anderen verunsichern. Die Vorurteile gegen die medikamentöse Behandlung sind nicht berechtigt.

In der Dosierung muß man sehr feinfühlig sein, das Kind genau beobachten, nicht aufgeben, gegen Ende auch geringe Dosierungen ausprobieren: 1/20 mg. Es erfordert Geduld und Ausdauer von seiten der Eltern, bis die richtige Dosierung erreicht ist. Die Verbesserungen in den Schulleistungen und im Verhalten erfolgen erst allmählich. Das Ausmaß der positiven Entwicklung sieht man erst richtig im Rückblick. Das Verhältnis Eltern/Kind verändert sich langsamer aufgrund der vielen negativen Erfahrungen und Verletzungen in der Beziehung. Man braucht immer wieder Mut und Zuversicht, weil auch Rückschläge zu verkraften sind.

Es ist schade, daß Lehrer über solche Therapien nicht unterrichtet werden. Die Eltern von ADS-Kindern sind auf sich allein gestellt. Ich habe nur durch Zufall von einer Behandlung mit Methylphenidat gehört.

Man darf am Anfang die Geduld nicht verlieren, weil man vielleicht zu viel erwartet. Es wird mit jedem Tag besser. Vor allem tut es einem gut, wenn man von Lehrern und Erzieherinnen bestätigt bekommt, daß das Kind völlig anders geworden ist.

Ab Beginn der Gabe von Methylphenidat dauerte es bei unserem Sohn fast sechs bis sieben Wochen, ehe sich eine Verbesserung zeigte. Es lohnt sich auf jeden Falle abzuwarten.

Die Lehrer sollte man darauf hinweisen, daß man seinem Kind Methylphenidat geben wird, gleichgültig wie sie dazu stehen, und daß man auch kein Interesse daran habe, kluge Ratschläge zu erhalten.

Unsere hypoaktive Tochter ist neben unserem hyperaktiven Sohn nicht aufgefallen. Erst als er unter der Methylphenidattherapie ruhiger wurde, haben wir gemerkt, daß auch bei ihr etwas nicht stimmte.

Wir haben festgestellt, daß wir uns mit Kindern besser verstehen, wenn wir klare und deutliche Anweisungen geben, die keine Kompromisse zulassen. Lassen wir uns auf eine Diskussion ein, so verhärten sich die Fronten.

Allergien und ADS

Die Frage, ob ihre Kinder allergische Symptome aufweisen, bejahten 81 % der Mädchen- und 77 % der Jungen-Eltern. Im folgenden werden die abgefragten Symptome in Prozent von der Gesamtanzahl der Patienten aufgeführt. Einige Patienten hatten natürlich auch mehrere der unten angegebenen Symptome.

Allergieart	Mädchen	Jungen
Asthma bronchiale	9 %	9 %
Heuschnupfen	9 %	14 %
Neurodermitis	21 %	20 %
Unverträglichkeit von bestimmten Nahrungsmitteln	26 %	45 %
Häufige Durchfälle	20 %	17 %
Häufige Bauchschmerzen	38 %	21 %
Besonders häufig Husten	38 %	33 %
Besonders häufig Mittelohrentzündungen	33 %	26 %

Dieses Ergebnis deckt sich mit den Ergebnissen einer Auswertung des Immunglobulin E (IgE). Das IgE liefert einen recht guten Anhaltspunkt für bestehende Allergien und deren Ausmaß. Für jede Altersgruppe gibt es unterschiedliche Normwerte.

Ich habe das IgE von insgesamt 1106 Patienten mit einem ADS ausgewertet. Dabei ergaben sich ausgesprochen interessante Resultate:

Von den 1106 Patienten haben genau 75 % ein erhöhtes IgE. Die von den Eltern angegebene leicht höhere Allergierate dürfte damit zusammenhängen, daß nicht jede Allergie sich in einem erhöhten IgE zeigen muß.

Alter	Prozentsatz der Patienten mit erhöhtem IgE	Durchschnittswert des IgE	Normwert des IgE
Kleinkinder bis 5 J.	85 %	207,7	bis 10
Kinder von 6 – 15 J.	71 %	300,3	bis 30
Jugendliche ab 16 J. und Erwachsene	32 %	392,9	bis 100

Bei dieser Auswertung fällt auf, daß jüngere Patienten mit einem ADS häufiger Allergien haben. Dieses Ergebnis erscheint mir sehr bemerkenswert, da es einen Hinweis darauf geben könnte, warum Kinder mit einem hyperaktiven ADS in den letzten Jahren zunehmend auffällig werden. Wenn man davon ausgeht, daß das ADS eine autosomal dominant vererbte Störung ist, haben früher gleich viele Personen wie jetzt daran gelitten. Ihre Symptome waren aber mit Sicherheit nicht so auffallend wie heute. Erzieher und Lehrer berichten von einer Zunahme der auffälligen, vor allem der hyperaktiven Kinder.

Die obenstehende Statistik legt nahe, daß die starke Zunahme der Allergien bei jüngeren ADS-Patienten auch etwas mit deren Verhalten zu tun haben könnte. Wie ich schon im Kapitel Allergien ausführte, besteht ein enger Zusammenhang zwischen allergischen Reaktionen und dem Zentralnervensystem, so daß eine Zunahme der Allergien auch eine Verstärkung der Symptome, vor allem des hyperaktiven ADS, verursachen könnte.

Freunde und ADS

Erstaunlicherweise ergab meine Umfrage, daß es bei 50 % der Kinder mit einem ADS Probleme mit Freundschaften gibt, wobei über 80 % von ihnen dennoch Freunde haben. Diese sind zu 85 % genauso wie das Kind oder genau entgegengesetzt. Damit bestätigt sich mein Eindruck, daß Kinder mit einem ADS am besten mit ihresgleichen, also mit Hyper- oder Hypoaktiven, zurechtkommen.

Ob es sich bei diesen Freundschaften um Zweckgemeinschaften zur Freizeitbewältigung oder um echte Freundschaftsbeziehungen handelt, ließ sich aus den Angaben der Eltern nicht entnehmen. Nach meinen Erfahrungen sind diese Freundschaften eher Interessengemeinschaften für außerschulische Aktivitäten und halten auch nicht lange. Dennoch wird das Kind durch sie in soziale Kontakte eingebunden und sein Selbstwertgefühl gestärkt. Deshalb sind auch die Eltern motiviert, diese Freundschaften zu pflegen.

10. Und es kann doch ausheilen

Diese These habe ich erstmals 1995 von der Kinderärztin und Psychotherapeutin Ingrid Just aus Wolfsburg gehört. Sie dürfte wohl die größte Erfahrung mit der Behandlung von ADS-Patienten in Deutschland haben, da sie inzwischen über 4000 Kinder und Erwachsene mit einem ADS behandelt hat.

Sie berichtete, daß ein großer Teil ihrer Patienten ausgeheilt sei, im Schnitt nach 3½ Jahren. Darunter verstand sie, daß die Betroffenen nach einer mehr oder minder langen Behandlung mit Stimulanzien, schließlich auch ohne Medikamente, keine ADS-spezifischen Verhaltensauffälligkeiten mehr zeigten. Sie erklärte dies durch eine „Nachreifung“ des Gehirns, was mir einleuchtend erscheint, da eine Reifungsverzögerung bestimmter Hirnabschnitte auch bei verschiedenen anderen Auffälligkeiten, wie Teilleistungsschwächen oder Einnässen, angenommen wird. Just stellte jedoch fest, daß dieses Ausheilen nur zu erwarten sei, wenn mindestens drei, besser vier bis fünf Dosen Methylphenidat pro Tag gegeben werden und dieses weder am Wochenende noch in den Ferien ausgesetzt wird.

Ich kann diese Kriterien nur bestätigen, da ich in den ersten 18 Jahren der Behandlung von hyperaktiven Kindern mit maximal zwei Dosen Stimulanzien pro Tag und dem Aussetzen am Wochenende und in den Ferien nie ein ausgeheiltes Kind erlebt habe. Seitdem ich aber nach den Empfehlungen von Just behandle, habe ich zahlreiche ausgeheilte Patienten. Dies beobachten auch andere Kollegen. Praktisch alle, die nur ein bis zwei Dosen am Tag geben, erreichen keine Ausheilung; diejenigen, die drei bis fünf Dosen geben, machen diese positive Erfahrung. Sheldon Keßler, ein amerikanischer Arzt mit sehr großer Erfahrung in der Behandlung des ADS, berichtete von einer Behandlungsdauer zwischen zwei Monaten und 23 Jahren, im Schnitt von 7 1/2 Jahren. Auch Paul Wender, einer der besten Kenner des ADS in den USA, empfiehlt, die Stimulanzien alle sechs Monate abzusetzen, um zu sehen, ob das Kind schon aus seinen Schwierigkeiten „herausgewachsen" ist. Hallowell und Ratey empfehlen grundsätzlich, Stimulanzien alle vier bis sechs Monate abzusetzen, um zu prüfen, ob das Kind sie noch braucht.

Ob das ADS ausheilen kann, wird in Deutschland heiß diskutiert. Ich frage mich nach dem Grund dafür. Krause/Krause/Trott schreiben, daß etwa ein Drittel der betroffenen Kinder auch im Erwachsenenalter noch Symptome des ADS zeigt. Das heißt aber doch, daß angenommen werden muß, zwei Drittel der Kinder können spontan ausheilen. Wenn eine Ausheilung, also eine „Nachreifung" des Gehirns, spontan möglich ist, so sollte dies doch noch besser möglich sein, wenn das Kind mit Stimulanzien behandelt wird, zumal Rattenversuche gezeigt haben, daß es unter Stimulanzien zu einer besseren Vernetzung der Hirnnerven kommt. Allerdings kann ich aufgrund meiner Erfahrungen nicht glauben, daß zwei Drittel der Kinder mit ADS im Erwachsenenalter keine Probleme mehr haben. Wenn ich die Eltern meiner ADS-Patienten frage, wer von beiden der Überträger des ADS-Gens sei, können sie, von wenigen Ausnahmen abgesehen, spontan angeben, ob der andere, man selbst oder beide betroffen sind. Es handelt sich oft um keine spektakulären, aber doch sehr lästige Symptome, wie Vergeßlichkeit, Unvermögen, den Alltag zu organisieren oder ein Buch zu lesen, mangelnde Ordnungsliebe, Frustrationsintoleranz, Neigung zu Alkohol oder auch zu Drogen, Aggressivität, innere Unruhe, Depressionen und ein Getriebensein. Alle diese Erscheinungen werden nur selten zur Konsultation eines Arztes führen und, falls doch, werden die beklagten Auffälligkeiten so gut wie nie als Symptom eines ADS erkannt.

Ich persönlich glaube, daß das nicht mit Stimulanzien behandelte ADS spontan nur sehr selten ausheilt. Ich erlebe täglich, daß es den Träger und seine Bezugspersonen ein Leben lang in ihrer Lebensqualität beeinträchtigt, Beziehungen belastet und Kindern ein schwieriges Elternhaus beschert. Ich sehe aber auch, daß es unter Stimulanzientherapie zu einer anhaltenden Ausheilung des ADS kommen kann. Diese Ausheilung bezieht sich nur auf die Symptome, nicht auf die genetische Komponente.

Obwohl ich erst seit vier Jahren nach der Justschen Methode behandele, erlebe ich zahlreiche ausgeheilte Kinder, die ich zum Teil auch in diesem Buch vorgestellt habe. Einige Patienten brauchten nur wenige Monate, um auszuheilen und danach auch stabil zu bleiben. Was auch immer im Gehirn passiert, sei es eine bessere Vernetzung der Hirnzellen oder die Fähigkeit, die Botenstoffe nun in genügender Menge zur Verfügung zu stellen, mag dahingestellt bleiben. Auf jeden Fall haben diese Kinder ihre ADS-spezifischen Symptome verloren und benehmen sich auch ohne Medikamente wie andere Kinder. Das heißt, sie werden nicht zu Engeln, sondern bleiben Kinder mit allen guten und schlechten Eigenschaften.

Um endlich der Diskussion ein Ende zu setzen, ob Methylphenidat das ADS heilen kann oder es nur behandelt, habe ich bei meiner Fragebogenaktion auch nach der Ausheilung gefragt. Dabei stellte sich heraus, daß 16 % meiner Patienten ausgeheilt sind. Dies erscheint auf den ersten Blick wenig. Bedenkt man aber, daß mehr als die Hälfte der bei der Fragebogenaktion erfaßten Patienten weniger als ein Jahr unter Stimulanzienbehandlung gestanden hat, zum Teil nur einige Wochen bis Monate, scheint mir dies ein ganz beachtlicher Anteil zu sein. Die Kinder heilten in einem Zeitraum von einigen Wochen bis zu zweieinhalb Jahren aus. Bemerkenswert war für mich außerdem, daß Kinder unter sechs Jahren schneller ausheilten als ältere, und zwar im Schnitt nach 6,7 Monaten, während die älteren Patienten im Mittel 10,8 Monate benötigten.

Die Eltern berichteten, daß ein Teil der Kinder vor der Ausheilung das Medikament ablehnte, vermutlich weil es nun nicht mehr paradox, sondern als Aufputschmittel wirkte und sie sich daher nach der Einnahme unwohl fühlten. Ein anderer Teil entwickelte während der Ausheilungsphase die alten Symptome wie vor der Stimulanzientherapie, zum Teil noch schlimmer als früher. Eine Mutter ist mir heute noch gram, weil ich ihr nichts über die mögliche Ausheilung nach so kurzer Zeit gesagt hatte. Ich wußte es bis dahin selbst nicht. Als die Mutter erbost anrief und mir mitteilte, die Kinder seien jetzt nach zweimonatiger Stimulanzientherapie, die anfänglich hervorragend angeschlagen habe, so schlimm wie nie zuvor, riet ich ihr, das Medikament sofort abzusetzen. Nach dem Absetzen hatten die Kinder alle Auffälligkeiten verloren und waren geheilt. Während dieser schlimmen Phase hatte die Mutter jedoch in der Familie einen schweren Stand, da sie die Behandlung gegen den Willen der Restfamilie durchgeführt hatte. Als sich die Kinder wie die Wilden aufführten, fiel die Familie über sie her, weil sie das auffällige Betragen für eine Nebenwirkung des Medikaments hielten.

Ein weiteres Kind nahm nur wenige Wochen Stimulanzien ein, veränderte sein Verhalten darunter schlagartig und hat dieses auch nach Absetzen des Medikaments beibehalten, wie nachfolgender Bericht der Mutter zeigt:

Da unsere Tochter hypoaktiv war, fiel sie eher durch Bravsein auf. Sie war immer ein stilles, ruhiges Kind. Eine Trotzphase gab es bei ihr fast nicht. Sie war meist mit dem zufrieden, was sie bekam, und forderte selten etwas. Auch mit der Zuwendung und Aufmerksamkeit, die sie von meiner Seite bekam, war sie zufrieden. Selten kam sie, um umarmt zu werden. Es war so, als würde sie sich selbst genügen. Ich war immer darauf bedacht, sie nicht wegen ihrer Anspruchslosigkeit zu vernachlässigen. Auch in der Schule war sie ähnlich. Sie beteiligte sich nicht am Unterricht, beantwortete keine Fragen, saß auf ihrem Stuhl und träumte vor sich hin. Unter dem Verdacht auf ein hypoaktives ADS begannen wir dann eine Stimulanzientherapie, unter der sich unsere Tochter innerhalb weniger Tage unglaublich veränderte. Die Lehrerin sprach mich sofort auf die Veränderungen an. Sie habe sich von einem Tag auf den anderen geöffnet, ginge aus sich heraus, melde sich im Unterricht, ginge auf die anderen Kinder zu, spiele mit ihnen, streite sich auch und versöhne sich wieder. Obwohl sie nur eine Dosis von 5mal ¼ Tablette erhalten hatte, begann sie nach etwa zweiwöchiger Behandlung über Übelkeit, Herzklopfen und Kopfschmerzen zu klagen, und ihre Hände begannen zu zittern. Darauf setzte ich Methylphenidat ab und das Wunder geschah. Auch ohne Therapie ist sie so positiv geblieben. Seit dieser Zeit ist sie offenherzig, mitfühlend, freundschaftlich und sehr verständig. Sie sagt meistens klar ihre Meinung, kann sich wehren und durchsetzen, auch in der Schule. Sie hat auch die Traurigkeit, die sie vor der Behandlung zeigte, verloren und kann über Dinge, die sie belasten, mit mir reden. Sie ist ein sehr fröhliches, aufgewecktes Mädchen geworden.

Grundsätzlich empfehle ich allen Eltern, die Dosis sofort zu reduzieren, wenn ein Kind beginnt, wieder die alten Symptome zu entwickeln, das Medikament verweigert oder Zeichen der Überdosierung zeigt wie das oben beschriebene Mädchen. Dabei hat sich bewährt, die Dosis des Medikaments genau so langsam zu reduzieren, wie man sie anfänglich gesteigert hat. Diese langsame Reduktion gelingt den meisten Eltern jedoch nicht, da sie in der Ausheilungsphase die Restsymptome oft nicht sicher beurteilen können. Auch merken sie gelegentlich erst, daß das Kind am Ausheilen ist, wenn es massive Überdosierungserscheinungen wie Herzklopfen, Zittern, Kopfschmerzen und aggressives Benehmen zeigt. In solchen Fällen empfehle ich den Eltern, das Medikament sofort abzusetzen. Entzugserscheinungen treten auch nach abruptem Absetzen nicht auf, sonst müßten die Kinder während der behandlungsfreien Nacht regelmäßig Entzugserscheinungen entwickeln. Innerhalb weniger Tage ist es den Eltern danach möglich zu beurteilen, ob die alten Symptome, wenn auch meist in deutlich abgeschwächter Form, wieder auftreten. Ist dies der Fall, empfehle ich, die Therapie mit sehr kleinen Dosen wieder zu beginnen und sich an die noch notwendige Dosierung heranzutasten. Oft reichen 5mal 1 mg Methylphenidat schon aus, falls nicht, kann die Dosis zügig im Abstand von ein bis zwei Tagen um jeweils 1 mg gesteigert werden, bis eine optimale Wirkung erzielt wird. Um solche kleine Mengen herzustellen, löst man ½ Tablette in 5 ml oder 1 Tablette in 10 ml Wasser auf, wonach 1 ml Lösung 1 mg Methylphenidat enthält. Manchmal reichen bei ausheilenden Patienten sogar noch kleinere Dosen aus, um einen guten therapeutischen Effekt zu erzielen. In einer Familie, in der alle unter einem ADS leiden, nehmen die Eltern und ein Sohn 5 bis 10/100 mg Methylphenidat 5mal täglich ein. Dazu lösen sie eine Tablette Methylphenidat in 1 Liter Wasser auf und nehmen davon 5 bis 10 ml 5mal täglich. Die Tochter ist noch nicht am Ausheilen und benötigt nach wie vor 5 Tabletten täglich.

Bei Kindern, die zunächst ausgeheilt erscheinen, kann es nach Wochen bis Monaten wieder zu einem mehr oder minder starken Rückfall in die alten Symptome kommen. Auch hier reichen in der Regel kleine Dosen aus, um die Kinder wieder zu stabilisieren. In den meisten Fällen kann man nach einigen Wochen die Therapie endgültig beenden; ich kenne aber auch Fälle, bei denen noch eine monatelange Behandlung notwendig wurde, bis sie endgültig ausgeheilt waren. Die Eltern bilden sich die Ausheilung nicht ein. Dies zeigt mir der Umstand, daß so gut wie alle die Medikation schon mehrfach abgesetzt hatten in der

Annahme, das Kind sei ausgeheilt, dann aber feststellen mußten, daß dies nicht der Fall war und erneut mit der Behandlung begannen. Außerdem vertragen Kinder, die ausgeheilt sind, Methylphenidat nicht mehr; sie werden schon unter kleinsten Dosen zittrig, bekommen Herzklopfen, Kopfschmerzen und werden unruhig und aggressiv.

Auch Erwachsene können ausheilen. Ich habe mehrere erwachsene Patienten, die seit Monaten bis Jahren ohne Therapie völlig stabil geblieben sind und ihre alten Verhaltensauffälligkeiten nicht mehr entwickelt haben. Auch diese Patienten vertragen Methylplhenidat nicht mehr. Selbst 1/4 Tablette führt zu den eben beschriebenen Unverträglichkeitszeichen, obwohl sie früher Einzeldosen bis zu 2 Tabletten benötigt haben. Auch in der Ausheilungsphase braucht jeder Patient seine individuelle Dosierung, die er selbst oder die Eltern herausfinden müssen. Dies empfinden viele als Zumutung und beklagen sich, ich würde sie mit der Therapie allein lassen. Doch es gibt keine andere Möglichkeit, ein Kind auf die optimale Therapie einzustellen, als die Beobachtung. Natürlich können auch andere Menschen in diese Beobachtung einbezogen werden, etwa Verwandte oder Lehrer. Es müssen aber immer Menschen sein, die das Kind gut kennen und auch die Möglichkeit haben, es über längere Zeit zu beobachten.

Um zu verstehen, warum die Kinder in der Ausheilungsphase die alten Symptome wieder entwickeln, muß man sich vergegenwärtigen, daß sie ihre Botenstoffe nun offensichtlich in zunehmendem Maß selbst herstellen können und schließlich eine normale Botenstoffproduktion haben. Da Stimulanzien die Botenstoffe anheben und dadurch den Gesunden aufputschen, kommt es bei der Verabreichung an einen Gesunden zu Unruhe, Aggressivität, Zittrigkeit, Impulsivität und Hyperaktivität. Es entwickeln sich also die Symptome des hyperaktiven ADS. Aber auch die ehemals Hypoaktiven entwickeln Symptome ihres alten Leidens. Sie werden wieder ruhig, da auch bei ihnen die Botenstoffe angehoben werden, aber in den hemmenden Nervenbahnen.

Zum Abschluß zwei Berichte über ausgeheilte Patienten:

Erster Bericht einer Mutter, von Beruf Heilerzieherin, über Jan, zweieinhalb Jahre alt, vom Mai 1998:

Jan war bis zu einem Alter von zwölf Monaten ein unauffälliges, gut entwickeltes Kind. Als Säugling schlief er viel und war während der Wachzeiten ein fröhlicher, fast immer gut gelaunter Junge. Seinen unermüdlichen Tatendrang während des Krabbelalters schrieb ich einfach seiner kindlichen Neugier zu und machte mir auch dann noch keine großen Gedanken, als er mit zunehmendem Alter auf Ermahnungen und Verbote nicht reagierte. Zum ersten Mal begann ich über seine ungeheure körperliche Kraft und Ausdauer nachzudenken, als er wegen einer Lungenentzündung in der Kinderklinik war. Er weigerte sich tobend, in dem Gitterbett des Krankenhauses zu schlafen. Er schlief nur, wenn er im Kinderwagen gefahren wurde, aber auch dann nur maximal zwei Stunden. Ich verbrachte fünf Tage und Nächte damit, Jan im Krankenhaus die Gänge auf- und abzufahren, bis er in der letzten Nacht ein Schlafmittel bekam, damit auch ich einmal schlafen konnte. Nach meiner heutigen Kenntnis über das ADS denke ich, daß es vielleicht der „Jäger" in ihm war, der ihn zur Vorsicht und Wachsamkeit gegenüber dem Fremden ermahnte, denn als wir nach Hause kamen, konnte ich ihn in sein Bett legen, wo er auf der Stelle einschlief. Damals war er gerade 18 Monate alt. Auffällig an seinem Verhalten war weiterhin, daß er nicht zu lernen schien. Er machte jeden Tag aufs Neue die gleichen Dinge, die man ihm schon tausendmal verboten hatte. Er räumte alle Schränke aus, räuberte Blumentöpfe, plagte unseren Hund, zerriß seine Windeln, machte sein Spielzeug kaputt usw. Am schlimmsten waren jedoch die täglichen Kämpfe um jede Kleinigkeit. Der Gang in den Keller zur Waschmaschine endete fast immer mit einem Tobsuchtsanfall, weil er auf diesem Weg fast alles aus- und umräumte, was er in den Regalen oder auf dem Boden fand. Anschließend wollte er dann nicht mehr nach oben, so daß ich ein schreiendes und um sich schlagendes Kind die Kellertreppe hinauftragen mußte. Auch das Briefkastenleeren war ein Drama. Während ich ihn öffnete und die Post entnahm, büchste Jan aus und rannte Richtung Hauptstraße oder in Strümpfen ins nasse Gras. Wenn ich ihn dann ins Haus trug, weil er von selbst nicht laufen wollte, folgte ein Tobsuchtsanfall. Auf jedes Verbot reagierte er mit einem solchen, der bis zu 30 Minuten anhalten konnte. Ich konnte ihn in solchen Situationen durch nichts beruhigen. Mit der Zeit begann ich, Besuche bei Bekannten zu meiden, weil ich dabei einem unglaublichen Streß ausgesetzt war. Ich konnte mich mit niemandem in Ruhe unterhalten, weil er ständig dazwischenredete, alles kaputtmachte und ich ihn ständig im Auge behalten mußte, um zu sehen, was er gerade wieder anstellte. Anfang 1998 begann die ganze Situation zu eskalieren. Nach einem besonders schlimmen Tag mußte ich sein Zimmer verlassen, um ihm nichts anzutun. Meine Nerven lagen blank. Für mich war dies der Anlaß, mich nach Hilfe umzuschauen. Durch Sie wurde Jan ab Ende April mit Methylphenidat therapiert. Seitdem hat sich unser Leben grundlegend verändert. Jan ist wie ausgetauscht. Er kann vieles jetzt recht gut akzeptieren, er folgt, er ist anderen Kindern gegenüber kaum mehr aggressiv, schmust auch (was er vorher strikt ablehnte) und ist wesentlich ausgeglichener. Er möchte jetzt von sich aus Bücher anschauen, kann sich wesentlich länger konzentrieren und ist ein richtig liebenswertes Kind. Er schafft es nun, zehn Minuten auf einem Fleck sitzenzubleiben, und bekommt sich auch wieder in den Griff, wenn er mal wütend ist und tobt. Auch ich bin viel ruhiger geworden. Ich kann mich wieder mit meiner Rolle als Mutter identifizieren.

Zweiter Bericht vom 22. September 1998:

Ich möchte mit diesem Schreiben ein ganz persönliches Dankeschön an Sie richten, denn so, wie es momentan aussieht, ist Jan nach einer konsequenten Behandlungsdauer von knapp fünf Monaten geheilt. Er ist seit einer Woche ohne Methylphenidat und verhält sich hervorragend. Zwar ist er immer noch ein sehr lebhaftes Kind und stellt auch noch einige Dinge an, aber dies würde ich durchaus als das normale Verhalten eines dreijährigen Kindes bezeichnen. Er hat lediglich seine „schlechten" Verhaltensweisen abgelegt, das heißt, er hat keine unkontrollierten Tobsuchtsanfälle mehr, kann sich wesentlich länger auf Dinge konzentrieren, ist generell aufnahmefähiger und auch gefühlsmäßig viel offener geworden. Er ist sogar in der Lage, zu schmusen und sich für Dinge zu entschuldigen, die er angestellt hat, weil er jetzt begreifen kann, was er darf und was nicht. Ich kann allen betroffenen Eltern nur den Rat geben, sich auch während der Behandlung ihres Kindes nicht von eventuellen Rückschlägen oder Unkenrufen „guter Freunde" entmutigen zu lassen und deswegen mit der Therapie aufzuhören. ADS ist heilbar. Ich habe es am eigenen Leib erfahren. Man braucht Durchhaltevermögen und Konsequenz, aber was macht das, wenn man nachher ein normales und glückliches Familienleben führen kann. Ich denke, dafür ist kein Preis zu hoch. Mein Mann und ich sind über diese Entwicklung sehr glücklich und können, da ich kurz vor der Geburt unseres zweiten Kindes stehe, unserer neuen Familiensituation viel gelassener entgegensehen als zu Beginn meiner Schwangerschaft. Ich hatte damals oft Zweifel, ob ich dieser Belastung gewachsen sein würde. Diese Zweifel sind nun ausgeräumt. Selbst wenn ich mich zu früh gefreut hätte und Jan einen Rückfall erleben sollte, weiß ich jetzt, wie es in den Griff zu bekommen ist, und diese Perspektive ist mit nichts aufzuwiegen. Ohne Ihre Diagnose wäre dies nicht möglich gewesen. Ich hoffe, daß noch viele Kinder die Chance bekommen, die Jan gehabt hat.

Am 19. 2. 1999 teilte mir die Mutter mit, daß Jan nun seit sechs Wochen den Kindergarten besuche und sich völlig unauffällig benehme. Er komme auch sehr gut mit seiner kleinen Schwester aus und gehe liebevoll mit ihr um. Auch innerhalb der Familie bestünden keinerlei Probleme.

Bericht eines 26jährigen Studenten mit einem hypoaktiven ADS über den Verlauf seiner Behandlung:

Mein ADS war eigentlich gar nicht so offensichtlich oder gar schlimm. Wenn bloß nicht immer diese Antriebslosigkeit, die kleinen Mißgeschicke und die weltvergessene Verträumtheit gewesen wären! Nicht, daß ich das Träumen nicht mehr gut fände, aber zum angemessenen Zeitpunkt. Obwohl es, was die Noten anbetraf, eigentlich keine Probleme in der Schule gab, hatte ich immer das Gefühl, ja die Gewißheit, viel besser sein zu können. Daß ich faul gewesen wäre, kann man nicht sagen. Ich habe hunderte Dinge gelernt, gemacht und gebastelt, nur eben nicht für die Schule. Bei den Lehrern war ich als verträumt und als faul bekannt, da ich nie irgendwelche Hausaufgaben gemacht hatte. Ich konnte mich einfach nicht dazu aufraffen. Auch selbstgemachte Pläne für den Tagesablauf waren nach wenigen Tagen vergessen. Es gab viel interessantere Dinge hier und dort und überall. Ich war ein Junge, dem es nie langweilig wurde. Wenn es nichts zu tun gab, dann suchte ich eben etwas, sei es in meinem Zimmer eine neue Trennwand zu ziehen, die Möbel neu anzuordnen oder mein 2 x 3 Meter großes, selbstgebasteltes Bett an Schnüren per Flaschenzug an die Decke zu hängen. Ich war für jeden Blödsinn zu haben. Seltsamerweise ist mir dabei nie etwas Ernsthaftes zugestoßen. Als ich zu studieren begann, gab es zunächst keinerlei Probleme. Meine Klausuren waren trotz geringer Vorbereitung immer gut. Daher konnte ich nicht verstehen, warum ich plötzlich bei Prüfungen von längerer Dauer eine Art „Blackout" hatte. Es fiel mir nichts mehr ein, und ich habe manche Prüfungsbogen fast leer abgegeben. Schließlich scheiterte ich in meinem ersten Studium. Da ich begeisterter Computerfan war, entschloß ich mich, Informatik zu studieren, merkte aber auch hier sehr bald, daß ich längere Prüfungen nicht durchstehen konnte. Daher wandte ich mich an Sie, da Sie mich schon seit meiner Kinderzeit medizinisch betreuten. Sie vermuteten, daß ich ein hypoaktiver ADS-Patient sei. Ich hatte bis dahin noch nie von einem solchen Krankheitsbild gehört. Die Behandlung mit Methylphenidat führte zunächst dazu, daß ich klarer denken konnte und die Dinge besser auf die Reihe bekam. Ich begann mein Zimmer aufzuräumen und konnte plötzlich stundenlang am Stück lernen. Ich bestand von nun an jede Prüfung, auch solche, die über Stunden gingen. Unter Methylphenidat konnte ich mich wie ein normaler Mensch auf meine Arbeit konzentrieren. Ich konnte leichter und viel effizienter arbeiten, rannte nicht dauernd kopflos umher, um ein Werkzeug zu suchen, das ich in der Hand hielt. Die Arbeit machte mehr Spaß. Nachdem ich die Tabletten über 1½ Jahre eingenommen hatte, stellte ich plötzlich fest, daß ich Methylphenidat nicht mehr vertragen konnte. Ich erinnerte mich daran, daß Sie immer wieder darauf hingewiesen hatten, das ADS könne ausheilen. Ich vermutete also, daß dieser Zeitpunkt gekommen sei, und setzte Methylphenidat ab. Allerdings merkte ich sehr rasch, daß ich noch nicht ohne das Medikament auskommen konnte. Daher setzte ich die Behandlung mit 5mal ¼ Tablette fort, während ich früher 6 Tabletten am Tag benötigte. Schließlich konnte ich auch diese Dosis nicht mehr vertragen, bekam Herzklopfen und Kopfschmerzen und wurde zittrig. Dann setzte ich Methylphenidat ganz ab. Seit 1½ Jahren komme ich ohne dieses Medikament aus. Ich habe in der Zwischenzeit immer wieder probeweise ¼ Tablette Methylphenidat eingenommen und mußte feststellen, daß ich jedesmal zittrig, fahrig, unruhig, aufgekratzt und aufgedreht wurde sowie Herzklopfen und Kopfschmerzen bekam. Ich bin heute ein engagierter Student, der auch mit längeren Prüfungen keine Probleme hat, bereite mich zur Zeit auf mein Diplom vor und denke, daß ich damit keinerlei Schwierigkeiten mehr haben werde. Die Erfahrung, daß nur Menschen mit einem ADS Methylphenidat vertragen, habe ich auch mit einem Kumpel gemacht. Ich habe ihm eine halbe Tablette gegeben in der Annahme, daß es bei ihm ähnlich wirken würde wie früher bei mir. Jedoch bekam ich sehr eindrücklich vorgeführt, warum es in den Diskos zum Aufputschen genommen wird. Mein Kumpel flippte völlig aus. Er hatte innerhalb von zwei Stunden fünf Geschäftsideen, die er telefonisch 20 Leuten unterbreitete, konnte nicht mehr stillsitzen, sprang wie ein Gummiball im ganzen Haus umher und klagte zwischendurch immer wieder über Herzrasen. Offensichtlich litt er nicht an einem ADS.

Nachwort

Seit über 20 Jahren bin ich mit der Diagnostik und Therapie des ADS vertraut. In dieser Zeit habe ich den Lebens- und Leidensweg von unzähligen Kindern und Erwachsenen kennengelernt und durfte sie in ihren Therapien begleiten. Dieser Weg war nicht immer einfach, weder für die Betroffenen noch für mich. Die Einstellung der Umwelt, die Ignoranz und Intoleranz der Mitmenschen, vor allem auch die der Fachleute, machten uns allen das Leben schwer. Besonders die Mütter hatten darunter zu leiden, denn sie wurden nicht nur beschuldigt, ihre Kinder falsch erzogen zu haben, sondern mußten sich während der Therapie auch noch sagen lassen, sie würden ihre Kinder unter Drogen setzen, nur um ihre Ruhe zu haben. Weiß man, was diese Mütter aushalten mußten, wie sehr sie unter ihren Kindern und den Ungerechtigkeiten ihrer Mitmenschen gelitten haben, wie wenig Verständnis und Unterstützung sie von anderen erhielten, sollte man für diese Mütter voll des Lobes und der Bewunderung sein. Ich persönlich frage mich oft, wie sie es schaffen, ihre Kinder mit einem ausgeprägten hyperaktiven ADS auszuhalten, die für andere schon nach wenigen Stunden unzumutbar werden.

Aber auch den Patienten gehört meine ganze Sympathie, bedenkt man, mit wieviel Ermahnungen, Kritik, Zurechtweisungen, Aggressionen und Ablehnungen solche Kinder konfrontiert werden. Man muß sich wundern, daß sie noch immer lachen und fröhlich sein können. Dies um so mehr, als sie auch durch ihre mangelhaften Leistungen dauernd frustriert werden.

Daher bin ich der Meinung, daß jedes Kind mit einem ADS, das Symptome hat, unter denen es selbst und/oder seine Familie leiden, ein Recht auf eine medikamentöse Behandlung mit Stimulanzien hat. Wäre eine solche Behandlung mit großen Nebenwirkungen belastet, müßte man sicherlich in jedem einzelnen Fall das Für und Wider sorgfältig abwägen. Da jedoch keine oder nur geringe Nebenwirkungen auftreten und die therapeutische Wirksamkeit der Behandlung in unzähligen Fällen erwiesen ist, sollte man jedem betroffenen Kind eine Chance geben. Und wir dürfen nicht vergessen, daß Kinder ohne medikamentöse Behandlung später in bis zu 40 % Gefahr laufen, drogen-/alkoholabhängig oder kriminell zu werden. Ich denke, allein unter diesem Gesichtspunkt sollte es leicht fallen, die Entscheidung für eine medikamentöse Behandlung zu treffen, die außerdem noch die Chance eröffnet, daß das Kind ausheilen kann und damit ein vom ADS unbelastetes Leben führen darf.

Mein Mitgefühl für diese Mütter und Kinder hat im Laufe der Jahre dazu geführt, daß ich mir zur beruflichen Lebensaufgabe gemacht habe, die Kenntnisse über die Diagnose und die Behandlung von Kindern mit einem ADS zu verbreiten, damit jedes Kind mit einem ADS rechtzeitig erkannt und behandelt werden kann. Dieses Buch soll einen wesentlichen Beitrag dazu leisten.

Literaturverzeichnis

1. Aarons, Maureen; Gittens, Tessa: Das Handbuch des Autismus. Ein Ratgeber für Eltern und Fachleute. Beltz-Verlag, Weinheim, Basel 1994
2. Barkley, R. A.; Fischer, M.; Edelbrock, C.S.; Smallisch, L.: The adolescent outcome of hyperactive children diagnosed by research criteria. J. Amer. Acad. Child Adolesc. Psychiat. 29, 546-557, 1990
3. Barkley, R. A.; Fischer, M.; Edelbrock, C.S.: The adolescent outcome of hyperactive children diagnosed bei research criteria. Mother-child-interactions, familiy conflicts und maternal psychopathology. J. Child Psychol.Psychiat 32, 233-255, 1991
4. Blank, R.: Allergische Diathese bei Kindern mit hyperkinetischen Störungen und hyperaktives Verhalten bei Kindern mit Atopien. In Steinhausen, H.-Ch.: Hyperkinetische Störungen im Kindes- und Jugendalter.
5. Calatin, A.: Kursbuch Eltern. Das hyperaktive Kind. Heyne Verlag, München 1995
6. Conners, C. K.: Feeding the brain. How foods affect children. New York, London 1989
7. DSM-IV: Diagnostisches und Statistisches Manual Psychischer Störungen. Übersetzt von Henning Sass, Hans-Ulrich Wittchen und Michael Zaudig. Hogrefe Verlag für Psychologie, Göttingen 1998
8. Egger, J. et al.: Controlled trial of oligoantigenic diet treatment in the hyperkinetic sydrome. The Lancet 1, S 540-545, 1985
9. Egger, J. et al.: Is migraine food allergy? A double blind controlled trial of oligoantigenic diet treatment. The Lancet 11, 865-869, 1983
10. Eichlseder, W.: Unkonzentriert? Hilfen für hyperaktive Kinder und ihre Eltern, Beltz-Verlag, Weinheim 1998
11. Faraone, S. V. et.al.: Segregation analysis of attention deficit hyperactivity disorder. Psychiatr. Genet. 2, 257-275, 1992
12. Feingold, B. F.: Why your child is hyperactive. New York 1975
13. Folkers, K. et al.: The biochemistry of vitamin B6 is basic to the cause of the Chinese Restaurant Syndrome. Hoppe-Seyler's Z. Physiol. Chem. 365, 405, 1984
14. Griffiths, Ruth: Entwicklungsskalen zur Beurteilung der Entwicklung in den ersten beiden Lebensjahren. Deutsche Bearbeitung Ingeborg Brandt. Beltz-Verlag, Weinheim, Basel 1983
15. Hallowell, Edward, M.; Ratey, John: Zwanghaft zerstreut. ADD – die Unfähigkeit aufmerksam zu sein. Übersetzung aus dem Amerikanischen von Sibylle Hunzinger, Rowohlt-Verlag, Reinbek 1998

16. Hartmann, Thom: Eine andere Art die Welt zu sehen – Das Aufmerksamkeits-Defizit-Syndrom. Übersetzung aus dem Amerikanischen von Friedo Pagel und Ulrike Seeberger, Verlag Schmidt Römhildt, Lübeck 1998
17. Huss, Berlin, Vortrag in Bad Boll 1999
18. Jakob, S.; Heitmann F.-W.; Vogel, T., Ulm: Persönliche Information über Ergotherapie beim Kind mit ADS
19. Just, Ingrid, Wolfsburg: Vortrag gehalten am 6.5.1995 in Vips in der Schweiz, mehrere weitere persönliche Mitteilungen
20. Kanner, L.: Autistic Disturbances of Affective Contact. Nervous Child, 2, 217, 1943
21. Keßler, Sheldon, Bridgeton, M.Q.: Medizinische Therapie bei ADD. Übersetzung von J. Koop. „Drug Therapy in ADHD“, Southern Medical Journal 89, 33-38, 1996
22. Kommission für Perinatologie und Neonatologie. BPE-Jahresbericht 1997. Bayerische Landesärztekammer und Kassenärztliche Vereinigung Bayerns, Zauner-Verlag, Dachau 1998
23. Krause, K.-H.; Krause, J.; Trott, G.-E.: Das hyperkinetische Syndrom (Aufmerksamkeitsdefizit – Hyperaktivitätsstörung) des Erwachsenenalters. Nervenarzt 69, 553-556, 1998
24. Lou, H.C. et al.: Striatal dysfunktion in attention deficit und hyperkinetic disorder. Arch. Neurol. 46, 48-52, 1989
25. Manuzza, S. et al.: Hyperactive boys almost grown-up. Criminality and its relationship to psychiatric status. Arch. Gen. Psychiat. 46, 1073-1079, 1989
26. Manuzza, S. et al.: Childhood predictors of psychiatric status in the young adulthood of hyperactive boys. Cambridge University Press, New York 1990
27. Manuzza, S. et al.: Hyperactive boys almost grown-up. Arch. Gen. Psychiat. 48, 77-83, 1991
28. Marcus, Alexander: Einflüsse von Ernährung auf das Verhalten im Kindesalter – Hypothesen und Fakten. In: Steinhausen, Hans-Christoph:. Hyperkinetische Störungen im Kindes- und Jugendalter, Kohlhammer Verlag, Stuttgart, Berlin. Köln 1995
29. McEwan, Ian: Der Tagträumer. Diogenes Verlag, Zürich 1995
30. Müller-Vahl, K.; Rothenberger, A.: Gilles de la Tourette Syndrom. Eine Information der Tourette-Gesellschaft Deutschland e. V., 1997
31. Neuhaus, Cordula: Das hyperaktive Kind und seine Probleme. Ravensburger Buchverlag, 1996
32. Pomerleau, O. F. et al.: Cigarette smoking in adult patients diagnosed with ADHD. J. Subst. Abuse 7, 373-378, 1995
33. Pontieri, F. E. et al.: Effects of nicotine on the nucleus accumbens and similarity to those of addictive drugs. Nature 382, 255-257, 1996

34. Rapp, D.J.: Allergies and the hyperactive child. Comerstone Library, New York, 1979
35. Rapp, Doris: Does diet affect hyperactivitiy. Journal of Learning Disabilities 11, 1978
36. Remschmidt, H.: Kinder- und Jugendpsychiatrie. Thieme-Verlag, Stuttgart 1979
37. Roth, N.; Beyreiss, J.: Hyperaktivität und Atopie/Allergie bei Kindern: Koinzidenz der Störungen und möglicher pathopyhsiologischer Hintergrund. In: Baerlocher, Jelinek (Hrsg): Ernährung und Verhalten, S. 74-82
38. Schulz, E.; Remschmidt, H.: Die Stimulanzien-Therapie des hyperkinetischen Syndroms im Kindes- und Jugendalter. Zeitschrift für Kinder- und Jugendpsychiatrie 18, 157-166,1990
39. Spallek, R.: Mama, magst du mich? Eppe Verlag, Bergatreute 1994
40. Speer, F.: Allergic tension-fatigue in children. Ann. Allergy 12, 168, 1954
41. Steinhausen, H.-C.: Das konzentrationsgestörte und hyperaktive Kind. Kohlhammer-Verlag, Stuttgart, Berlin, Köln, Mainz 1988
42. Steinhausen, H.-C.: Hyperkinetische Störungen im Kindes- und Jugendalter. Kohlhammer-Verlag, Stuttgart, Berlin, Köln 1995
43. Trott, Götz-Erik: Das hyperkinetische Syndrom und seine medikamentöse Behandlung. Johann Ambrosius Barth Verlag, Leipzig, Berlin, Heidelberg 1993
44. Wender, Paul, H.: Das hyperaktive Kind. Otto Maier Verlag, Ravensburg 1991. Übersetzung aus dem Amerkanischen von Walter Eichlseder
45. Wender, P.H.: Attention-deficit-hyperactivity disorder in adults. Oxford University Press, New York, Oxford 1995
46. Zametkin, A.J.: Cerebral glucose metabolism in adults with hyperactivity of childhood onset. N. Engl. J. Md. 323: 1316-1366, 1990

Stichwortverzeichnis ADS